手(て)ぶり

「あけまして
おめでとう　ございます」

「ちょっと　すみません」

「静(しず)かに！」

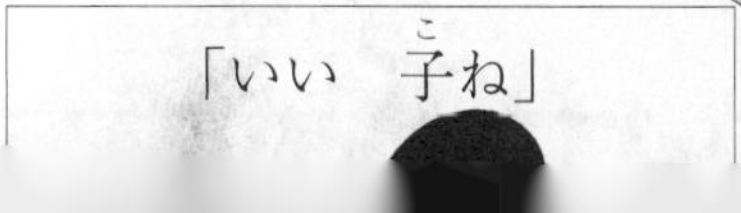

「いい　子(こ)ね」

「困(こま)ったなぁ」

みんなの日本語

初級Ⅱ 第2版

Minna no Nihongo

本冊

スリーエーネットワーク

Published by 3A Corporation.
Trusty Kojimachi Bldg., 2F, 4, Kojimachi 3-Chome, Chiyoda-ku, Tokyo 102-0083, Japan

ISBN978-4-88319-646-3 C0081

First published 1998
Second Edition 2013
Printed in Japan

まえがき

本書は、『みんなの日本語』という書名が示すように、初めて日本語を学ぶ人が、だれでも楽しく学べるよう、また教える人にとっても興味深く教えられるように3か年以上の年月をかけて、企画・編集したもので、『新日本語の基礎』の姉妹編ともいうべき本格的な教科書です。

ご存知のように、『新日本語の基礎』は技術研修生のために開発された教科書であるにもかかわらず、初級段階の日本語教材として、内容が十分整備され、短時間で日本語の会話を習得しようとする学習者にとって、学習効率が抜群によいところから、現在も国内はもちろん海外でも広く使われております。

さて、近年日本語教育はますます多様化してきております。国際関係の発展に伴い諸外国との人的交流が深まる中、さまざまな背景と目的を持つ外国人が日本の地域社会に受け入れられてきています。このような外国人の増加による日本語教育をめぐる社会環境の変化はまた、それぞれの日本語教育の現場にも影響を及ぼし、学習ニーズの多様化と、それらに対する個別の対応がもとめられています。

このような時期にあたり、スリーエーネットワークは、国の内外で長年にわたり日本語教育の実践に当たってこられた多くの方々のご意見とご要望にこたえて、『みんなの日本語』を出版することとなりました。すなわち、『みんなの日本語』は『新日本語の基礎』の特徴、学習項目と学習方法のわかりやすさを生かすとともに、会話の場面や登場人物など、学習者の多様化に対応して、より汎用性の高いものにするなど、国の内外のさまざまな学習者と地域の特性にも支障なく、日本語の学習が楽しく進められるように内容の充実と工夫を図りました。

『みんなの日本語』の対象は、職場、家庭、学校、地域などで日本語によるコミュニケーションを今すぐ必要としている外国人のみなさんです。初級の教材ですが、登場する外国人のみなさんと日本人の交流の場面には、できるだけ日本事情と日本人の社会生活・日常生活を反映させるようにしました。主として一般社会人を対象にしていますが、もちろん大学進学の予備課程、あるいは専門学校・大学での短期集中用教科書としてもお勧めできるものです。

なお、当社では学習者の多様性と現場の個々のニーズにこたえるため、今後も引き続き新しい教材を積極的に制作してまいりますので、変わらぬご愛顧をお願い申し上げます。

最後に、本書の編纂に当たりましては各方面からのご意見、授業での試用など、多大のご協力をいただきました。ここに深く感謝申し上げます。スリーエーネットワークはこれからも日本語学習教材の出版等を通じて、人と人とのネットワークを全世界に広げて行きたいと願っております。

どうか一層のご支援とご鞭撻をお願い申し上げます。

1998年6月

株式会社スリーエーネットワーク　代表取締役社長　小川巖

第2版まえがき

『みんなの日本語　初級　第2版』発行によせて

『みんなの日本語　初級　第2版』を発行することとなりました。『みんなの日本語　初級』は初版の「まえがき」に記しましたように、技術研修生のために開発された『新日本語の基礎』の姉妹編とも言うべき教科書です。

『みんなの日本語　初級Ⅰ　本冊』の初版第1刷発行は1998年3月です。この時期は、国際関係の発展に伴い、日本語教育をめぐる社会環境も変化し、急激に増加した学習者と学習目的、ニーズの多様化も著しく、それらに対する個別の対応が求められました。スリーエーネットワークは、国内外の日本語教育の実践現場から寄せられたご意見とご要望に応えて、『みんなの日本語　初級』を出版しました。

『みんなの日本語　初級』は学習項目と学習方法のわかりやすさ、学習者の多様化に配慮した汎用性の高さ、また教材として内容が十分整備され、日本語の会話を短期間で習得しようとする学習者にとって学習効果が抜群によいとの評価を得て、10年以上にわたり、ご使用いただいてまいりました。しかし、「ことば」は時代とともに生きています。この間、世界も日本も激動の中にありました。特にこの数年は日本語と学習者を取り囲む状況は大きく変化しました。

このような状況を踏まえ、今回、小社は外国人に対する日本語教育に更に貢献できますよう、出版・研修事業の経験、また学習者や教育現場からのご意見やご質問の蓄積をすべて還元する形で『みんなの日本語　初級Ⅰ・Ⅱ』を見直し、一部改訂を行いました。

改訂の柱は運用力の向上と時代の流れにそぐわないことばや場面の変更です。学習者や教育現場のご意見を尊重し、従来の「学びやすく、教えやすい」教科書の構成を守り、また練習や問題を拡充しました。単に指示に従って受動的に練習を行うのではなく、状況を自分で把握し、考えて表現する産出力の強化を図りました。そのために、イラストを多用しました。

なお、本書の編纂に当りましては各方面からのご意見、授業での使用など、多大なご協力をいただきましたことをここに深く感謝申し上げます。小社はこれからも日本語学習者にとって必要なコミュニケーションのためだけでなく、人と人との国際交流活動に貢献できる教材を開発し、皆様のお役に立つことを願っております。今後ともなお一層のご支援とご鞭撻をお願い申し上げます。

2013年1月

株式会社スリーエーネットワーク　代表取締役社長　小林卓爾

本書をお使いになる方へ

Ⅰ．構成

『みんなの日本語　初級Ⅱ　第2版』は『本冊（CD付）』『翻訳・文法解説』からなる。『翻訳・文法解説』は英語版をはじめとして12か国語の出版が予定されている。

この教科書は日本語を話す・聞く・読む・書くの4技能を身につけることを目指して構成されている。ただし、ひらがな、かたかな、漢字などの文字の読み書き指導は『本冊』『翻訳・文法解説』には含まれていない。

Ⅱ．内容

1．本冊

1）本課　『みんなの日本語　初級Ⅰ　第2版』（全25課）に続く第26課から第50課までの構成で、内容は以下のように分けられる。

① **文型**　その課で学ぶ基本文型を掲げてある。

② **例文**　基本文型が実際にどのように用いられているかを短い談話の形で示した。また、新出の副詞、接続詞などの使い方や、基本文型以外の学習項目も示されている。

③ **会話**　会話には日本で生活する外国人が登場し、様々な場面を繰り広げる。各課の学習内容に加え、日常生活で使用されるあいさつなどの慣用表現を用い構成されている。余裕があれば、『翻訳・文法解説』中の参考語彙を利用して、会話を発展させることもできる。

④ **練習**　練習は、A、B、Cの三段階に分かれる。

練習Aは、文法的な構造を理解しやすいように、視覚的にレイアウトした。基本的な文型の定着を図るとともに、活用形の作り方、接続の仕方などが学びやすくなるよう配慮した。

練習Bでは、様々なドリル形式を用いて、基本文型の定着の強化を図る。➡のついた番号は、イラストを用いる練習を示す。

練習Cは、コミュニケーション力養成のための練習である。提示されている会話の下線部のことばを状況にあったものに置き換えて会話を行うが、単なる代入練習にならないよう、モデル文の代入肢を学習者の状況に合うように変えたり、内容を膨らませたり、さらには場面を展開させたりする練習を試みてほしい。

なお練習B、練習Cの解答例は、別冊に収録した。

⑤ **問題**　問題には、聞き取り問題、文法問題、読解問題および発展課題がある。聞き取りは、短い質問に答える問題と、短い会話のやり取りを聞いて要点を把握する問題がある。文法問題では、語彙や文法事項の理解を確認する。読解問題は、既習語彙、文法を応用したまとまった文を読んで、その内容に関する様々な形式のタスクをする。また、発展課題は、読み物に関連したトピックについて書いたり話したりする。なお、この教科書では、教育上の配慮から分かち書きを採用しているが、中級に向け、徐々に分かち書きのない文に慣れるように、初級IIの読み物では分かち書きをしていない。

⑥ **復習**　数課ごとに学習事項の要点を整理するために用意した。

⑦ **副詞・接続詞・会話表現のまとめ**　この教科書に提出された副詞・接続詞・会話表現を整理するための問題を用意した。

2）動詞のフォーム

この教科書（『初級Ｉ』を含む）に提出された動詞のフォームについてのまとめを後続句とともに掲載した。

3）学習項目一覧

この教科書に提出された学習項目を練習Aを中心に整理した。文型、例文、および、練習B、練習Cとの関連がわかるようになっている。

4）索引

第1課から第50課までの各課の新出語彙、表現などが、それぞれの初出課とともに載せてある。

5）付属CD

本冊付属のCDには、各課の会話、問題の聞き取り部分が収録されている。

2．翻訳・文法解説

第26課から第50課までの

① 新出語彙とその翻訳

② 文型、例文、会話の翻訳

③ その課の学習に役立つ参考語彙と日本事情に関する簡単な紹介

④ 文型および表現に関する文法説明

III. 学習に要する時間

1課あたり4～6時間、全体で150時間を目安としている。

IV. 語彙

日常生活で使用頻度の高いものを中心に約1,000語を取り上げている。

V. 表記

漢字は、原則として、「常用漢字表（1981年内閣告示)」による。

1）「熟字訓」（2文字以上の漢字を組み合わせ、特別な読み方をするもの）のうち、「常用漢字表」の「付表」に示されるものは漢字で書いた。

例：友達　果物　眼鏡

2）国名・地名などの固有名詞、または、芸能・文化などの専門分野の語には、「常用漢字表」にない漢字や音訓も用いた。

例：大阪　奈良　歌舞伎

3）見やすさを考慮し、かな書きにしたものもある。

例：ある（有る・在る）　たぶん（多分）　きのう（昨日）

4）数字は原則として算用数字を用いた。

例：9時　4月1日　1つ

VI. その他

1）文中で省略できる語句は、[　　　]でくくった。

例：父は　54［歳］です。

2）別の表現がある場合は、(　　　）でくくった。

例：だれ（どなた）

効果的な使い方

1. ことばを覚えます

『翻訳・文法解説』に各課の新しいことばと訳が提出されています。出てきた新しいことばを使って短い文を作る練習をしながら覚えるとよいでしょう。

2. 文型の練習をします

文型の正しい意味をとらえ、文の形がしっかり身につくまで声に出して「練習A」、「練習B」を練習します。

3. 会話の練習をします

「練習C」はひとまとまりの短いやり取りです。パターン練習だけで終わらず、会話を続け、膨らませるようにします。

「会話」は日常生活で実際に遭遇する場面を取り上げてあります。CDを聞きながら動作もつけて実際に演じてみると、自然なやり取りのリズムを身につけることができるでしょう。

4. 確認します

その課の学習の総仕上げとして「問題」があります。正しく理解したかどうか「問題」で確認します。

5. 実際に話してみます

学んだ日本語を使って日本人に話しかけてみます。習ったことをすぐ使ってみる。それが上達への近道です。

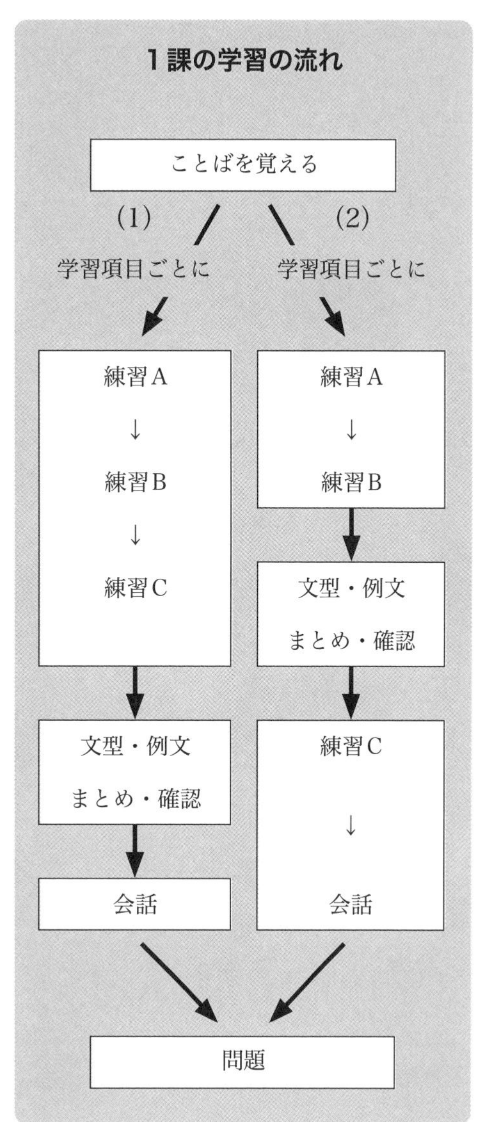

（1）または（2）の流れで学習します。学習項目は巻末の学習項目一覧を見てください。

登場人物

マイク・ミラー

アメリカ、IMCの　社員

鈴木　康男

日本、IMCの　社員

中村　秋子

日本、IMCの　営業課長

イー・ジンジュ

韓国、AKCの　研究者

タワポン

タイ、さくら大学の　学生

カリナ

インドネシア、富士大学の　学生

小川　よね

日本、小川　博の　母

小川　博

日本、マイク・ミラーの　隣人

小川　幸子

日本、会社員

カール・シュミット

ドイツ、パワー電気(でんき)の　エンジニア

クララ・シュミット

ドイツ、ドイツ語(ご)の　教師(きょうし)

伊藤(いとう)　ちせ子(こ)

日本(にほん)、ひまわり小学校(しょうがっこう)の　教師(きょうし)、

ハンス・シュミットの　担任(たんにん)

渡辺(わたなべ)　あけみ

日本(にほん)、パワー電気(でんき)の　社員(しゃいん)

高橋(たかはし)　透(とおる)

日本、パワー電気(でんき)の　社員(しゃいん)

林(はやし)　真紀子(まきこ)

日本、パワー電気(でんき)の　社員(しゃいん)

ジョン・ワット

イギリス、さくら大学(だいがく)の　英語(えいご)の　教師(きょうし)

松本(まつもと)　正(ただし)

日本(にほん)、IMC（大阪(おおさか)）の　部長(ぶちょう)

松本(まつもと)　良子(よしこ)

日本(にほん)、主婦(しゅふ)

ハンス

ドイツ、小学生(しょうがくせい)　12歳(さい)、

カールと　クララ・シュミットの　息子(むすこ)

グプタ

インド、IMCの　社員(しゃいん)

木村(きむら)　いずみ

日本(にほん)、アナウンサー

※IMC（コンピューターの　ソフトウェアの　会社(かいしゃ)）

※AKC（アジア研究(けんきゅう)センター）

目　次

『みんなの日本語　初級Ⅰ　第２版　本冊』の内容

第１課

1．わたしは　マイク・ミラーです。
2．サントスさんは　学生じゃ　ありません。
3．ミラーさんは　会社員ですか。
4．サントスさんも　会社員です。
会話：初めまして

第２課

1．これは　辞書です。
2．それは　わたしの　傘です。
3．この　本は　わたしのです。
会話：これから　お世話に　なります

第３課

1．ここは　食堂です。
2．エレベーターは　あそこです。
会話：これを　ください

第４課

1．今　4時5分です。
2．わたしは　毎朝　6時に　起きます。
3．わたしは　きのう　勉強しました。
会話：そちらは　何時までですか

第５課

1．わたしは　京都へ　行きます。
2．わたしは　タクシーで　うちへ
　帰ります。
3．わたしは　家族と　日本へ　来ました。
会話：この　電車は　甲子園へ　行きますか

第６課

1．わたしは　本を　読みます。
2．わたしは　駅で　新聞を　買います。
3．いっしょに　神戸へ　行きませんか。
4．ちょっと　休みましょう。
会話：いっしょに　行きませんか

第７課

1．わたしは　パソコンで　映画を　見ます。
2．わたしは　木村さんに　花を　あげます。
3．わたしは　カリナさんに
　チョコレートを　もらいました。
4．わたしは　もう　メールを　送りました。
会話：いらっしゃい

第８課

1．桜は　きれいです。
2．富士山は　高いです。
3．桜は　きれいな　花です。
4．富士山は　高い　山です。
会話：そろそろ　失礼します

第９課

1．わたしは　イタリア料理が　好きです
2．わたしは　日本語が　少し　わかります。
3．きょうは　子どもの　誕生日ですから、
　早く　帰ります。
会話：残念ですが

第10課

1．あそこに　コンビニが　あります。
2．ロビーに　佐藤さんが　います。
3．東京ディズニーランドは　千葉県に
　あります。
4．家族は　ニューヨークに　います。
会話：ナンプラー、ありますか

第11課

1．会議室に　テーブルが　7つ　あります。
2．わたしは　日本に　1年　います。
会話：これ、お願いします

第12課

1．きのうは　雨でした。
2．きのうは　寒かったです。
3．北海道は　九州より　大きいです。
4．わたしは　1年で　夏が　いちばん
　好きです。
会話：祇園祭は　どうでしたか

第13課

1．わたしは　車が　欲しいです。
2．わたしは　すしを　食べたいです。
3．わたしは　フランスへ　料理を　習いに
　行きます。
会話：別々に　お願いします

第14課

1．ちょっと　待って　ください。
2．荷物を　持ちましょうか。
3．ミラーさんは　今　電話を　かけて
　いますｰ。

会話：みどり町まで　お願いします

第15課

1．写真を　撮っても　いいですか。
2．サントスさんは　電子辞書を　持って
　います。

会話：ご家族は？

第16課

1．朝　ジョギングを　して、シャワーを
　浴びて、会社へ　行きます。
2．コンサートが　終わってから、
　レストランで　食事しました。
3．大阪は　食べ物が　おいしいです。
4．この　部屋は　広くて、明るいです。

会話：使い方を　教えて　ください

第17課

1．写真を　撮らないで　ください。
2．パスポートを　見せなければ
　なりません。
3．日曜日は　早く　起きなくても
　いいです。

会話：どう　しましたか

第18課

1．ミラーさんは　漢字を　読む　ことが
　できます。
2．わたしの　趣味は　映画を　見る
　ことです。
3．寝る　まえに、日記を　書きます。

会話：趣味は　何ですか

第19課

1．相撲を　見た　ことが　あります。
2．休みの　日は　テニスを　したり、
　散歩に　行ったり　します。
3．これから　だんだん　暑く　なります。

会話：ダイエットは　あしたから　します

第20課

1．サントスさんは　パーティーに
　来なかった。
2．東京は　人が　多い。
3．沖縄の　海は　きれいだった。
4．きょうは　僕の　誕生日だ。

会話：いっしょに　行かない？

第21課

1．わたしは　あした　雨が　降ると
　思います。
2．わたしは　父に　留学したいと
　言いました。
3．疲れたでしょう？

会話：わたしも　そう　思います

第22課

1．これは　ミラーさんが　作った
　ケーキです。
2．あそこに　いる　人は　ミラーさんです。
3．きのう　習った　ことばを　忘れました。
4．買い物に　行く　時間が　ありません。

会話：どんな　部屋を　お探しですか

第23課

1．図書館で　本を　借りる　とき、カードが
　要ります。
2．この　ボタンを　押すと、お釣りが
　出ます。

会話：どうやって　行きますか

第24課

1．佐藤さんは　わたしに　チョコレートを
　くれました。
2．わたしは　山田さんに　レポートを
　直して　もらいました。
3．母は　わたしに　セーターを　送って
　くれました。
4．わたしは　木村さんに　本を　貸して
　あげました。

会話：手伝いに　行きましょうか

第25課

1．雨が　降ったら、出かけません。
2．雨が　降っても、出かけます。

会話：いろいろ　お世話に　なりました

第26課

文型

1. あしたから　旅行なんです。
2. 生け花を　習いたいんですが、いい　先生を　紹介して　いただけませんか。

例文

1. 渡辺さんは　時々　大阪弁を　使いますね。
   大阪に　住んで　いたんですか。
   ……ええ、15歳まで　大阪に　住んで　いました。

2. おもしろい　デザインの　靴ですね。　どこで　買ったんですか。
   ……エドヤストアで　買いました。　スペインの　靴です。

3. どうして　遅れたんですか。
   ……バスが　来なかったんです。

4. よく　カラオケに　行きますか。
   ……いいえ、あまり　行きません。　カラオケは　好きじゃ　ないんです。

5. 日本語で　レポートを　書いたんですが、ちょっと　見て　いただけませんか。
   ……いいですよ。

6. 国会議事堂を　見学したいんですが、どう　したら　いいですか。
   ……直接　行ったら　いいですよ。　平日は　いつでも　見る　ことが　できます。

CD01 会話（かいわ）

ごみは　どこに　出（だ）したら　いいですか

管理人（かんりにん）：　ミラーさん、引（ひ）っ越（こ）しの　荷物（にもつ）は　片（かた）づきましたか。

ミラー：　はい、だいたい　片（かた）づきました。

あのう、ごみを　捨（す）てたいんですが、どこに　出（だ）したら

いいですか。

管理人（かんりにん）：　燃（も）える　ごみは　月曜日（げつようび）と　木曜日（もくようび）の　朝（あさ）　出（だ）して　ください。

ごみ置（お）き場（ば）は　駐車場（ちゅうしゃじょう）の　横（よこ）です。

ミラー：　瓶（びん）や　缶（かん）は　いつですか。

管理人（かんりにん）：　土曜日（どようび）です。

ミラー：　わかりました。　それから　お湯（ゆ）が　出（で）ないんですが……。

管理人（かんりにん）：　ガス会社（がいしゃ）に　連絡（れんらく）したら、すぐ　来（き）て　くれますよ。

ミラー：　すみませんが、電話番号（でんわばんごう）を　教（おし）えて　いただけませんか。

管理人（かんりにん）：　ええ、いいですよ。

練習(れんしゅう)A

1\. いく / いかない / いった / いかなかった　んです

＊きれいな / きれいじゃ　ない / きれいだった / きれいじゃ　なかった　んです

さむい / さむくない / さむかった / さむくなかった　んです

＊びょうきな / びょうきじゃ　ない / びょうきだった / びょうきじゃ　なかった　んです

2\. チケットが　いる　んですか。
新(あたら)しい　パソコンを　かった
だれに　チョコレートを　あげる
いつ　日本(にほん)へ　きた

3\. どうして　会社(かいしゃ)を　やすんだ / エアコンを　つけない　んですか。

……頭(あたま)が　いたかった / こしょうな　んです。

4\. わたしは　運動会(うんどうかい)に　行(い)きません。　用事(ようじ)が　ある / 都合(つごう)が　わるい　んです。

5\. 資料(しりょう)が　ほしい / 書(か)き方(かた)が　わからない　んですが、　おくって / おしえて　いただけませんか。

6\. さくら大学(だいがく)へ　いきたい / 保険証(ほけんしょう)を　わすれた　んですが、　どこで　おりた / どう　した　ら　いいですか。

練習B

1．　例：　雨が　降って　います　→　雨が　降って　いるんですか。

　1）　山へ　行きます　→

　2）　エレベーターに　乗りません　→

　3）　シュミットさんが　作りました　→

　4）　眠いです　→

2．　例：　いい　かばんです・どこで　買いましたか（フリーマーケット）

　→　いい　かばんですね。　どこで　買ったんですか。

　……フリーマーケットで　買いました。

　1）　きれいな　写真です・どこで　撮りましたか（金閣寺）→

　2）　おもしろい　絵です・だれが　かきましたか（カリナさん）→

　3）　ずいぶん　にぎやかです・何を　やって　いますか（盆踊りの　練習）→

　4）　日本語が　上手です・どのくらい　勉強しましたか（2年）→

3．　例：→　どう　したんですか。

　……頭が　痛いんです。

　1）→　　2）→　　3）→　　4）→

4．　例：　会社を　やめます（父の　仕事を　手伝います）

　→　どうして　会社を　やめるんですか。

　……父の　仕事を　手伝うんです。

　1）　引っ越しします（今の　うちは　狭いです）→

　2）　ケーキを　食べません（ダイエットを　して　います）→

　3）　会議に　間に　合いませんでした（新幹線が　遅れました）→

　4）　早く　帰ります（きょうは　妻の　誕生日です）→

5．　例1：毎朝　新聞を　読みますか。（いいえ・時間が　ありません）

　　→　いいえ、読みません。　時間が　ないんです。

例2：ビールは　いかがですか。（すみません・きょうは　車で　来ました）

　　→　すみません。　きょうは　車で　来たんです。

1）よく　図書館へ　行きますか。

（いいえ、あまり・うちから　遠いです）→

2）きのう　タワポンさんに　会いましたか。

（いいえ・タワポンさんは　学校へ　来ませんでした）→

3）今　時間が　ありますか。

（すみません・これから　会議です）→

4）今晩　食事に　行きませんか。

（すみません・きょうは　ちょっと　約束が　あります）→

6．　例：生け花を　習いたいです・先生を　紹介します

　　→　生け花を　習いたいんですが、先生を　紹介して

　　　いただけませんか。

1）市役所へ　行きたいです・地図を　かきます　→

2）今度の　日曜日に　パーティーを　します・手伝います　→

3）メールの　書き方が　わかりません・教えます　→

4）日本語で　レポートを　書きました・ちょっと　見ます　→

7．　例：金閣寺へ　行きたいです・どの　バスに　乗りますか

　　→　金閣寺へ　行きたいんですが、どの　バスに　乗ったら

　　　いいですか。

1）歌舞伎を　見たいです・どこで　チケットを　買いますか　→

2）電話番号が　わかりません・どうやって　調べますか　→

3）日本人の　うちへ　行きます・どんな　お土産を　持って　行きますか

→

4）猫を　拾いました・どう　しますか　→

練習(れんしゅう)C

1．　A：　①お花見(はなみ)は　どうでしたか。

B：　とても　楽(たの)しかったです。

どうして　来(こ)なかったんですか。

A：　②忙(いそが)しかったんです。

1）①　盆踊(ぼんおど)り

②　ちょっと　用事(ようじ)が　ありました

2）①　運動会(うんどうかい)

②　体(からだ)の　調子(ちょうし)が　悪(わる)かったです

2．　A：　すてきな　①帽子(ぼうし)ですね。　どこで　買(か)ったんですか。

B：　これですか。　エドヤストアで　買(か)いました。

A：　すみませんが、②店(みせ)の　場所(ばしょ)を　教(おし)えて　いただけませんか。

わたしも　そんな　①帽子(ぼうし)を

探(さが)して　いるんです。

B：　ええ、いいですよ。

1）①　かばん

②　店(みせ)の　地図(ちず)を　かきます

2）①　靴(くつ)

②　一度(いちど)　いっしょに　行(い)きます

3．　A：　①ごみの　日(ひ)を　知(し)りたいんですが、どう　したら　いいですか。

B：　②市役所(しやくしょ)に　聞(き)いたら　いいと　思(おも)いますよ。

A：　そうですか。どうも。

1）①　ボランティアを　します

②　インターネットで　調(しら)べます

2）①　ベッドを　捨(す)てます

②　市役所(しやくしょ)に　連絡(れんらく)します

問題

CD02 1.　1）＿＿＿＿＿＿＿＿

　　　　2）＿＿＿＿＿＿＿＿

　　　　3）＿＿＿＿＿＿＿＿

　　　　4）＿＿＿＿＿＿＿＿

CD03 2.　1）（　　）　2）（　　）　3）（　　）　4）（　　）　5）（　　）

3.　例：あまり　食べませんね。　気分が　（　悪いです　→　悪いんです　）か。

　1）遅かったですね。　何か　（　ありました　→　　　　　）か。

　2）いつも　車で　買い物に　行きますね。　近くに　スーパーは
　　（　ありません　→　　　　　）か。

　3）いつも　帽子を　かぶって　いますね。
　　帽子が　（　好きです　→　　　　　）か。

4.　例：日本語が　上手ですね。　<u>どのくらい　勉強したんですか</u>。
　　……4年　勉強しました。

　1）いい　ネクタイですね。　＿＿＿＿＿＿＿＿。
　　……エドヤストアで　買いました。

　2）テレーザちゃん、誕生日　おめでとう　ございます。
　　＿＿＿＿＿＿＿＿。
　　……10歳に　なりました。

　3）カリナさんが　国へ　帰ると、寂しく　なりますね。
　　＿＿＿＿＿＿＿＿。
　　……来月の　4日です。

　4）ビールを　たくさん　買いましたね。
　　パーティーは　＿＿＿＿＿＿＿＿。
　　……50人ぐらい　来ます。

5.　例1：どうして　遅れたんですか。
　　……<u>バスが　なかなか　来なかったんです</u>。
　例2：スキー旅行に　行きますか。
　　……いいえ。　<u>ちょっと　都合が　悪いんです</u>。

　1）どうして　ビールを　飲まないんですか。
　　……＿＿＿＿＿＿＿＿。

2） 目が　赤いですね。　どう　したんですか。

……＿＿＿＿＿＿＿＿＿＿＿＿＿＿＿＿＿＿＿＿。

3） 毎朝　新聞を　読みますか。

……いいえ。＿＿＿＿＿＿＿＿＿＿＿＿＿＿＿＿。

4） よく　カラオケに　行きますか。

……いいえ。＿＿＿＿＿＿＿＿＿＿＿＿＿＿＿＿。

6． 例1：パソコンの　調子が　悪いんですが、見て　いただけませんか。
例2：パソコンを　買いたいんですが、どこで　買ったら　いいですか。

あげます　　教えます　　~~買います~~　　します　　手伝います　　~~見ます~~

1） 来週の　日曜日　引っ越しするんですが、＿＿＿＿＿＿＿＿＿＿。

2） 歯が　痛いんですが、いい　歯医者を　＿＿＿＿＿＿＿＿＿＿。

3） 友達が　結婚するんですが、何を　＿＿＿＿＿＿＿＿＿＿。

4） パスポートを　なくしたんですが、どう　＿＿＿＿＿＿＿＿＿＿。

7．

宇宙

星出彰彦様

　お帰りなさい。宇宙はどうでしたか。宇宙船の外は怖くなかったですか。宇宙はいつも暗いですが、昼と夜はどうやってわかるんですか。時間は日本の時間を使うんですか。宇宙の時間があるんですか。

　宇宙ステーションの生活は地球の生活とどう違うんですか。食事は1日に3回ですか。毎日運動しますか。シャワーを浴びることはできるんですか。宇宙飛行士はみんな英語で話すんですか。

　僕も宇宙飛行士になりたいんですが、どんな勉強をしたらいいですか。教えてください。

山田太郎

例：（　○　）星出さんは　宇宙飛行士です。

1）（　　）星出さんは　宇宙へ　行って、宇宙船の　外へ　出ました。

2）（　　）この　メールを　書いた　人は　宇宙に　ついて　研究して　います。

8． 有名な　人で　会いたい　人が　いますか。どんな　ことを　聞きたいですか。メールを　書いて　ください。

第27課

文型

1. わたしは 日本語が 少し 話せます。
2. 山が はっきり 見えます。
3. 駅の 前に 大きい スーパーが できました。

例文

1. 日本語の 新聞が 読めますか。
……いいえ、読めません。

2. 鳥の 声が 聞こえますね。
……ええ。 もう 春ですね。

3. 法隆寺は いつ できましたか。
……607年に できました。

4. パワー電気は 何日ぐらい 夏休みが ありますか。
……そうですね。 3週間ぐらいです。
いいですね。 わたしの 会社は 1週間しか 休めません。

5. この マンションで ペットが 飼えますか。
……小さい 鳥や 魚は 飼えますが、犬や 猫は 飼えません。

CD04 会　話

何でも　作れるんですね

ミラー：　明るくて、いい　部屋ですね。

鈴木　：　ええ。　天気が　いい　日には　海が　見えるんです。

ミラー：　この　テーブルは　おもしろい　デザインですね。
　　　　　どこで　買ったんですか。

鈴木　：　これは　わたしが　作ったんですよ。

ミラー：　えっ、ほんとうですか。

鈴木　：　ええ。　趣味は　自分で　家具を　作る　ことなんです。

ミラー：　へえ。　じゃ、あの　本棚も　作ったんですか。

鈴木　：　ええ。

ミラー：　すごいですね。　鈴木さん、何でも　作れるんですね。

鈴木　：　わたしの　夢は　いつか　自分で　家を　建てる
　　　　　ことなんです。

ミラー：　すばらしい　夢ですね。

練習（れんしゅう）A

1.

				可能（かのう）		
Ⅰ	うた	い	ます	うた	え	ます
	ひ	き	ます	ひ	け	ます
	およ	ぎ	ます	およ	げ	ます
	なお	し	ます	なお	せ	ます
	も	ち	ます	も	て	ます
	あそ	び	ます	あそ	べ	ます
	よ	み	ます	よ	め	ます
	はし	り	ます	はし	れ	ます

			可能（かのう）		
Ⅱ	しらべ	ます	しらべ	られ	ます
	おぼえ	ます	おぼえ	られ	ます
	おり	ます	おり	られ	ます

			可能（かのう）	
Ⅲ	き	ます	こられ	ます
	し	ます	*でき	ます

2. わたしは　はし／さしみ　が　つかえます。／たべられます。

3. 2階（かい）から／隣（となり）の部屋（へや）から　はなび／こえ　が　みえます。／きこえます。

4. 新（あたら）しい　いえ／ばんごはん　が　できました。

5. わたしは　日本語（にほんご）が／きのう　日本語（にほんご）を　ひらがな／すこし／1じかん　しか　わかりません。／はなせません。／べんきょうしませんでした。

6. サッカー／ひらがな／やま　は　します／かけます／みえます　が、　やきゅう／かんじ／うみ　は　しません。／かけません。／みえません。

練習B

1.　例：日本 料理を　作ります　→　日本 料理が　作れます。

　1）漢字を　読みます　→

　2）自転車を　修理します　→

　3）一人で　着物を　着ます　→

　4）どこでも　一人で　行きます　→

2.　例：あまり　食べません・おなかの　調子が　悪いです

　　→　あまり　食べられません。　おなかの　調子が　悪いんです。

　1）パソコンを　買いません・お金が　足りません　→

　2）走りません・足が　痛いです　→

　3）あしたは　来ません・ちょっと　用事が　あります　→

　4）よく　寝ません・家族の　ことが　心配です　→

3.　例：どこで　安い　チケットを　買いますか（コンビニ）

　　→　どこで　安い　チケットが　買えますか。

　　　……コンビニで　買えます。

　1）どこで　時刻 表 を　もらいますか（駅）　→

　2）何日　本を　借りますか（2 週 間）　→

　3）この　車 に　何人　乗りますか（8人）　→

　4）いつから　富士山に　登りますか（7月 1 日）　→

4.　例1：→　新幹線から　富士山が　見えます。

　　例2：→　波の　音が　聞こえます。

　1）→　　2）→　　3）→　　4）→

5. 例：ここに　何が　できますか。（美術館）→ 美術館が　できます。
   1）駅の　前に　何が　できますか。（駐車場）→
   2）新しい　図書館は　どこに　できますか。（公園の　隣）→
   3）カレーと　定食と　どちらが　早く　できますか。（カレー）→
   4）クリーニングは　いつ　できますか。（水曜日）→

6. 例：近くに　小さい　スーパーが　あります・不便です。
   → 近くに　小さい　スーパーしか　ありませんから、不便です。
   1）簡単な　料理が　作れます・料理を　習いに　行きます →
   2）朝　ジュースを　飲みました・おなかが　すきました →
   3）日曜日　休めます・なかなか　旅行に　行けません →
   4）ことしは　雪が　少し　降りました・スキーが　できませんでした →
   5）4時間　寝ました・眠いです →
   6）100円　あります・コーヒーが　買えません →

7. 例：ニュースを　見ますか。（英語の　ニュース・日本語の　ニュース）
   → 英語の　ニュースは　見ますが、日本語の　ニュースは　見ません。
   1）お酒を　飲みますか。（ビール・ワイン）→
   2）ご主人は　家の　仕事を　しますか。（料理・掃除や　洗濯）→
   3）マンガや　アニメが　好きですか。（アニメ・マンガ）→
   4）外国語が　話せますか。（英語・ほかの　ことば）→
   5）日本料理が　食べられますか。（てんぷらや　すき焼き・おすし）→
   6）週末　休めますか。（日曜日・土曜日）→

練習(れんしゅう)C

1．　A：　あのう、こちらで　①料理教室(りょうりきょうしつ)が　開(ひら)けますか。

　　B：　ええ。　3階(がい)に　②キッチンが　あります。

　　A：　③道具(どうぐ)も　借(か)りられますか。

　　B：　ええ、③借(か)りられます。

1）①　パーティーを　します
　　②　パーティールーム
　　③　カラオケも　使(つか)います

2）①　会議室(かいぎしつ)を　借(か)ります
　　②　会議室(かいぎしつ)
　　③　コピーも　します

2．　A：　皆(みな)さん、これを　見(み)て　ください。

　　B：　あのう、①うしろまで　聞(き)こえないんですが……。

　　A：　すみませんが、前(まえ)の　方(かた)、②もう　少(すこ)し　前(まえ)へ　来(き)て　ください。

　　　　……①聞(き)こえますか。

　　B：　はい。　①聞(き)こえます。

1）①　見(み)えません
　　②　座(すわ)ります

2）①　説明(せつめい)が　聞(き)こえません
　　②　話(はなし)を　やめます

3．　A：　①これ、お願(ねが)いします。

　　B：　はい。

　　A：　どのくらい　かかりますか。

　　B：　②すぐ　できます。

　　A：　じゃ、お願(ねが)いします。

1）①　靴(くつ)の　修理(しゅうり)
　　②　1時間後(じかんご)に

2）①　クリーニング
　　②　水曜日(すいようび)に

問題(もんだい)

CD05 1．
1）＿＿＿＿＿＿＿＿
2）＿＿＿＿＿＿＿＿
3）＿＿＿＿＿＿＿＿
4）＿＿＿＿＿＿＿＿
5）＿＿＿＿＿＿＿＿

CD06 2．
1）（　　）　2）（　　）　3）（　　）　4）（　　）　5）（　　）

3．

例(れい)：行(い)きます	行(い)けます	行(い)ける	7）呼(よ)びます		
1）書(か)きます			8）買(か)います		
2）泳(およ)ぎます			9）食(た)べます		
3）話(はな)します			10）寝(ね)ます		
4）勝(か)ちます			11）降(お)ります		
5）飲(の)みます			12）来(き)ます		
6）帰(かえ)ります			13）します		

4．例(れい)：簡単(かんたん)な　日本料理(にほんりょうり)を　作(つく)る　ことが　できます。
→　簡単(かんたん)な　日本料理(にほんりょうり)が　作(つく)れます。
1）パソコンを　使(つか)う　ことが　できます　→　＿＿＿＿＿＿＿＿。
2）カードで　払(はら)う　ことが　できます　→　＿＿＿＿＿＿＿＿。
3）日本人(にほんじん)の　名前(なまえ)を　すぐ　覚(おぼ)える　ことが　できません　→
＿＿＿＿＿＿＿＿。
4）子(こ)どもの　とき、泳(およ)ぐ　ことが　できませんでした　→
＿＿＿＿＿＿＿＿。

5．例(れい)1：スポーツは　好(す)きですか。
……サッカー（　は　）好(す)きですが、野球(やきゅう)（　は　）
好(す)きじゃ　ありません。
例(れい)2：お酒(さけ)は　何(なん)でも　飲(の)めますか。
……いいえ、ビール（　しか　）飲(の)めません。
1）うちから　山(やま)や　海(うみ)が　見(み)えますか。
……山(やま)（　　）＿＿＿＿＿＿＿＿が、
海(うみ)（　　）＿＿＿＿＿＿＿＿。

2） テレビで 映画を 見ますか。

……いいえ、ニュース（　　） ＿＿＿＿＿＿＿＿＿。

3） この マンションで ペットが 飼えますか。

……小さい 鳥（　　） ＿＿＿＿＿＿＿＿＿が、

犬や 猫（　　） ＿＿＿＿＿＿＿＿＿。

4） きのうは よく 寝られましたか。

……いいえ、少し（　　） ＿＿＿＿＿＿＿＿＿。

6．例： 鈴木さんは 自分で うち（ を ） 建てる ことが できます。

1） あの 鳥は 日本語（　　） 少し 話せます。

2） 2階（　　） 花火（　　） 見えます。

3） 電話番号（　　） 知って いますが、住所（　　） 知りません。

4） 学校の 近く（　　） 美術館（　　） できました。

5） 先生、声（　　） うしろ（　　） 聞こえません。

7．

ドラえもん

これは「ドラえもん」です。日本の子どもたちはドラえもんが大好きです。マンガの主人公で、猫の形のロボットです。

ドラえもんは不思議なポケットを持っていて、いろいろな物が出せます。例えば、「タケコプター」や「タイムテレビ」です。「タケコプター」を頭に付けると、自由に空を飛べます。「タイムテレビ」では昔の自分や将来の自分が見られます。

わたしがいちばん欲しい物は「どこでもドア」です。「どこでもドア」を開けると、どこでも行きたい所へ行けます。皆さん、もしドラえもんに会えたら、どんな物を出してもらいたいですか。

1）（　　）ドラえもんは 動物です。

2）（　　）ドラえもんは ポケットから 便利な 物を 出します。

3）（　　）空を 飛びたい とき、「タケコプター」に 乗ります。

4）（　　）「どこでもドア」が あったら、どこでも 行けます。

8．子どもの とき、読んだ 本や マンガの 主人公を 紹介して ください。主人公は 何が できますか。

第28課

文型

1. 音楽を 聞きながら 食事します。
2. 毎朝 ジョギングを して います。
3. 地下鉄は 速いし、安いし、地下鉄で 行きましょう。

例文

1. 眠い とき、ガムを かみながら 運転します。
……そうですか。 わたしは 車を 止めて、しばらく 寝ます。

2. 音楽を 聞きながら 勉強しますか。
……いいえ。 勉強する ときは、音楽を 聞きません。

3. 彼は 働きながら 大学で 勉強して います。
……そうですか。 偉いですね。

4. 休みの 日は いつも 何を して いますか。
……そうですね。 たいてい 絵を かいて います。

5. ワット先生は 熱心だし、おもしろいし、それに 経験も あります。
……いい 先生ですね。

6. よく この すし屋へ 来るんですか。
……ええ。 ここは 値段も 安いし、魚も 新しいし、よく
食べに 来ます。

7. どうして 富士大学を 選んだんですか。
……富士大学は 有名だし、いい 先生も 多いし、
寮も ありますから。

CD07 会話

出張も　多いし、試験も　あるし……

小川幸子：　ミラーさん、ちょっと　お願いが　あるんですが。

ミラー　：　何ですか。

小川幸子：　実は　８月に　オーストラリアへ　ホームステイに　行くんです。

ミラー　：　ホームステイですか。　いいですね。

小川幸子：　ええ。
　　　　　　それで　今　友達と　英語を　勉強して　いるんですが……。

ミラー　：　ええ。

小川幸子：　なかなか　上手に　ならないんです。
　　　　　　先生も　いないし、英語で　話す　チャンスも　ないし……。
　　　　　　ミラーさん、会話の　先生に　なって　いただけませんか。

ミラー　：　え？　先生に？　うーん、ちょっと　仕事が……。

小川幸子：　お暇な　とき、お茶でも　飲みながら……。

ミラー　：　うーん、出張も　多いし、もうすぐ　日本語の　試験も
　　　　　　あるし……。

小川幸子：　そうですか。

ミラー　：　すみません。

練習(れんしゅう)A

1\.

写真(しゃしん)を	みせ	ながら	説明(せつめい)します。
ガムを	かみ		先生(せんせい)の 話(はなし)を 聞(き)いては いけません。
	はたらき		日本語(にほんご)を 勉強(べんきょう)して います。
大学(だいがく)で	おしえ		研究(けんきゅう)して います。

2\.

休(やす)みの 日(ひ)は	絵(え)を	かいて	います。
	息子(むすこ)と 釣(つ)りに	いって	
	娘(むすめ)と 買(か)い物(もの)に 行(い)ったり、映画(えいが)を 見(み)たり	して	

3\.

鈴木(すずき)さんは	ピアノも	ひける	し、	歌(うた)も	うたえる	し、 それに
		わかい		体(からだ)も	おおきい	
		まじめだ		中国語(ちゅうごくご)も	じょうずだ	

ダンスも できます。
力(ちから)も 強(つよ)いです。
経験(けいけん)も あります。

4\.

この 店(みせ)は		しずかだ	し、		ひろい	し、
	値段(ねだん)も	やすい		味(あじ)も	いい	
	おすしも	ある		カレーライスも	ある	

いつも ここで 食(た)べて います。

5\. どうして 日本(にほん)の アニメが 好(す)きなんですか。

……	話(はなし)も	おもしろい	し、	音楽(おんがく)も	すてきです	から。
	絵(え)も	きれいだ		夢(ゆめ)も	あります	
	日本語(にほんご)も	べんきょうできる		日本(にほん)の ことも	わかります	

練習B

1．　例：→　音楽を　聞きながら　運転します。

　　1）→　　2）→　　3）→　　4）→

2．　例：歩きます・話しませんか　→　歩きながら　話しませんか。

　1）話を　聞きます・メモして　ください　→

　2）運転します・電話を　しないで　ください　→

　3）お茶を　飲みます・話しましょう　→

　4）ピアノを　弾きます・歌えますか　→

　5）ボランティアを　します・世界を　旅行して　います　→

　6）絵を　教えます・マンガを　かいて　います　→

3．　例：暇な　とき、いつも　何を　して　いますか。

　　（パソコンで　ゲームを　します）

　　→　パソコンで　ゲームを　して　います。

　1）毎晩　どんな　番組を　見て　いますか。

　　（ニュースや　ドラマ）→

　2）休みの　日は　何を　して　いますか。

　　（子どもと　遊んだり、買い物に　行ったり　します）→

　3）いつも　何で　学校に　通って　いますか。

　　（自転車）→

　4）毎朝　電車の　中で　何を　して　いますか。

　　（音楽を　聞きながら　本を　読みます）→

4. 例：この　掃除機は　小さいです・軽いです・音が　静かです
　　→　この　掃除機は　小さいし、軽いし、それに　音も　静かです。
　1）北海道は　涼しいです・景色が　きれいです・食べ物が
　　おいしいです　→
　2）あの　美容院は　上手です・速いです・安いです　→
　3）新しい　台所は　きれいです・広いです・便利です　→
　4）この　車は　形が　いいです・色が　きれいです・値段が　そんなに
　　高くないです　→

5. 例：熱が　あります・頭が　痛いです・きょうは　会社を　休みます
　　→　熱も　あるし、頭も　痛いし、きょうは　会社を　休みます。
　1）この　店は　安いです・品物が　多いです・いつも　ここで
　　買い物して　います　→
　2）あしたは　休みです・用事が　ありません・うちで　ゆっくり　映画を
　　見ます　→
　3）デザインが　すてきです・サイズが　ちょうど　いいです・この　靴を
　　買います　→
　4）この　マンションは　景色が　すばらしいです・ペットが　飼えます・
　　よく　売れて　います　→

6. 例：どうして　あの　歌手は　若い　人に　人気が　あるんですか。
　　（声が　いいです・ダンスが　上手です）
　　→　声も　いいし、ダンスも　上手ですから。
　1）どうして　田舎に　住みたいんですか。
　　（緑が　多いです・食べ物が　おいしいです）→
　2）どうして　先生に　なりたいんですか。
　　（子どもが　好きです・大切な　仕事だと　思います）→
　3）どうして　会社を　やめたんですか。
　　（ボーナスが　ありません・給料が　少ないです）→
　4）どうして　パワー電気の　製品は　よく　売れるんですか。
　　（値段が　安いです・デザインが　いいです・故障が　少ないです）→

練習C

1． A： 将来の 夢は 何ですか。

B： そうですね。 いつか ①コンピューターの 会社を 作りたいです。

A： すごいですねえ。

B： それで 今は ②会社で 働きながら ③夜 大学で 勉強して います。

A： そうですか。 頑張って ください。

1） ① 小説家に なります
② アルバイトを します
③ 小説を 書きます

2） ① 自分の 店を 持ちます
② レストランで 働きます
③ 料理の 勉強を します

2． A： ずいぶん 人が 多いですね。

B： ええ。 ここは ①コーヒーも おいしいし、②食事も できるし……。

A： それで 人気が あるんですね。

1） ① 店が きれいです
② サービスが いいです

2） ① 値段が 安いです
② いい 音楽が 聞けます

3． A： これから いっしょに 飲みに 行きませんか。

B： きょうは ちょっと……。
きのうも 飲んだし、それに あした 大阪へ 出張ですから。

A： そうですか。

B： すみません。

1） もう 遅いです

2） 体の 調子が あまり よくないです

28

問題

CD08 1.
1） ＿＿＿＿＿＿＿＿＿＿
2） ＿＿＿＿＿＿＿＿＿＿
3） ＿＿＿＿＿＿＿＿＿＿
4） ＿＿＿＿＿＿＿＿＿＿

CD09 2. 1）（　　） 2）（　　） 3）（　　） 4）（　　）

3. 例： アイスクリームを　食べながら　歩きます。

例	1）	2）	3）	4）

1） ＿＿＿＿＿＿＿＿。 2） ＿＿＿＿＿＿＿＿。
3） ＿＿＿＿＿＿＿＿。 4） ＿＿＿＿＿＿＿＿。

4. 例： 日曜日は　いつも　9時ごろまで　（　寝て　います　）が、きょうは
用事が　ありましたから、6時に　（　起きました　）。

~~起きます~~	買います	飲みます	食べます	歩きます
行きます	乗ります	泳ぎます	~~寝ます~~	ジョギングを　します

1） 魚は　いつも　近くの　スーパーで　（　　　　　）が、きのうは
休みでしたから、ほかの　店へ　（　　　　　）。
2） いつも　駅まで　（　　　　　）が、けさは　時間が
ありませんでしたから、タクシーに　（　　　　　）。
3） 毎朝　（　　　　　）が、きのうは　雨でしたから、
プールで　（　　　　　）。
4） 毎朝　パンを　（　　　　　）が、けさは　コーヒーしか
（　　　　　）。

5.　例：この　レストランは　（　おいしい　）し、（　安い　）し、[　e　]

ありません	~~おいしい~~	おもしろい	静か	すてき
ちょうど　いい	熱心	便利	~~安い~~	悪い

a．学生に　人気が　あります　　　b．住みたいです

c．どこも　行きません　　　d．買います

~~e．いつも　ここへ　来ます~~

1）　ここは　交通も　（　　　）し、（　　　）し、[　　]。

2）　この　靴は　色も　（　　　）し、サイズも　（　　　）し、[　　]。

3）　あの　先生は　話も　（　　　）し、（　　　）し、[　　]。

4）　きょうは　天気も　（　　　）し、お金も　（　　　）し、[　　]。

6.

留学生パーティーのお知らせ

日本の学生といっしょにパーティーをします。
いろいろな国の料理を食べながら日本人と友達になりましょう。
カラオケもあるし、ダンスもできるし、すてきなプレゼントもあります。
皆さん、ぜひ参加してください。

日にち　　12月3日（土）　午後4時～8時

場所　　さくら大学体育館

※　パーティーは無料です。

Aさんは　Bさんを　パーティーに　誘います。

A：Bさん、（例：12月3日）に　留学生パーティーが　あるんですが、
　いっしょに　行きませんか。

B：いいですね。　何時からですか。

A：（①　　　　　）から　（②　　　　　　　　）で　あります。

B：留学生だけ　来るんですか。

A：いいえ、（③　　　　　）も　来ますから、新しい　友達が　作れます。
　歌を　歌ったり、（④　　　　　）を　したり　します。

B：お金を　払わなければ　なりませんか。

A：いいえ、（⑤　　　　　　　　　　　）。

7.　イベント（例：お花見、運動会）の　お知らせを　書きましょう。

第29課

文型

1. 窓が　閉まって　います。
2. 電車に　傘を　忘れて　しまいました。

例文

1. 会議室の　かぎが　掛かって　いますね。
   ……じゃ、渡辺さんに　言って、開けて　もらいましょう。

2. この　パソコン、使っても　いいですか。
   ……それは　故障して　いますから、あちらのを　使って　ください。

3. シュミットさんが　持って　来た　ワインは　どこですか。
   ……みんなで　飲んで　しまいました。

4. いっしょに　帰りませんか。
   ……すみません。　この　メールを　書いて　しまいますから、
   　　お先に　どうぞ。

5. 約束の　時間に　間に　合いましたか。
   ……いいえ、遅れて　しまいました。　道を　まちがえたんです。

6. どう　したんですか。
   ……タクシーに　荷物を　忘れて　しまったんです。

CD10 会(かい)話(わ)

忘(わす)れ物(もの)を　して　しまったんです

イー：　すみません。　今(いま)の　電車(でんしゃ)に　忘(わす)れ物(もの)を　して
　　　　しまったんですが……。

駅員(えきいん)：　何(なに)を　忘(わす)れたんですか。

イー：　青(あお)い　かばんです。　このくらいの……。
　　　　外側(そとがわ)に　大(おお)きい　ポケットが　付(つ)いて　います。

駅員(えきいん)：　どの　辺(へん)に　置(お)きましたか。

イー：　よく　覚(おぼ)えて　いません。　でも、網棚(あみだな)の　上(うえ)に　置(お)きました。

駅員(えきいん)：　中(なか)に　何(なに)が　入(はい)って　いますか。

イー：　えーと、確(たし)か、本(ほん)と　傘(かさ)が　入(はい)って　います。

駅員(えきいん)：　じゃ、調(しら)べますから、ちょっと　待(ま)って　いて　ください。

…………………………………………………………………

駅員(えきいん)：　ありましたよ。

イー：　ああ、よかった。

駅員(えきいん)：　今(いま)　新宿駅(しんじゅくえき)に　ありますが、どう　しますか。

イー：　すぐ　取(と)りに　行(い)きます。

駅員(えきいん)：　じゃ、新宿駅(しんじゅくえき)の　事務所(じむしょ)に　行(い)って　ください。

イー：　はい。　どうも　ありがとう　ございました。

練習(れんしゅう)A

1.

ドア	が	あいて	います。
くるま		とまって	
ガラス		われて	

2.

この　ふくろ	は	やぶれて	います。
その　コピーき		こしょうして	
あの　き		おれて	

3.

『げんじものがたり』	は	全部(ぜんぶ)	よんで	しまいました。
かんじの　しゅくだい		もう	やって	
レポート		今晩(こんばん)	かいて	しまいます。
しりょう		金曜日(きんようび)までに	つくって	

4.

財布(さいふ)を	おとして	しまいました。
電話番号(でんわばんごう)を	まちがえて	
パソコンが	こわれて	

練習(れんしゅう) B

1．　例(れい)：→　窓(まど)が　開(あ)いて　います。

⬇　1）→　　2）→　　3）→　　4）→

5）→　　6）→　　7）→

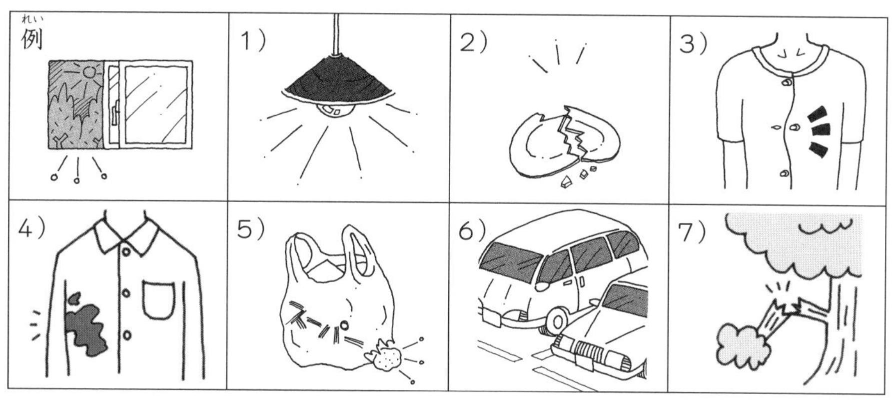

2．　例(れい)：　エアコン・つきます・消(け)して　ください

→　エアコンが　ついて　いますから、消(け)して　ください。

1）　テーブル・汚(よご)れます・ふいて　ください　→

2）　時計(とけい)・止(と)まります・電池(でんち)を　取(と)り替(か)えて　ください　→

3）　洗濯機(せんたくき)・壊(こわ)れます・手(て)で　洗(あら)わなければ　なりません　→

4）　スーパー・閉(し)まります・コンビニで　買(か)いましょう　→

3．　例(れい)：　この　傘(かさ)を　借(か)りても　いいですか。

⬇　→　その　傘(かさ)は　折(お)れて　いますよ。

1）　この　コップを　使(つか)っても　いいですか。　→

2）　この　袋(ふくろ)を　もらっても　いいですか。　→

3）　この　自転車(じてんしゃ)を　借(か)りても　いいですか。　→

4）　この　掃除機(そうじき)を　使(つか)っても　いいですか。→

4.　例：この　本は　もう　読みました。

　　　→　もう　読んで　しまったんですか。

　1）　レポートは　もう　書きました。　→

　2）　夏休みの　宿題は　全部　やりました。　→

　3）　スピーチは　もう　覚えました。　→

　4）　部屋は　もう　片づけました。　→

5.　例：（これを　片づけます）

　　　→　そろそろ　帰りませんか。

　　　　……これを　片づけて　しまいますから、お先に　どうぞ。

　1）　（メールの　返事を　書きます）　→

　2）　（この　資料を　作ります）　→

　3）　（この　仕事を　やります）　→

　4）　（出張の　準備を　します）　→

6.　例：田中さんの　住所を　聞きました・忘れました

　　　→　田中さんの　住所を　聞きましたが、忘れて　しまいました。

　1）　駅まで　走りました・電車は　行きました　→

　2）　タクシーで　行きました・約束の　時間に　遅れました　→

　3）　気を　つけて　いました・カードを　なくしました　→

　4）　地図を　見ながら　行きました・道を　まちがえました　→

7.　例：どう　したんですか。

　　　→　傘を　忘れて　しまったんです。

　1）　どう　したんですか。　→

　2）　どう　したんですか。　→

　3）　どうして　遅れたんですか。　→

　4）　どうして　来なかったんですか。　→

練習C

1．　Ａ：　あのう……。

　　　Ｂ：　はい。

　　　Ａ：　かばんが　開いて　いますよ。

　　　Ｂ：　えっ。　あ、どうも　すみません。

　　　　1）　ボタンが　外れます

　　　　2）　クリーニングの　紙が　付きます

2．　Ａ：　すみません。

　　　　　この　(1)パンチ、使っても　いいですか。

　　　Ｂ：　あ、その　(1)パンチは　(2)壊れて　いますから、こちらのを　使って　ください。

　　　Ａ：　すみません。

　　　　1）　(1)　袋　　　(2)　汚れます

　　　　2）　(1)　封筒　　(2)　破れます

3．　Ａ：　どう　したんですか。

　　　Ｂ：　(1)どこかで　財布を　落として　しまったんです。

　　　Ａ：　それは　大変ですね。　すぐ　(2)交番に　行かないと。

　　　Ｂ：　ええ。

　　　　1）　(1)　どこかで　カードを　なくします

　　　　　　(2)　カード会社に　連絡します

　　　　2）　(1)　電車に　書類を　忘れます

　　　　　　(2)　駅員に　言います

問題

1. 1) ＿＿＿＿＿＿＿＿＿＿
   2) ＿＿＿＿＿＿＿＿＿＿
   3) ＿＿＿＿＿＿＿＿＿＿
   4) ＿＿＿＿＿＿＿＿＿＿

CD11

2. 1)（　　） 2)（　　） 3)（　　） 4)（　　）

CD12

3. 例： ボタンが　外れて　います。

   1) ＿＿＿＿＿＿＿＿＿＿。 2) ＿＿＿＿＿＿＿＿＿＿。
   3) ＿＿＿＿＿＿＿＿＿＿。 4) ＿＿＿＿＿＿＿＿＿＿。

4. 例： かぎが　（　掛かって　）　いますから、入れません。
   1) エアコンが　（　　　　　）　いますから、涼しいです。
   2) 会議室の　電気が　（　　　　　）　いますから、会議は　もう　終わったと　思います。
   3) ドアが　（　　　　　）　いますから、閉めて　ください。
   4) この　コートは　ポケットが　（　　　　　）　いませんから、不便です。

5. 例： この　袋は　（　破れて　）　いますから、捨てましょう。
   1) 切手は　あの　箱に　（　　　　　）　います。
   2) その　コピー機は　（　　　　　）　いますから、使えませんよ。
   3) その　コップは　（　　　　　）　いますよ。　きれいな　コップは　あちらです。
   4) 図書館は　1月3日まで　（　　　　　）　います。

6. 例： 昼ごはんを　食べに　行きませんか。
   ……この　仕事を　（　やって　）　しまいますから、お先に　どうぞ。
   1) ワインは　ありますか。……いいえ、もう　（　　　　　）　しまいました。
   2) それは　図書館の　本ですか。
   ……ええ、（　　　　　）　しまいましたから、返しに　行きます。

3）いっしょに　帰りませんか。
　　……この　メールを　（　　　　　）しまいますから、お先に　どうぞ。

7.　例：切符を　買いましたが、（　なくして　）しまいました。
　1）10時の　約束でしたが、時間に　（　　　　　）しまいました。
　2）行き方を　教えて　もらいましたが、道を　（　　　　　）しまいました。
　3）買い物から　帰る　とき、袋が　（　　　　　）しまいました。
　4）大学で　タイ語を　習いましたが、もう　（　　　　　）しまいました。

8.

地震

けさ5時46分に大きい地震がありました。今わたしは駅の前にいます。駅の建物は壊れて、壁の時計は止まっています。時計の針は5時46分を指しています。電車は動いていません。

古いビルが駅前の広い道に倒れています。倒れていないビルも窓のガラスが割れています。ビルの中を見ると、いろいろな物が壊れています。危ないですから、入ることができません。

駅の西の方では今もうちが燃えています。

正しい　絵は　どれですか。

9.　レポーターに　なって、
右の　絵に　ついて
話して　ください。

第30課

文　型

1.　交番に　町の　地図が　はって　あります。
2.　旅行の　まえに、インターネットで　いろいろ　調べて　おきます。

例　文

1.　駅の　新しい　トイレ、おもしろいですね。
　　……え？　そうですか。
　　壁に　花や　動物の　絵が　かいて　あるんです。

2.　セロテープは　どこですか。
　　……あの　引き出しに　しまって　ありますよ。

3.　来月の　出張ですが、ホテルを　予約して　おきましょうか。
　　……ええ、お願いします。

4.　はさみを　使ったら、元の　所に　戻して　おいて　ください。
　　……はい、わかりました。

5.　資料を　片づけても　いいですか。
　　……いいえ、そのままに　して　おいて　ください。
　　　まだ　使って　いますから。

CD13 会　話

非常袋を　準備して　おかないと

ミラー：　こんにちは。

鈴木　：　いらっしゃい。　さあ、どうぞ。

ミラー：　大きい　リュックが　置いて　ありますね。
　　　　　山へ　行くんですか。

鈴木　：　いいえ。　非常袋ですよ。

ミラー：　非常袋？　何ですか。

鈴木　：　非常時に　使う　物を　入れて　おく　袋です。
　　　　　電気や　ガスが　止まっても、３日ぐらい　生活できる　物が
　　　　　入れて　あるんです。

ミラー：　水や　食べ物ですか。

鈴木　：　ええ、ほかにも　いろいろ　ありますよ。　懐中電灯とか、
　　　　　ラジオとか……。

ミラー：　わたしも　準備して　おかないと。

鈴木　：　非常袋は　スーパーでも　売って　いますよ。

ミラー：　そうですか。　じゃ、買って　おきます。

練習(れんしゅう)A

1\.

カレンダー	に	こんげつの　よてい	が	かいて	あります。
かべ		え		かけて	
テーブル		おさら		ならべて	

2\.

しゃしん	は	ひきだし	に	しまって	あります。
ごみばこ		へやの　すみ		おいて	
よていひょう		ドアの　みぎ		はって	

3\.

子(こ)どもが　生(う)まれる　まえに、	服(ふく)や　ベッドを	かって	おきます。
	名前(なまえ)を	きめて	

4\.

食事(しょくじ)が　終(お)わったら、	ちゃわんや　お皿(さら)を	あらって	おきます。
	テーブルの　上(うえ)を	かたづけて	

5\.

あした　会議(かいぎ)が　ありますから、いすは	この　部屋(へや)に	おいて
	そこに	ならべて
		そのままに　して

おきます。

練習B

1．　例：→　棚の　上に　人形が　飾って　あります。

⬇　1）→　　2）→　　3）→　　4）→

2．　例：買い物の　メモは　どこですか。

⬇　　→　冷蔵庫に　はって　あります。

1）　カレンダーは　どこですか。　→

2）　ごみ箱は　どこですか。　→

3）　はさみは　どこですか。　→

4）　コップは　どこですか。　→

3．　例1：レポートを　書きます・資料を　集めます

　　→　レポートを　書く　まえに、資料を　集めて　おきます。

例2：授業・予習します

　　→　授業の　まえに、予習して　おきます。

1）　友達が　来ます・部屋を　片づけます　→

2）　料理を　始めます・道具を　準備します　→

3）　試験・復習します　→

4）　旅行・ガイドブックを　読みます　→

4．例：来週の 講義・この 本を 全部 読みます
→ 来週の 講義までに この 本を 全部 読んで おいて ください。
1）7時・食事の 準備を します →
2）月曜日・レポートを まとめます →
3）次の 会議・この 問題に ついて 考えます →
4）引っ越しの 日・郵便局に 新しい 住所を 連絡します →

5．例：傘（あの 隅に 置きます）
→ この 傘を 借りても いいですか。
……ええ、使ったら、あの 隅に 置いて おいて ください。
1）地図（机の 上に 置きます） →
2）ビデオカメラ（あの 棚に 戻します） →
3）電子辞書（この 引き出しに しまいます） →
4）いす（元の 所に 並べます） →

6．例：会議室を 片づけましょうか。
（まだ 使って います・そのままに します）
→ まだ 使って いますから、そのままに して おいて ください。
1）窓を 開けましょうか。
（寒いです・閉めます） →
2）テレビを 消しましょうか。
（もうすぐ ニュースの 時間です・つけます） →
3）あの 箱、捨てましょうか。
（あとで 使います・置きます） →
4）机の 上の 物を 片づけましょうか。
（わたしが やります・そのままに します） →

練習C

1．　A：　①あそこに　ポスターが　はって　ありますね。
　　　　　あれは　何ですか。
　　　B：　②スポーツ　教室の　お知らせです。
　　　A：　そうですか。

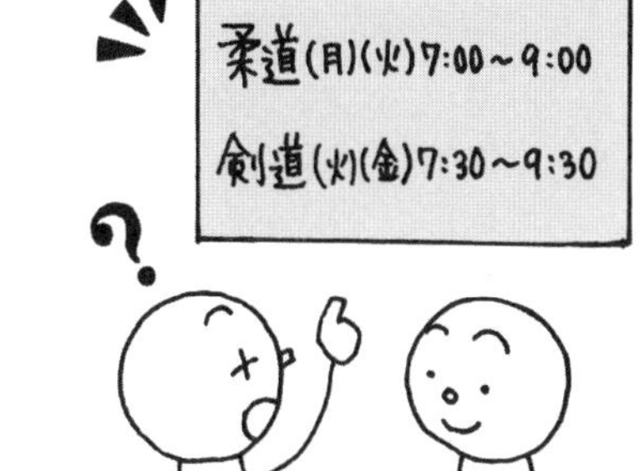

1）　①　廊下に　本を　並べます
　　　②　日本語教室の　本
2）　①　玄関に　箱を　置きます
　　　②　古い　本や　雑誌を　入れる　箱

2．　A：　来週の　①ミーティングまでに　何を　して　おいたら　いいですか。
　　　B：　そうですね。　②この　資料を　コピーして　おいて　ください。
　　　A：　はい、わかりました。

1）　①　会議
　　　②　この　レポートを　読みます
2）　①　出張
　　　②　新しい　カタログを
　　　　　準備します

3．　A：　手伝いましょうか。
　　　B：　ええ、お願いします。
　　　A：　①お皿や　コップは　どう　しましょうか。
　　　B：　②台所へ　持って　行って　おいて　ください。
　　　A：　わかりました。

1）　①　ジュースの　缶
　　　②　あの　大きい　袋に
　　　　　入れます
2）　①　ケーキの　箱
　　　②　この　紙と　いっしょに
　　　　　まとめます

30

問題(もんだい)

CD14 1. 1) ______________________

2) ______________________

3) ______________________

4) ______________________

5) ______________________

CD15 2. 1)(　　) 2)(　　) 3)(　　) 4)(　　) 5)(　　)

3. 例(れい): 資料(しりょう)は 本棚(ほんだな)に (並(なら)べて) あります。

1) 壁(かべ)に バスの 時刻表(じこくひょう)が (　　　　) あります。

2) 机(つくえ)の 右側(みぎがわ)に かぎが (　　　　) あります。

3) ホッチキスや セロテープは 引(ひ)き出(だ)しに (　　　　) あります。

4) コピーの 紙(かみ)は コピー機(き)の 横(よこ)に (　　　　) あります。

4. 例(れい): 旅行(りょこう)の まえに、ガイドブックを (買(か)って) おきます。

1) 授業(じゅぎょう)の まえに、(　　　　) おきます。

2) 試験(しけん)までに この 本(ほん)を よく (　　　　) おきます。

3) 山(やま)に 登(のぼ)る まえに、地図(ちず)を (　　　　) おきます。

4) 食事(しょくじ)が 終(お)わったら、台所(だいどころ)を (　　　　) おきます。

読(よ)みます
見(み)ます
片(かた)づけます
予習(よしゅう)します
~~買(か)います~~

5. 例(れい): テレビを 消(け)しましょうか。

……すみません。 まだ 見(み)て いますから、つけて おいて ください。

1) 道具(どうぐ)を 片(かた)づけましょうか。

……すみません。 まだ 使(つか)って いますから、そのままに ______________________。

2) 野菜(やさい)を 冷蔵庫(れいぞうこ)に しまいましょうか。

……洗(あら)ってから、しまいますから、そこに ______________________。

3）窓(まど)を　閉(し)めても　いいですか。
……すみません。暑(あつ)いですから、＿＿＿＿＿＿＿＿＿＿＿＿＿＿。

4）ラジオを　消(け)しても　いいですか。
……ニュースの　時間(じかん)ですから、＿＿＿＿＿＿＿＿＿＿＿＿＿＿。

6．例(れい)：壁(かべ)に　鏡(かがみ)が　掛(か)けて（ います、（あります）、 おきます ）。

1）部屋(へや)の　電気(でんき)が　消(き)えて（ います、あります、おきます ）から、
田中(たなか)さんは　もう　寝(ね)たと　思(おも)います。

2）窓(まど)が　閉(し)めて（ いませんでした、ありませんでした、
おきませんでした ）よ。　出(で)かける　ときは、閉(し)めて　ください。

3）お花見(はなみ)の　日(ひ)は　みんなで　決(き)めて（ いて、あって、おいて ）ください。

4）はさみは　どこですか。
……引(ひ)き出(だ)しに　入(い)れて（ います、あります、おきます ）。

7．

夢(ゆめ)で見(み)たうち

　わたしの部屋(へや)の壁(かべ)に丸(まる)くて青(あお)い月(つき)の写真(しゃしん)がはってあります。いつもベッドに入(はい)るまえに、写真(しゃしん)を見(み)ます。

　ある晩(ばん)、夢(ゆめ)を見(み)ました。わたしは広(ひろ)い部屋(へや)にいました。窓(まど)の外(そと)に地球(ちきゅう)が見(み)えました。「ここは月(つき)のうちだ」と思(おも)いました。うれしかったです。でも、よく見(み)ると、壁(かべ)には何(なに)も掛(か)けてありません。机(つくえ)やいすもありません。何(なに)も飾(かざ)ってありません。わたしは「こんなうちは嫌(いや)だ」と大(おお)きい声(こえ)で言(い)いました。

　すると、目(め)が覚(さ)めました。わたしの部屋(へや)にはベッドや机(つくえ)が置(お)いてあります。壁(かべ)にカレンダーも掛(か)けてあります。本棚(ほんだな)に好(す)きな本(ほん)がいろいろ並(なら)べてあります。夢(ゆめ)で見(み)たうちよりいいと思(おも)いました。

この　人(ひと)の　部屋(へや)は　どれですか。

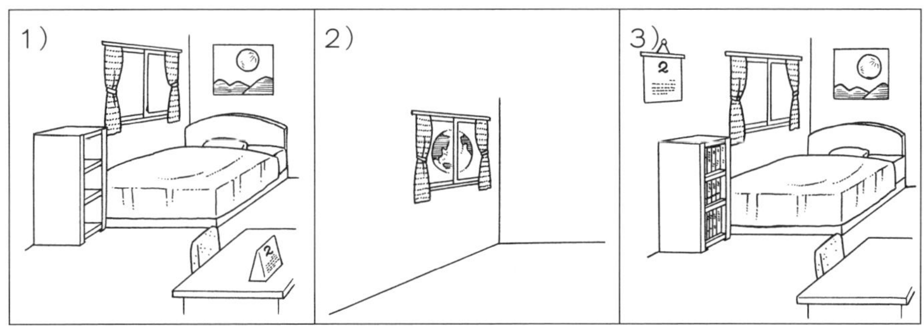

8．あなたが　住(す)みたい　うちの　絵(え)を　かいて、説明(せつめい)して　ください。

復習H

1．　例：　わたしは　旅行（　に　）　行きません。

　1）　8時の　電車（　　　）　遅れて　しまいました。

　2）　書き方が　わからないんです（　　　）、教えて　いただけませんか。

　3）　バスの　時間（　　　）　間に　合いませんでした。

　4）　窓から　山（　　　）　見えます。

　5）　ひらがな（　　　）　書けますが、漢字（　　　）　書けません。

　6）　近くに　スーパー（　　　）　できました。

　7）　マリアさんは　フランス語（　　　）　話せます。

　8）　デザイン（　　　）　いいし、値段（　　　）　安いし、この　テーブルを　買います。

　9）　電車（　　　）　傘を　忘れて　しまいました。

　10）　窓（　　　）　開いて　いますから、閉めて　ください。

　11）　この　コピー機（　　　）　故障して　いますから、あちらのを　使って　ください。

　12）　壁（　　　）　カレンダー（　　　）　掛けて　あります。

　13）　聞こえませんから、もう　少し　大きい　声（　　　）　話して　ください。

　14）　廊下（　　　）　走っては　いけません。

　15）　あの　先生は　学生（　　　）　人気（　　　）　あります。

2．　例：　雨が　（　降ります　→　降った　）ら、出かけません。

　1）　どうして　きのう　パーティーに　（　来ます　→　　　　　　）んですか。
　　……ちょっと　都合が　（　悪いです　→　　　　　　）んです。

　2）　きょうは　ケーキを　作ります。　子どもの　（　誕生日です　→　　　　　　）んです。

　3）　彼は　（　働きます　→　　　　　　）ながら　大学で　勉強して　います。

　4）　色も　（　きれいです　→　　　　　　）し、サイズも　（　ちょうど　いいです　→　　　　　　）し、この　靴を　買います。

　5）　キャッシュカードを　（　なくします　→　　　　　　）　しまったんですが、どう　（　します　→　　　　　　）ら　いいですか。

　6）　はさみを　使ったら、元の　所に　（　戻します　→　　　　　　）　おいて　ください。

H

3. 例： 初めまして。ミラーです。アメリカから （ 来たんです、(来ました) ）。

1） いつ 国へ 帰りますか。
……来月の 初めに （ 帰るんです、 帰ります ）。

2） 趣味は 何ですか。
……（ 釣りです、 釣りなんです ）。

3） どう したんですか。
……頭が （ 痛かったです、 痛いんです ）。

4） エドヤストアへ （ 行きたいですから、 行きたいんですが ）、道を 教えて いただけませんか。

4. 例： いすは そのままに して （ おいて ）ください。

あります　　います　　おきます　　しまいます

1） きのう 買った ケーキは もう 食べて （　　　　　　）。
2） 1週間に 1回 プールで 泳いで （　　　　　　）。
3） 地図を 持って いましたが、道を まちがえて （　　　　　　）。
4） あそこに 時刻表が はって （　　　　　　）から、見て ください。
5） あした 試験を しますから、よく 復習して （　　　　　　） ください。
6） コップが 汚れて （　　　　　　）んですが、取り替えて いただけませんか。

5. 例： テレビが （ 故障して ）いますから、試合が 見られません。

掛かります　　~~故障します~~　　壊れます　　閉まります　　破れます

1） この パソコンは （　　　　）いますから、＿＿＿＿＿＿＿＿。
2） かぎが （　　　　）いますから、部屋に ＿＿＿＿＿＿＿＿。
3） この シャツは （　　　　）いますから、＿＿＿＿＿＿＿＿。
4） もう 店が （　　　　）いますから、＿＿＿＿＿＿＿＿。

31

第31課

文型

1．　いっしょに　行こう。
2．　将来　自分の　会社を　作ろうと　思って　います。
3．　来月　車を　買う　つもりです。

例文

1．　疲れたね。　ちょっと　休まない？
　　……うん、そう　しよう。

2．　お正月は　何を　しますか。
　　……家族と　温泉に　行こうと　思って　います。

3．　レポートは　もう　できましたか。
　　……いいえ、まだ　書いて　いません。
　　　金曜日までに　まとめようと　思って　います。

4．　国へ　帰っても、日本語の　勉強を　続けますか。
　　……はい、続ける　つもりです。

5．　夏休みは　国へ　帰らないんですか。
　　……ええ。　大学院の　試験を　受けますから、ことしは　帰らない
　　　つもりです。

6．　あしたから　ニューヨークへ　出張します。
　　……そうですか。　いつ　帰りますか。
　　来週の　金曜日に　帰る　予定です。

CD16 会　話

料理を　習おうと　思って　います

小川　：　来月から　独身です。

ミラー：　えっ？

小川　：　実は　大阪の　本社に　転勤なんです。

ミラー：　本社ですか。　それは　おめでとう　ございます。
　　　　　でも、どうして　独身に　なるんですか。

小川　：　妻と　子どもは　東京に　残るんです。

ミラー：　えっ、いっしょに　行かないんですか。

小川　：　ええ。　息子は　来年　大学の　入学試験が　あるから、
　　　　　東京に　残ると　言うし、妻も　今の　会社を
　　　　　やめたくないと　言うんです。

ミラー：　それで、別々に　住むんですね。

小川　：　ええ。　でも、月に　2、3回　週末に　帰る　つもりです。

ミラー：　大変ですね。

小川　：　でも、いい　チャンスですから、料理を　習おうと　思って
　　　　　います。

ミラー：　それは　いいですね。

31

練習(れんしゅう)A

1.

	ます形(けい)			意向形(いこうけい)		
Ⅰ	か	い	ます	か	お	う
	ある	き	ます	ある	こ	う
	いそ	ぎ	ます	いそ	ご	う
	なお	し	ます	なお	そ	う
	ま	ち	ます	ま	と	う
	あそ	び	ます	あそ	ぼ	う
	やす	み	ます	やす	も	う
	の	り	ます	の	ろ	う

	ます形(けい)		意向形(いこうけい)	
Ⅱ	かえ	ます	かえ	よう
	おぼえ	ます	おぼえ	よう
	み	ます	み	よう

	ます形(けい)		意向形(いこうけい)	
Ⅲ	き	ます	こ	よう
	し	ます	し	よう
	きゅうけいし	ます	きゅうけいし	よう

2. 買(か)い物(もの)に いこう。
公園(こうえん)を さんぽしよう。

3. 外国(がいこく)で 仕事(しごと)を はたらこう／みつけよう／べんきょうしよう と 思(おも)って います。

4. レポートは まだ まとめて／だして いません。

5. わたしは ずっと 日本(にほん)に すむ／将来(しょうらい) 大学(だいがく)で けんきゅうする／国(くに)へ かえらない／来年(らいねん)の 試験(しけん)を うけない つもりです。

6. 部長(ぶちょう)は 支店(してん)へ いく／飛行機(ひこうき)は 11時(じ)に つく／来週(らいしゅう)は しゅっちょうの／午後(ごご)は かいぎの 予定(よてい)です。

練習B

1.　例：みんな　来ましたから、始めましょう　→　みんな　来たから、始めよう。

　1）疲れましたから、ちょっと　休憩しましょう　→

　2）よく　見えませんから、前の　方に　座りましょう　→

　3）もう　遅いですから、寝ましょう　→

　4）あしたは　休みですから、動物園へ　行きましょう　→

2.　例：あした　何を　しますか。（映画を　見ます）

　→　映画を　見ようと　思って　います。

　1）今度の　日曜日は　何を　しますか。（家族と　教会へ　行きます）→

　2）連休は　何を　しますか。（うちで　ゆっくり　休みます）→

　3）今度の　週末は　何を　しますか。（山に　登ります）→

　4）暇に　なったら、何を　しますか。（小説を　書きます）→

3.　例：その　映画は　おもしろいですか。（見ます）

　→　まだ　見て　いませんから、わかりません。

　1）その　本は　おもしろいですか。（読みます）→

　2）新しい　スーパーは　安いですか。（行きます）→

　3）その　箱に　何が　入って　いますか。（開けます）→

　4）ミラーさんに　もらった　お菓子は　おいしかったですか。（食べます）→

4.　例：北海道旅行は　もう　申し込みましたか。（あした）

　→　いいえ、まだ　申し込んで　いません。

　あした　申し込もうと　思って　います。

　1）作文は　もう　書きましたか。（今晩）→

　2）図書館の　本は　もう　返しましたか。（あさって）→

　3）ピカソの　展覧会は　もう　見に　行きましたか。（今度の　日曜日）→

　4）お子さんの　名前は　もう　決めましたか。（顔を　見てから）→

5． 例： 結婚式は　どこで　しますか。
　　→ 神社で　する　つもりです。
1） 何を　着ますか。　→
2） パーティーは　どこで　しますか。　→
3） 旅行は　どこへ　行きますか。　→
4） どこに　住みますか。　→

6． 例： お正月は　国へ　帰りますか。（飛行機の　チケットが　高いです）
　　→ いいえ、帰らない　つもりです。　飛行機の　チケットが　高いんです。
1） 大学に　行きますか。（料理の　勉強を　したいです）→
2） 日本語の　試験を　受けますか。（仕事が　忙しいです）→
3） 夏休みを　取りますか。（秋に　休みを　取ろうと　思って　います）→
4） 東京へ　行ったら、ミラーさんに　会いますか。（時間が　ありません）→

7． 例： 何時の　新幹線に　乗りますか。
　　→ 7時の　新幹線に　乗る　予定です。
1） 何時に　新大阪に　着きますか。→
2） 昼ごはんは　だれと　食べますか。→
3） 午後は　どこへ　行きますか。→
4） 帰りの　新幹線は　どこから　乗りますか。→

1月10日（月）大阪出張予定		
7：00	東京駅 のぞみ203号	… 例
9：36	新大阪駅	… 1）
10：00	IMC（大阪）会議	
11：30		
12：00	松本部長と　食事	…2）
14：30	パワー電気 会議	…3）
16：00		
17：02	新神戸駅 のぞみ42号	…4）
19：53	東京駅	

8． 例： 荷物は　いつ　着きますか。（あしたの　朝　9時）
　　→ あしたの　朝　9時の　予定です。
1） 新しい　駅は　いつ　できますか。（来年の　3月）→
2） お子さんは　いつ　生まれますか。（5月の　終わり）→
3） どのくらい　旅行に　行きますか。（1週間ぐらい）→
4） あしたは　何を　しますか。（国会議事堂の　見学）→

練習C

1. A：ああ、①疲れた。
   B：じゃ、どこかで ②少し 休もう。
   A：あの 喫茶店に 入らない？
   B：うん、そう しよう。

   1）① おなかが すきました
   　　② 何か 食べます
   2）① のどが かわきました
   　　② ジュースでも 飲みます

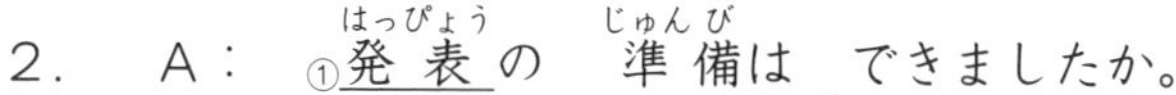

2. A：①発表の 準備は できましたか。
   B：えーと、まだ ②資料を コピーして いません。
   　　これから ②コピーしようと 思って います。
   A：わかりました。

   1）① 会議
   　　② 会議室を 予約します
   2）① 出張
   　　② 本社に 書類を 送ります

3. A：①夏休みは 何か 予定が ありますか。
   B：②北海道を 旅行する つもりです。
   A：いいですね。どのくらいですか。
   B：③10日の 予定です。

   1）① 冬休み
   　　② 国へ 帰ります
   　　③ 2週間
   2）① 春休み
   　　② 沖縄へ 行きます
   　　③ 5日ぐらい

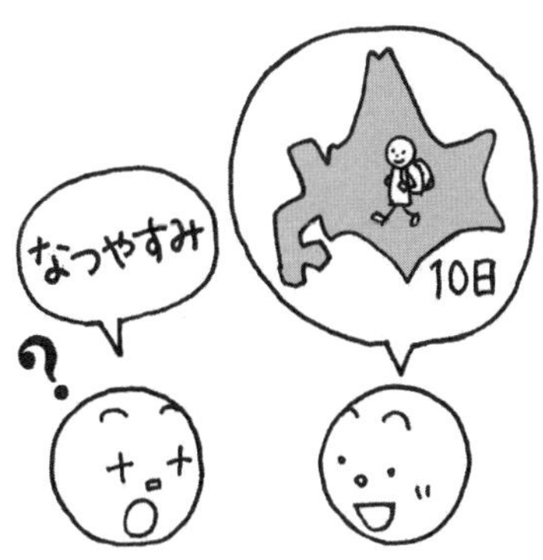

問題(もんだい)

31

CD17 1.　1）＿＿＿＿＿＿＿＿＿＿＿＿＿＿＿＿＿＿＿＿
　2）＿＿＿＿＿＿＿＿＿＿＿＿＿＿＿＿＿＿＿＿
　3）＿＿＿＿＿＿＿＿＿＿＿＿＿＿＿＿＿＿＿＿
　4）＿＿＿＿＿＿＿＿＿＿＿＿＿＿＿＿＿＿＿＿

CD18 2.　1）（　　）　2）（　　）　3）（　　）　4）（　　）　5）（　　）

3.

例(れい)：聞(き)きます	聞(き)こう	5）寝(ね)ます	
1）急(いそ)ぎます		6）続(つづ)けます	
2）踊(おど)ります		7）決(き)めます	
3）探(さが)します		8）休憩(きゅうけい)します	
4）待(ま)ちます		9）来(き)ます	

4.　例(れい)：これから　どう　しますか。
……大学院(だいがくいん)の　試験(しけん)を　（　受(う)けよう　）と　思(おも)って　います。

1）どこの　パソコンを　買(か)いますか。
……パワー電気(でんき)の　パソコンを　（　　　　）と　思(おも)って　います。

2）どんな　家(いえ)を　作(つく)りますか。
……両親(りょうしん)と　いっしょに　住(す)める　家(いえ)を　（　　　　）と　思(おも)って　います。

3）ホテルは　どう　しますか。
……駅(えき)の　近(ちか)くの　ホテルを　（　　　　）と　思(おも)って　います。

4）日曜日(にちようび)の　朝(あさ)は　何(なに)を　しますか。
……教会(きょうかい)へ　（　　　　）と　思(おも)って　います。

5.　例(れい)1：彼女(かのじょ)と　結婚(けっこん)するんですか。
……ええ、ことしの　秋(あき)に　結婚(けっこん)する　つもりです。

例(れい)2：きょうも　残業(ざんぎょう)するんですか。
……いいえ、きょうは　しない　つもりです。

1）だれに　引(ひ)っ越(こ)しを　手伝(てつだ)って　もらいますか。
……会社(かいしゃ)の　人(ひと)に＿＿＿＿＿＿＿＿＿＿＿＿＿＿。

2）夏休(なつやす)みに　国(くに)へ　帰(かえ)りますか。
……いいえ、クリスマスまで＿＿＿＿＿＿＿＿＿＿＿＿。

3） あしたの 朝 何時ごろ 出かけますか。

……そうですね。 7時ごろ ＿＿＿＿＿＿＿＿＿＿＿＿＿＿＿＿。

4） 旅行に あの 大きい カメラを 持って 行きますか。

……いいえ、重いですから、＿＿＿＿＿＿＿＿＿＿＿＿＿＿＿＿。

6． 例： きょう（4月 1 日）の 会議は 何時に 終わりますか。

……4時に 終わる 予定です。

1） 次の 会議は いつですか。

……＿＿＿＿＿＿＿＿＿＿＿＿＿＿。

2） あした 何か 予定が ありますか。

……＿＿＿＿＿＿＿＿＿＿＿＿＿＿。

3） いつ ミラーさんに 会いますか。

……＿＿＿＿＿＿＿＿＿＿＿＿＿＿。

4） 土曜日 どこへ お花見に 行きますか。

……＿＿＿＿＿＿＿＿＿＿＿＿＿＿。

4月の 予定

1〈火曜日〉 会議 2:00～4:00
2〈水曜日〉 出 張（広島）
3〈木曜日〉 ミラーさんに 会う
4〈金曜日〉
5〈土曜日〉 お花見（上野公園）
6〈日曜日〉
7〈月曜日〉 会議

7．

田舎へ帰って

わたしは九州の小さい村で生まれた。高校を卒業して、東京へ来てから、もう10年になる。今自動車会社で働いている。

田舎にいたときは、映画館もないし、レストランもないし、田舎の生活は嫌だと思った。でも、最近疲れたときや寂しいとき、よく田舎の青い空や緑の山を思い出す。目を閉じると、友達と泳いだ川の音が聞こえる。

わたしは来年の春、会社をやめて、田舎へ帰るつもりだ。そして、都会の子どもたちが自由に遊べる「山の学校」をいつか作ろうと思っている。

1） この 人は 今 どこに 住んで いますか。

2） この 人は どうして 田舎の 生活は 嫌だと 思いましたか。

3） この 人は 今も 田舎の 生活が 嫌ですか。

4） この 人は 田舎へ 帰って、何を しますか。

8． あなたの 夢は 何ですか。 将来 どんな ことを しようと 思って いますか。

第32課

文型

1. 毎日　運動した　ほうが　いいです。
2. あしたは　雪が　降るでしょう。
3. 約束の　時間に　間に　合わないかも　しれません。

例文

1. 学生の　アルバイトに　ついて　どう　思いますか。
……いいと　思いますよ。　若い　ときは、いろいろな　経験を　した　ほうが　いいですから。

2. 1か月ぐらい　ヨーロッパへ　遊びに　行きたいんですが、40万円で　足りますか。
……十分だと　思います。
でも、現金で　持って　行かない　ほうが　いいですよ。

3. 先生、日本の　経済は　どう　なるでしょうか。
……そうですね。　まだ　しばらく　よく　ならないでしょう。

4. 先生、ハンスは　インフルエンザですか。
……はい、インフルエンザです。　2、3日　高い　熱が　続くかも　しれませんが、心配しなくても　いいですよ。

5. エンジンの　音が　おかしいですね。
……そうですね。　故障かも　しれません。
ちょっと　調べましょう。

CD19 会話（かいわ）

無理（むり）を　しない　ほうが　いいですよ

小川（おがわ）　：　シュミットさん、元気（げんき）が　ありませんね。
　　　　　　　　どう　したんですか。

シュミット：　最近（さいきん）　体（からだ）の　調子（ちょうし）が　よくないんです。
　　　　　　　　時々（ときどき）　頭（あたま）や　胃（い）が　痛（いた）く　なるんですよ。

小川（おがわ）　：　それは　いけませんね。　仕事（しごと）が　忙（いそが）しいんですか。

シュミット：　ええ。　残業（ざんぎょう）が　多（おお）いんです。

小川（おがわ）　：　ストレスかも　しれませんね。
　　　　　　　　一度（いちど）　病院（びょういん）で　診（み）て　もらった　ほうが　いいですよ。

シュミット：　ええ、そうですね。

小川（おがわ）　：　無理（むり）を　しない　ほうが　いいですよ。

シュミット：　ええ、今（いま）の　仕事（しごと）が　終（お）わったら、
　　　　　　　　休（やす）みを　取（と）ろうと　思（おも）って　います。

小川（おがわ）　：　それは　いいですね。

練習(れんしゅう)A

1.

病院(びょういん)へ	いった	ほうが　いいです。
薬(くすり)を	のんだ	
たばこを	すわない	
おふろに	はいらない	

2. 今夜(こんや)は

星(ほし)が	みえる	でしょう。
雪(ゆき)は	ふらない	
	さむい	
月(つき)が	きれい	
	あめ	

3. 彼(かれ)は

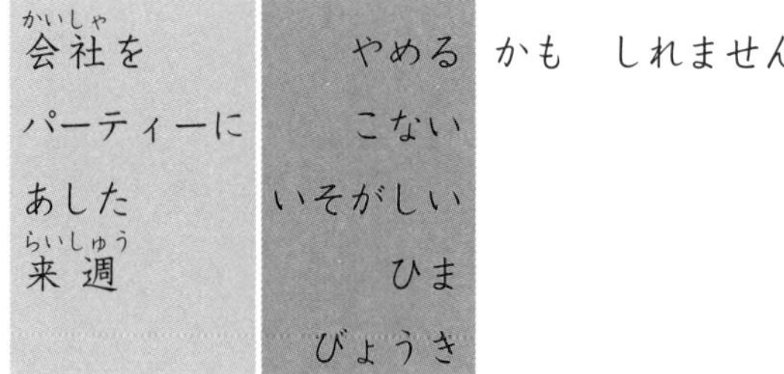

会社(かいしゃ)を	やめる	かも　しれません。
パーティーに	こない	
あした	いそがしい	
来週(らいしゅう)	ひま	
	びょうき	

練習B

1．　例1：毎日　1時間ぐらい　運動します
　　　→　毎日　1時間ぐらい　運動した　ほうが　いいです。
　　例2：年を　取ったら、車は　運転しません
　　　→　年を　取ったら、車は　運転しない　ほうが　いいです。
　1）疲れた　ときは、早く　寝ます　→
　2）夏休みは　早く　ホテルを　予約します　→
　3）暗い　所で　本を　読みません　→
　4）夜　遅く　一人で　歩きません　→

2．　例：きのうから　せきが　出るんです。（病院へ　行きます）
　　　→　じゃ、病院へ　行った　ほうが　いいですよ。
　1）やけどを　したんです。（すぐ　冷やします）→
　2）足に　けがを　したんです。（練習を　休みます）→
　3）かぜを　ひいて　いるんです。（きょうは　出かけません）→
　4）ちょっと　体の　調子が　悪いんです。（あまり　無理を　しません）
　　→

3．　例：夕方には　→　夕方には　雨が　やむでしょう。
　1）あしたは　→　　　2）午後は　→
　3）あしたの　朝は　→　　　4）夜は　→

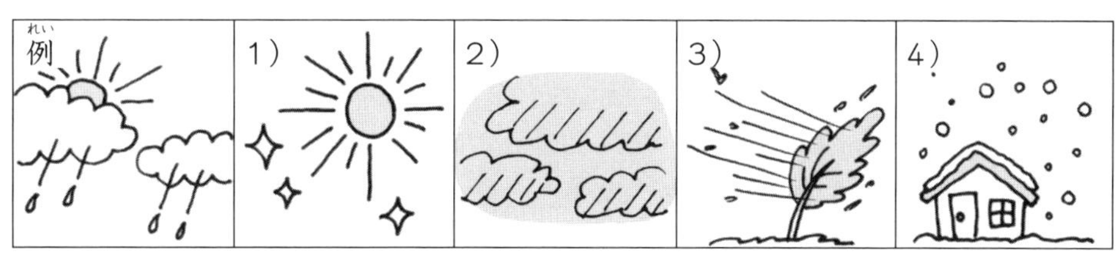

4. 例1： 8時の 新幹線に 間に 合います
(ええ、道が すいて います・たぶん)
→ 8時の 新幹線に 間に 合うでしょうか。
……ええ、道が すいて いますから、たぶん 間に 合うでしょう。
例2： 富士山は 見えます（いいえ、きょうは 天気が よくないです）
→ 富士山は 見えるでしょうか。
……いいえ、きょうは 天気が よくないですから、
見えないでしょう。
1） あした 晴れます（ええ、西の 空が 赤いです・たぶん） →
2） 彼女は 道が わかります （ええ、地図を 持って います） →
3） 高橋さんは きょう うちに います
（いいえ、日曜日は いつも 釣りに 行って います・たぶん） →
4） 彼は 試合に 出ます（いいえ、けがを しました） →

5. 例： 南側に 高い ビルが ありますね。(ええ。冬は 寒いです)
→ ええ。 冬は 寒いかも しれません。
1） 西側に 窓が ありますね。
（夏は 暑いです） →
2） 台所が 狭いですね。
（テーブルが 置けません） →
3） 隣は カラオケの 店ですね。
（うるさいです） →
4） 家賃が とても 安いですね。
（何か 問題が あります） →

6. 例： 道が 込んで いますね。
（約束の 時間に 間に 合いません・電話を かけましょう）
→ ええ。 約束の 時間に 間に 合わないかも しれませんから、
電話を かけましょう。
1） 荷物が 多いですね。
（山は 寒いです・服を たくさん 持って 来たんです） →
2） 曇って いますね。(雨が 降ります・傘を 持って 来ました) →
3） 帰りの 切符を 買って おくんですか。
(込みます・買って おきます) →
4） 薬を 飲むんですか。
(バスの 中で 気分が 悪く なります・飲んで おくんです) →

練習(れんしゅう)C

1. A： どう　したんですか。
   B： ①やけどを　したんです。
   A： じゃ、②すぐ　水道(すいどう)の　水(みず)で　冷(ひ)やした
   　　ほうが　いいですよ。
   B： ええ、そう　します。

   1）① 熱(ねつ)が　あります　　② うちへ　帰(かえ)って、休(やす)みます
   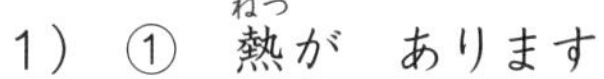
   2）① 頭(あたま)が　痛(いた)いです　② 薬(くすり)を　飲(の)みます

2. A： もうすぐ　①入学試験(にゅうがくしけん)ですね。
   　　②タワポンさんは　合格(ごうかく)するでしょうか。
   B： ③よく　勉強(べんきょう)して　いましたから、きっと　②合格(ごうかく)するでしょう。

   1）① サッカーの　試合(しあい)
   　　② ＩＭＣの　チームは　勝(か)ちます
   　　③ あんなに　練習(れんしゅう)します
   2）① 国際(こくさい)ボランティア会議(かいぎ)
   　　② 会議(かいぎ)は　成功(せいこう)します
   　　③ 6か月(げつ)まえから　準備(じゅんび)します

3. A： ①京都(きょうと)の　紅葉(もみじ)を　見(み)た　ことが　ありますか。
   B： ええ。
   A： 来週(らいしゅう)　行(い)こうと　思(おも)って　いるんですが……。
   B： きれいですよ。
   　　でも、②京都(きょうと)は　ちょっと　寒(さむ)いかも
   　　しれませんから、③セーターを　持(も)って　行(い)った
   　　ほうが　いいですよ。
   A： そうですか。　ありがとう　ございます。

   1）① 歌舞伎(かぶき)　　② チケットが　すぐ　売(う)れて　しまいます
   　　③ 予約(よやく)します
   2）① 吉野山(よしのやま)の　桜(さくら)　② 道(みち)が　込(こ)みます
   　　③ 早(はや)く　うちを　出(で)ます

問題

CD20 1.　1）＿＿＿＿＿＿＿＿＿＿＿＿＿＿＿＿＿＿＿＿

　　　　2）＿＿＿＿＿＿＿＿＿＿＿＿＿＿＿＿＿＿＿＿

CD21 2.　1）（　　）　2）（　　）　3）（　　）　4）（　　）　5）（　　）

3.　例1：ちょっと　頭が　痛いんです。

　　　……じゃ、ゆっくり　（　休んだ　）　ほうが　いいですよ。

　例2：おとといから　のどが　痛いんです。

　　　……じゃ、あまり　（　話さない　）　ほうが　いいですよ。

　1）きのうから　熱が　あるんです。

　　……じゃ、無理を　（　　　　　）　ほうが　いいですよ。

　2）連休に　九州へ　行きたいんですが……。

　　……じゃ、早く　ホテルを　（　　　　　）　ほうが　いいですよ。

　3）おなかの　調子が　よくないんです。

　　……じゃ、冷たい　物は　（　　　　　）　ほうが　いいですよ。

　4）あした　日本語の　試験なんです。

　　……じゃ、今晩は　早く　（　　　　　）　ほうが　いいですよ。

4.　例：山田さんは　ダンスの　練習に　来ますか。

　　……ええ、（　来る　）でしょう。　きょうは　残業が　ない

　　日ですから。

　1）松本さんは　中国語が　話せますか。

　　……ええ、（　　　　　）でしょう。　中国に　3年　住んで

　　いましたから。

　2）午後の　野球の　試合は　無理でしょうか。

　　……ええ、（　　　　　）でしょう。　こんなに　雨が　強いですから。

　3）この　カレーは　辛いですか。

　　……いいえ、（　　　　　）でしょう。　小さい　子どもも　食べて

　　いますから。

　4）あしたは　いい　天気でしょうか。

　　……ええ、きっと　（　　　　　）でしょう。　西の　空が

　　赤いですから。

5．　例：エンジンの　音が　おかしいです。（　故障　）かも　しれません。

~~故障です~~　　大変です　　寒いです　　見えません　　間に　合いません

1）　7時の　電車に　（　　　　）かも　しれませんから、走りましょう。

2）　きょうは　曇って　いますから、富士山が　（　　　　）かも　しれません。

3）　あしたは　（　　　　）かも　しれませんから、セーターを　持って　行きます。

4）　来週の　旅行は　電車で　行きますから、荷物が　たくさん　あると、（　　　　）かも　しれません。

6．

今月の星占い

牡牛座（4月21日―5月21日）

☆仕事……何か新しい仕事を始めると、成功するでしょう。
　　　　でも、働きすぎには気をつけたほうがいいでしょう。

☆お金……今月はたくさんお金を使っても、困らないでしょう。
　　　　宝くじを買うと、当たるかもしれません。

☆健康……東の方へ旅行したり、スポーツをしたりすると、元気になります。でも、足のけがには気をつけてください。

☆恋愛……一人でコンサートや展覧会に出かけると、いいでしょう。
　　　　そのとき会った人が将来の恋人になるかもしれません。

☆ラッキーアイテム……青い石

牡牛座の　人は　1）～4）の　ことを　した　ほうが　いいですか、しない　ほうが　いいですか。

例：（　×　）週末も　働きます。

1）（　　　）会社を　やめて、レストランを　開きます。

2）（　　　）宝くじを　100枚　買います。

3）（　　　）友達と　美術館へ　行きます。

4）（　　　）海へ　行って、青い　石を　拾います。

7．　占いに　ついて　どう　思いますか。

第33課

文型

1. 急げ。
2. 触るな。
3. 立入禁止は　入るなと　いう　意味です。
4. ミラーさんは　来週　大阪へ　出張すると　言って　いました。

例文

1. だめだ。　もう　走れない。
……頑張れ。　あと　500メートルだ。

2. もう　時間が　ない。
……まだ　1分　ある。　あきらめるな。

3. この　池で　遊んでは　いけません。　あそこに　「入るな」と　書いて　ありますよ。
……あ、ほんとうだ。

4. あの　漢字は　何と　読むんですか。
……「きんえん」です。
たばこを　吸っては　いけないと　いう　意味です。

5. この　マークは　どういう　意味ですか。
……洗濯機で　洗えると　いう　意味です。

6. グプタさんは　いますか。
……今　出かけて　います。　30分ぐらいで　戻ると　言って　いました。

7. すみませんが、渡辺さんに　あしたの　パーティーは　6時からだと　伝えて　いただけませんか。
……わかりました。　6時からですね。

CD22 会話

これは　どういう　意味ですか

ワット　：　すみません。　わたしの　車に　こんな　紙が　はって
　　　　　　あったんですが、この　漢字は　何と　読むんですか。

大学職員：　「ちゅうしゃいはん」です。

ワット　：　ちゅうしゃいはん……、どういう　意味ですか。

大学職員：　止めては　いけない　場所に　車を　止めたと　いう
　　　　　　意味です。　どこに　止めたんですか。

ワット　：　駅の　前です。　雑誌を　買いに　行って、10分だけ……。

大学職員：　駅の　前だったら、10分でも　だめですよ。

ワット　：　そうですか。　罰金を　払わなければ　なりませんか。

大学職員：　ええ、15,000円　払わないと　いけません。

ワット　：　えっ。　15,000円ですか。
　　　　　　雑誌は　300円だったんですけど……。

練習(れんしゅう)A

33

1.

	ます形(けい)			命令形(めいれいけい)		禁止形(きんしけい)		
I	い	い	ます	い	え	い	う	な
	か	き	ます	か	け	か	く	な
	およ	ぎ	ます	およ	げ	およ	ぐ	な
	だ	し	ます	だ	せ	だ	す	な
	た	ち	ます	た	て	た	つ	な
	あそ	び	ます	あそ	べ	あそ	ぶ	な
	の	み	ます	の	め	の	む	な
	すわ	り	ます	すわ	れ	すわ	る	な

	ます形(けい)		命令形(めいれいけい)		禁止形(きんしけい)		
II	やめ	ます	やめ	ろ	やめ	る	な
	で	ます	で	ろ	で	る	な
	み	ます	み	ろ	み	る	な
	おり	ます	おり	ろ	おり	る	な

	ます形(けい)		命令形(めいれいけい)	禁止形(きんしけい)	
III	き	ます	こい	くる	な
	し	ます	しろ	する	な

2. 交通規則(こうつうきそく)を　にげろ。／まもれ。
電車(でんしゃ)の　中(なか)で　うごくな。／さわぐな。

3. あそこに　「くるまを　とめるな」と　書(か)いて　あります。
あの　漢字(かんじ)は　「いりぐち」と　読(よ)みます。

4. この　マークは　とまれ／水(みず)で　あらっては　いけない／リサイクルできる　と　いう　意味(いみ)です。

5. 山田(やまだ)さんは　あした　5時(じ)に　くる／締(し)め切(き)りに　まに　あわない／きのう　荷物(にもつ)を　おくった　と　言(い)って　いました。

6. 田中(たなか)さんに　10分(ぷん)ほど　おくれる／土曜日(どようび)は　都合(つごう)が　わるい／締(し)め切(き)りは　あさってだ　と　伝(つた)えて　いただけませんか。

練習B

1.　例：頑張ります　→　頑張れ。
　1）走ります　→　　　　2）行きます　→
　3）戻ります　→　　　　4）止めます　→

2.　例：→　ボールを　投げるな。
　1）→　　2）→　　3）→

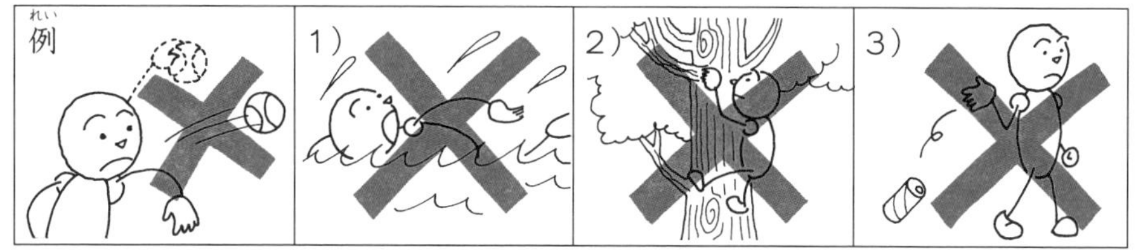

3.　例：→　そこに「おす」と　書いて　あります。
　1）→　　2）→　　3）→

4.　例：（たちいりきんし）→　これは　何と　読みますか。
　　……「たちいりきんし」と　読みます。
　1）（よやくせき）→
　2）（ひじょうぐち）→
　3）（じどうはんばいき）→

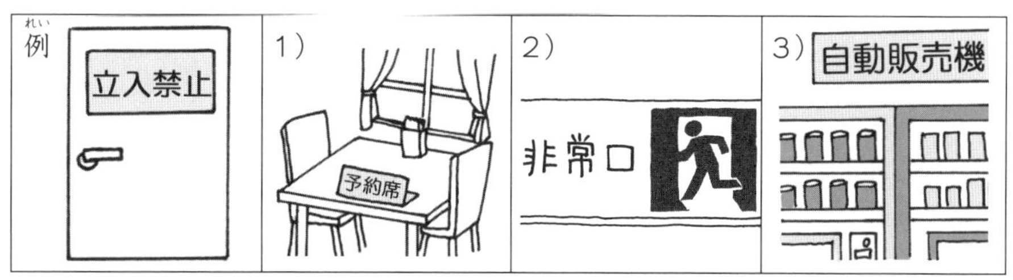

33

5.　例：→　あれは　どういう　意味ですか。
……右へ　曲がるなと　いう　意味です。

1）→　　2）→　　3）→　　4）→

例

1）
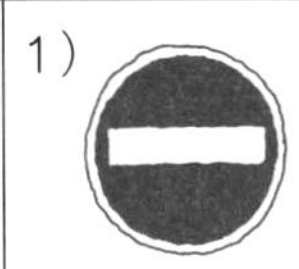
2）
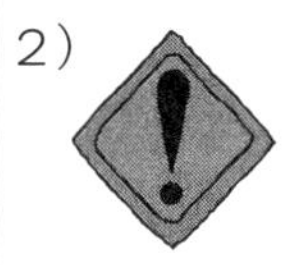
3）
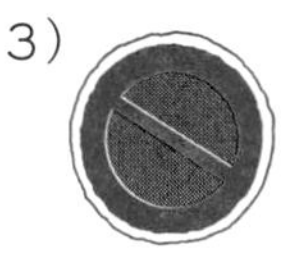
4）
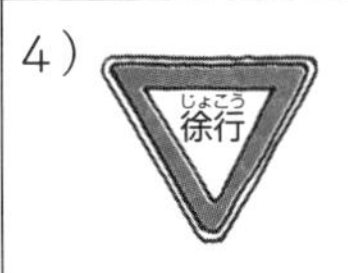

6.　例：（使っては　いけません）
→　これは　どういう　意味ですか。
……使っては　いけないと　いう　意味です。

1）（お金を　払わなくても　いいです）→
2）（今　使って　います）→
3）（入っては　いけません）→
4）（危ない）→

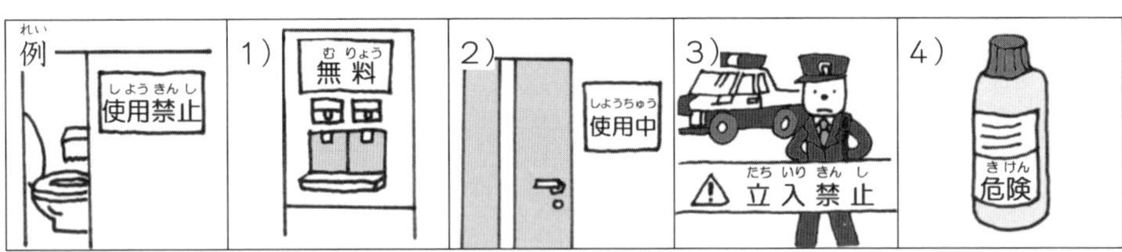

7.　例：田中さん　（2時ごろ　事務所に　戻ります）
→　田中さんは　何と　言って　いましたか。
……2時ごろ　事務所に　戻ると　言って　いました。

1）先生（漢字の　試験は　来週の　火曜日です）→
2）鈴木さん（ミーティングに　出席できません）→
3）ワットさん（警察へ　行きます）→
4）シュミットさん（荷物は　けさ　着きました　）→

8.　例：田中さん・「もうすぐ　会議が　始まります」
→　田中さんに　もうすぐ　会議が　始まると　伝えて　いただけませんか。

1）先生・「きょうは　野球の　練習に　行けません」→
2）渡辺さん・「5時半に　駅で　待って　います」→
3）中村課長・「あしたは　都合が　悪いです」→
4）部長・「ロンドンの　ホテルを　予約しました」→

練習C

1．　A：　すみません。これは　何と　読むんですか。

　　B：　①「学生割引」です。

　　A：　どういう　意味ですか。

　　B：　②学生は　安く　なると　いう　意味です。

　　A：　わかりました。　どうも　ありがとう　ございました。

　　1）　①　「飲み放題」

　　　　②　飲み物を　いくら　飲んでも、値段は　同じです

　　2）　①　「アルバイト　募集　中」

　　　　②　アルバイトを　する　人を　探して　います

2．　A：　小川さんから　電話が　ありましたよ。

　　B：　そうですか。　何か　言って　いましたか。

　　A：　夕方　5時半ごろ　戻ると　言って　いました。

　　B：　そうですか。

　　1）　あした　10時に　来ます

　　2）　今晩の　パーティーに　出席できません

3．　A：　鈴木さんは　いらっしゃいますか。

　　B：　①今　席を　外して　いるんですが……。

　　A：　じゃ、すみませんが、②あしたの　会議は　2時からだと　伝えて　いただけませんか。

　　B：　はい、わかりました。

　　1）　①　まだ　来て　いません

　　　　②　午後の　ミーティングは　ありません

　　2）　①　今　会議中です

　　　　②　出張は　来週に　なりました

問題

33

CD23 1.　1）「みんなの　日本語」＿＿＿＿＿＿＿＿

2）＿＿＿＿＿＿＿＿

CD24 2.　1）（　　）　2）（　　）　3）（　　）　4）（　　）　5）（　　）

3.

例：　行きます	行け	行くな	4）　止めます		
1）　急ぎます			5）　忘れます		
2）　立ちます			6）　来ます		
3）　出します			7）　運転します		

4.　例：　これは　入るなと　いう　意味です。

例	1）	2）	3）

1）　これは　＿＿＿＿＿＿＿＿と　いう　意味です。

2）　これは　＿＿＿＿＿＿＿＿と　いう　意味です。

3）　これは　＿＿＿＿＿＿＿＿と　いう　意味です。

5.　例1：　これは　「しようちゅう」と　読みます。
今　使って　いると　いう　意味です。

例2：　ここに　「きけん」と　書いて　あります。　危ないと　いう　意味です。

例1	例2	1）	2）	3）
使用中	危険	故障	無料	使用禁止

1）　これは　「こしょう」と　＿＿＿＿＿。＿＿＿＿＿と　いう　意味です。

2）　ここに　「むりょう」と　＿＿＿＿＿。＿＿＿＿＿と　いう　意味です。

3）　この　漢字は　「しようきんし」と　＿＿＿＿＿。
＿＿＿＿＿と　いう　意味です。

6.　例：　グプタ：ミラーさんに　「資料は　あした　送ります」と　伝えて
いただけませんか。

山田　：はい、わかりました。

→ 山田：ミラーさん、グプタさんが 資料は あした 送ると 言って いました。

1） 鈴木：ミラーさんに 「きょうは 会議が ありません」と 伝えて いただけませんか。

山田：はい、わかりました。

→ 山田：ミラーさん、＿＿＿が ＿＿＿＿＿＿と 言って いました。

2） 渡辺：ミラーさんに 「この 本は とても 役に 立ちました」と 伝えて いただけませんか。

山田：はい、わかりました。

→ 山田：ミラーさん、＿＿＿が ＿＿＿＿＿＿と 言って いました。

3） 田中：ミラーさんに 「展覧会は 4日から 1週間の 予定です」と 伝えて いただけませんか。

山田：はい、わかりました。

→ 山田：ミラーさん、＿＿＿が ＿＿＿＿＿＿と 言って いました。

7.

頑張ってください

「頑張る」は日本人がよく使うことばです。スポーツの試合で「頑張れ」、スピーチのまえに、「頑張ってね」、いっしょに何かをするとき、「頑張ろう」などと使います。大きい地震が起きたときも、日本人は「頑張ろう」と言いながらみんなで助け合います。

「頑張る」はもともと「自分がいる場所から動かない」という意味でした。日本人が好きなことばですが、悲しいことがあったとき、このことばを聞くと、もっと悲しくなると言う人もいます。

「頑張ってください」はあいさつによく使いますが、使うとき、相手の気持ちを考えなければなりません。

a．～e．の どれを 使ったら いいですか。

1） きのう 日本語の 試験に 合格しました。……そう。 よく（　　）ね。

2） ああ、もう だめだ。 走れない。……あきらめるな。 （　　）。

3） IMCに 入りました。 これから 新しい 仕事を 始めるんです。

……おめでとう。 （　　）ね。

4）あしたの 試合、勝ちたいね。……うん、いっしょに（　　）。

a．頑張って　b．頑張った　c．頑張る　d．頑張れ　e．頑張ろう

8． 7の 1）～4）の とき、あなたの 国では どんな ことを 言いますか。

第34課

文型

1. 先生が 言った とおりに、書きます。
2. ごはんを 食べた あとで、歯を 磨きます。
3. コーヒーは 砂糖を 入れないで 飲みます。

例文

1. これは 新しい ロボットです。
   ……どんな ロボットですか。
   人が した とおりに、何でも するんです。

2. この テーブルは 自分で 組み立てるんですか。
   ……ええ、説明書の とおりに、組み立てて ください。

3. ちょっと 待って ください。 しょうゆは 砂糖を 入れた あとで、入れるんですよ。
   ……はい、わかりました。

4. 仕事の あとで、飲みに 行きませんか。
   ……すみません。 きょうは スポーツクラブへ 行く 日なんです。

5. 友達の 結婚式に 何を 着て 行ったら いいですか。
   ……そうですね。 日本では 男の 人は 黒か 紺の スーツを 着て、白い ネクタイを して 行きます。

6. これは ソースを つけるんですか。
   ……いいえ、何も つけないで 食べて ください。

7. 最近 エレベーターに 乗らないで、階段を 使って いるんです。
   ……いい 運動に なりますね。

CD25 会　話

わたしが　した　とおりに、して　ください

クララ　　　：一度　茶道が　見たいんですが……。
渡辺　　　　：じゃ、来週の　土曜日　いっしょに　行きませんか。

……………………………………………………

お茶の　先生：渡辺さん、お茶を　たてて　ください。
　　　　　　　クララさん、お菓子を　どうぞ。
クララ　　　：えっ、先に　お菓子を　食べるんですか。
お茶の　先生：ええ。　甘い　お菓子を　食べた　あとで、お茶を
　　　　　　　飲むと、おいしいんですよ。
クララ　　　：そうですか。
お茶の　先生：では、お茶を　飲みましょう。
　　　　　　　まず　右手で　おちゃわんを　取って、左手に　載せます。
　　　　　　　次に　おちゃわんを　2回　回して、それから　飲みます。
クララ　　　：はい。
お茶の　先生：じゃ、わたしが　した　とおりに、して　ください。

……………………………………………………

クララ　　　：これで　いいですか。
お茶の　先生：はい。　いかがですか。
クララ　　　：少し　苦いですが、おいしいです。

練習(れんしゅう)A

34

1.

わたしが	いった	とおりに、	言(い)って　ください。
先生(せんせい)が	やった		やりました。
ビデオで	みた		踊(おど)って　ください。
母(はは)に	ならった		作(つく)りました。
	せつめいしょの		組(く)み立(た)てました。
	この		書(か)いて　ください。

2.

仕事(しごと)が	おわった	あとで、	飲(の)みに　行(い)きます。
説明(せつめい)を	きいた		質問(しつもん)しました。
	スポーツの		シャワーを　浴(あ)びます。
	しょくじの		コーヒーを　飲(の)みます。

3.

傘(かさ)を	もって	出(で)かけます。
朝(あさ)ごはんを	たべて	
傘(かさ)を	もたないで	
朝(あさ)ごはんを	たべないで	

4.

日曜日(にちようび)　どこも	いか	ないで、	うちに　います。
エレベーターに	のら		階段(かいだん)を　使(つか)います。
仕事(しごと)を	し		遊(あそ)んで　います。

練習B

1．　例：今　言いました・言って　ください
　　→　今　言った　とおりに、言って　ください。

1）さっき　書きました・漢字を　書いて　ください　→
2）わたしが　やりました・やって　ください　→
3）先生が　言いました・机を　並べました　→
4）今　聞きました・書いて　ください　→
5）料理番組で　見ました・作りました　→
6）歯医者に　教えて　もらいました・歯を　磨いて　います　→

2．　例：行きます　→　地図の　とおりに、行って　ください。

1）紙を　折ります　→
2）紙を　切ります　→
3）行きます　→
4）家具を　組み立てます　→

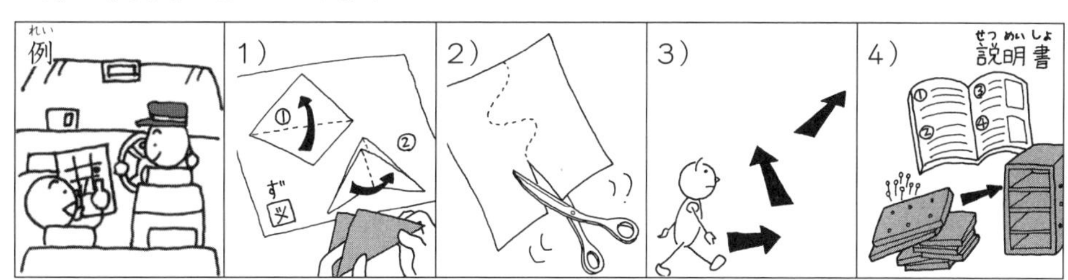

3．　例1：お城を　見学しました・みんなで　写真を　撮ります
　　→　お城を　見学した　あとで、みんなで　写真を　撮ります。
例2：映画・彼女と　海を　見に　行きました
　　→　映画の　あとで、彼女と　海を　見に　行きました。

1）説明が　終わりました・質問して　ください　→
2）新しいのを　買いました・なくした　時計が　見つかりました　→
3）コンサート・食事を　しましょう　→
4）ジョギング・シャワーを　浴びます　→

4.　例：いつ　忘れ物に　気が　つきましたか。（バスを　降ります）
　　　→　バスを　降りた　あとで、気が　つきました。
　1）いつ　サッカーの　練習を　しますか。（土曜日　仕事が　終わります）→
　2）すぐ　食事を　しますか。（いいえ、おふろに　入ります）→
　3）いつ　タワポンさんに　会いますか。（講義）→
　4）すぐ　出かけますか。（いいえ、昼ごはん）→

5.　例：→　コートを　着て　出かけます。
　　　→　コートを　着ないで　出かけます。
　1）→　→　2）→　→　3）→　→　4）→　→　5）→　→

6.　例：ゆうべ・サッカーの　試合を　見ました
　　　→　ゆうべは　寝ないで、サッカーの　試合を　見ました。
　1）最近・駅まで　歩いて　います　→
　2）ケーキ・自分で　作って　います　→
　3）古い　本・フリーマーケットで　売ります　→
　4）きのう・うちで　ゆっくり　休みました　→

練習C

1. A： この ①カレー、ミラーさんが 作ったんですか。
   B： ええ。 ②友達に 教えて もらった とおりに、作ったんですが……。
   A： とても おいしいです。
   B： ああ、よかった。

   1）① てんぷら
   　 ② テレビの 料理番組で 見ました
   2）① ケーキ
   　 ② 料理教室で 習いました

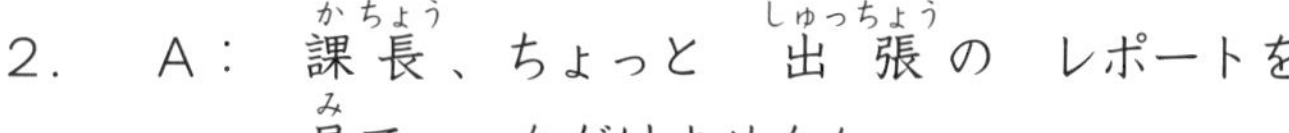

2. A： 課長、ちょっと 出張の レポートを 見て いただけませんか。
   B： ①今から 会議ですから、
   　 ②会議が 終わった あとで、見ます。
   A： お願いします。

   1）① お客さんが 来ます
   　 ② お客さんが 帰ります
   2）① もうすぐ 12時です
   　 ② 昼ごはんを 食べます

3. A： あしたは 休みですね。 どこか 行きますか。
   B： いいえ。 ①どこも 出かけないで、うちで ゆっくり 休みます。 田中さんは？
   A： ②子どもを プールへ 連れて 行こうと 思って います。
   B： そうですか。

   1）① 何も しません
   　 ② 子どもの サッカーの 試合を 見に 行きます
   2）① どこも 行きません
   　 ② 友達と テニスを します

問題

1. CD26
   1）＿＿＿＿＿＿＿＿＿＿
   2）＿＿＿＿＿＿＿＿＿＿
   3）＿＿＿＿＿＿＿＿＿＿
   4）＿＿＿＿＿＿＿＿＿＿

2. CD27
   1）（　　）　2）（　　）　3）（　　）　4）（　　）　5）（　　）

3. 例：わたしが　（　説明した　）とおりに、箱を　組み立てて　ください。

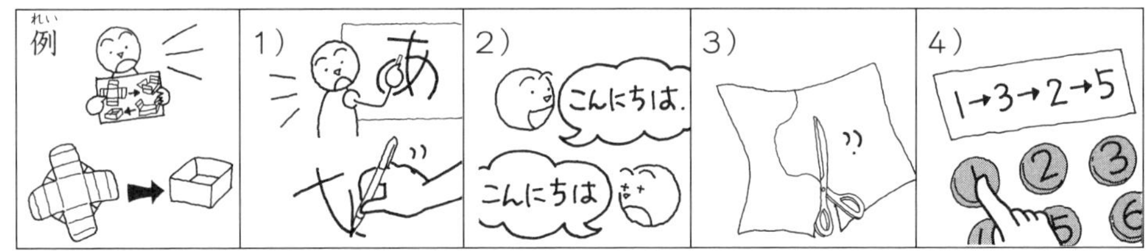

1）　わたしが　（　　　　）　とおりに、＿＿＿＿＿＿＿＿＿＿。
2）　わたしが　（　　　　）　とおりに、＿＿＿＿＿＿＿＿＿＿。
3）　この　（　　　　）　とおりに、＿＿＿＿＿＿＿＿＿＿。
4）　（　　　　）　とおりに、＿＿＿＿＿＿＿＿＿＿。

4. 例：ジョギングを　した　あとで、シャワーを　浴びました。

1）＿＿＿＿＿＿＿＿　あとで、＿＿＿＿＿＿＿＿＿＿。
2）＿＿＿＿＿＿＿＿　から、＿＿＿＿＿＿＿＿＿＿。
3）＿＿＿＿＿＿＿＿　あとで、＿＿＿＿＿＿＿＿＿＿。
4）＿＿＿＿＿＿＿＿　まえに、＿＿＿＿＿＿＿＿＿＿。

5.　例：あしたは　会社を　休みますか。（働きます）

　　……いいえ、休まないで、働きます。

1）週末は　どこか　行きますか。（うちで　本を　読みます）

　　……いいえ、＿＿＿＿＿＿＿＿＿＿＿＿＿＿＿＿。

2）ことしの　夏休みは　国へ　帰りますか。（北海道を　旅行します）

　　……いいえ、＿＿＿＿＿＿＿＿＿＿＿＿＿＿＿＿。

3）デパートで　何か　買いましたか。（すぐ　帰りました）

　　……いいえ、＿＿＿＿＿＿＿＿＿＿＿＿＿＿＿＿。

4）日曜日は　出かけましたか。（レポートを　まとめました）

　　……いいえ、＿＿＿＿＿＿＿＿＿＿＿＿＿＿＿＿。

6.　例：朝ごはんを（食べて、（食べないで）、食べながら）来ましたから、おなかが　すきました。

1）財布を（持って、持たないで、持ったら）出かけましたから、何も買えませんでした。

2）みんなと（話して、話すと、話しながら）食事します。

3）ネクタイを（して、しながら、すると）、パーティーに　出席します。

4）ボタンを（押しても、押して、押さないで）、お釣りが　出ません。

7.

親子どんぶりの作り方

材料（1人分）　とり肉（50グラム）、卵（1個）、たまねぎ（$\frac{1}{4}$個）、調味料（しょうゆ、砂糖、酒）、ごはん

1.　とり肉、たまねぎを適当な大きさに切ります。

2.　なべに水と調味料を入れて、火にかけます。

3.　調味料が熱くなったら、（1）の材料を入れて、煮ます。

4.　肉が煮えたら、卵を入れます。卵を入れたあとで、火を消します。

5.　1分ぐらいたったら、どんぶりのごはんの上に載せます。

上の　説明の　とおりに、下の　絵に　番号を　書いて　ください。

8.　あなたの　国の　料理の　作り方を　紹介して　ください。

第35課

文型

1. 春に　なれば、桜が　咲きます。
2. 天気が　よければ、向こうに　島が　見えます。
3. 北海道旅行なら、6月が　いいです。

例文

1. 車の　窓が　開かないんですが……。

　……その　ボタンを　押せば、開きますよ。

2. ほかに　意見が　ありますか。

　……いいえ、特に　ありません。

　なければ、これで　終わりましょう。

3. 日本の　生活は　どうですか。

　……とても　便利です。　でも、もう　少し　物価が　安ければ、

　　もっと　いいと　思います。

4. あしたまでに　レポートを　出さなければ　なりませんか。

　……無理なら、金曜日までに　出して　ください。

5. 本を　借りたいんですが、どう　すれば　いいですか。

　……受付で　カードを　作って　もらって　ください。

6. 2、3日　旅行を　しようと　思って　いるんですが、

　どこか　いい　所は　ありませんか。

　……そうですね。　2、3日なら、箱根か　日光が　いいと　思います。

CD28 **会(かい)話(わ)**

どこか　いい　所(ところ)、ありませんか

タワポン：　鈴木(すずき)さん、冬休(ふゆやす)みに　友達(ともだち)と　スキーに　行(い)きたいんですが、どこか　いい　所(ところ)、ありませんか。

鈴木(すずき)　：　何日(なんにち)ぐらいの　予定(よてい)ですか。

タワポン：　３日(みっか)ぐらいです。

鈴木(すずき)　：　それなら、草津(くさつ)か　志賀高原(しがこうげん)が　いいと　思(おも)いますよ。温泉(おんせん)も　あるし……。

タワポン：　どうやって　行(い)くんですか。

鈴木(すずき)　：　ＪＲでも　行(い)けますが、夜行(やこう)バスなら、朝(あさ)　着(つ)きますから、便利(べんり)ですよ。

タワポン：　そうですか。　どちらが　安(やす)いんですか。

鈴木(すずき)　：　さあ……。　旅行社(りょこうしゃ)へ　行(い)けば　もっと　詳(くわ)しい　ことが　わかりますよ。

タワポン：　それから　スキーの　道具(どうぐ)や　服(ふく)は　何(なに)も　持(も)って　いないんですが……。

鈴木(すずき)　：　全部(ぜんぶ)　スキー場(じょう)で　借(か)りられますよ。心配(しんぱい)なら、旅行社(りょこうしゃ)で　予約(よやく)も　できるし……。

タワポン：　そうですか。　どうも　ありがとう　ございました。

練習A

1.

	ます形			条件形		
I	あ	い	ます	あ	え	ば
	き	き	ます	き	け	ば
	いそ	ぎ	ます	いそ	げ	ば
	だ	し	ます	だ	せ	ば
	ま	ち	ます	ま	て	ば
	よ	び	ます	よ	べ	ば
	の	み	ます	の	め	ば
	ふ	り	ます	ふ	れ	ば
II	はれ		ます	はれ	れ	ば
	み		ます	み	れ	ば
III		き	ます		くれ	ば
		し	ます		すれ	ば

			条件形		
い形容詞	たか	い	たか	けれ	ば
	い	い	よ	けれ	ば
な形容詞	きれい	[な]	きれい	なら	
	まじめ	[な]	まじめ	なら	
名詞	あめ		あめ	なら	
	むりょう		むりょう	なら	

2.

説明書を	よめば、	使い方が　わかります。
雨が	ふれば、	涼しく　なります。
意見が	あれば、	言って　ください。

3.

6時に	おきなければ、	会社に　遅れます。
バスが	こなければ、	タクシーで　行きましょう。
ボールペンが	なければ、	鉛筆で　書いて　ください。

4. あした

体の　調子が	よければ、	行けると　思います。
都合が	わるければ、	あさって　来て　ください。
	ひまなら、	釣りに　行きませんか。
いい	てんきなら、	山登りに　行きたいです。

5. 東京スカイツリーに　上りたいんですが、

どう　すれば	いいですか。
どうやって　いけば	

6.

もみじ	なら、	日光	が　いいです。
にほんごがっこう		「みんなの　学校」	

練習B

1.　例：　毎日　日本語で　話します・もっと　上手に　なります
　　　→　毎日　日本語で　話せば、もっと　上手に　なります。

1）　おじいさんに　聞きます・昔の　ことが　わかります　→
2）　急ぎます・9時の　バスに　間に　合います　→
3）　秋に　なります・木の　葉の　色が　変わります　→
4）　橋が　できます・島まで　20分で　行けます　→
5）　漢字が　わかります・便利です　→
6）　機会が　あります・アフリカへ　行きたいです　→

2.　例：　ロボットが　動かないんですが。　→「動け」と　言えば、動きますよ。

1）　お金が　戻らないんですが。　→
2）　お湯が　熱く　ならないんですが。　→
3）　ドアが　開かないんですが。　→
4）　カーテンが　閉まらないんですが。　→

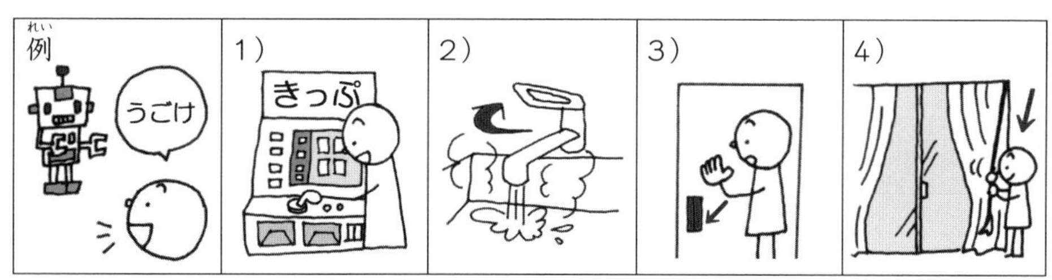

3.　例：　書きません・漢字は　覚えられません
　　　→　書かなければ、漢字は　覚えられません。

1）　眼鏡を　かけません・辞書の　字が　読めません　→
2）　ドアを　閉めません・電気が　つきません　→
3）　薬を　飲みません・治りません　→
4）　英語が　できません・海外旅行の　とき、困ります　→
5）　資料が　足りません・佐藤さんに　言って　ください　→
6）　いすが　ありません・隣の　部屋から　持って　来て　ください　→

4． 例1： 暑いです・エアコンを　つけても　いいです
　　→　暑ければ、エアコンを　つけても　いいです。
例2： あした　休みです・海に　行きませんか
　　→　あした　休みなら、海に　行きませんか。
1） 答えが　正しいです・丸を　付けて　ください　→
2） 都合が　いいです・ぜひ　来て　ください　→
3） 今週が　だめです・来週は　どうですか　→
4） 50メートルぐらいです・泳げます　→

5． 例： 寮で　パーティーが　できますか。（許可を　もらいます）
　　→　ええ、許可を　もらえば、できます。
1） 富士山に　登れますか。（7月に　なります）　→
2） あの　お寺が　見学できますか。（はがきで　申し込みます）　→
3） この　ビルの　屋上から　港が　見えますか。（天気が　いいです）　→
4） 図書館で　雑誌が　借りられますか。（古い　雑誌です）　→

6． 例： 生け花を　習います・何を　準備しますか
　　→　生け花を　習うんですが、何を　準備すれば　いいですか。
1） 歌舞伎を　見たいです・どう　しますか　→
2） 着物を　借りたいです・どこへ　行きますか　→
3） お葬式に　行きます・何を　着て　行きますか　→
4） 友達が　結婚します・どんな　物を　あげますか　→

7． 例： 近所に　おいしい　すし屋は　ありませんか。（「大黒ずし」）
　　→　すし屋なら、「大黒ずし」が　いいですよ。
1） 炊飯器を　買いたいんですが。（パワー電気の）　→
2） 花見に　行こうと　思って　いるんですが。（吉野山）　→
3） パソコン教室を　探して　いるんですが。（「IMCパソコン教室」）　→
4） 日本料理の　本を　紹介して　ください。（『母の　味』）　→

練習(れんしゅう)C

1. A： すみません。 ①日本語(にほんご)を　入力(にゅうりょく)したいんですが。

B： ②ここを　クリックして、日本語(にほんご)を　選(えら)べば、

①入力(にゅうりょく)できますよ。

A： そうですか。 どうも。

1）① ひらがなを　かたかなに　換(か)えます

② 換(か)えたい　ことばを　選(えら)んで、この　キーを　押(お)します

2）① 漢字(かんじ)に　ふりがなを　付(つ)けます

② 漢字(かんじ)を　選(えら)んで、ここを　クリックします

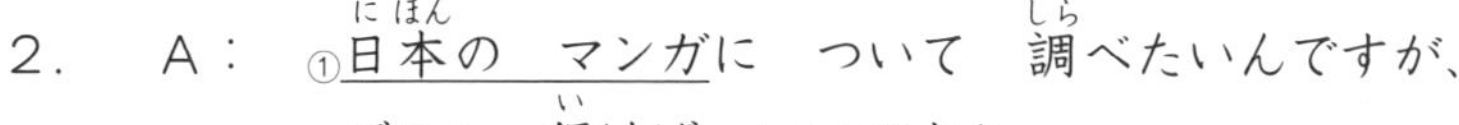

2. A： ①日本(にほん)の　マンガに　ついて　調(しら)べたいんですが、

②どこへ　行(い)けば　いいですか。

B： そうですね。 ③京都(きょうと)の　マンガミュージアムへ

行(い)けば　いいですよ。

A： そうですか。 ありがとう　ございました。

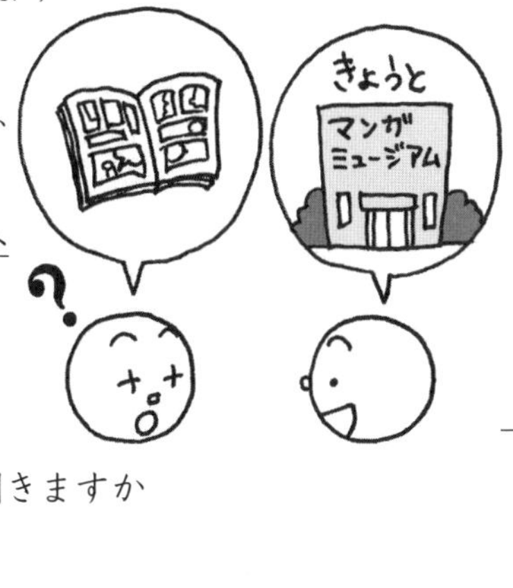

1）① この　町(まち)の　歴史(れきし)　② だれに　聞(き)きますか

③ 田中(たなか)さんの　おじいさんに　聞(き)きます

2）① お正月(しょうがつ)の　料理(りょうり)　② 何(なに)を　読(よ)みますか

③『母(はは)の　味(あじ)』を　読(よ)みます

3. A： ①美容院(びよういん)を　探(さが)して　いるんですが、どこか　いい　所(ところ)は　ありませんか。

B： そうですね。 ①美容院(びよういん)なら、

②「はる」は　どうですか。

③上手(じょうず)ですよ。

A： そうですか。 場所(ばしょ)を　教(おし)えて

いただけませんか。

B： ええ、いいですよ。

1）① 歯医者(はいしゃ)　② 「佐藤歯科(さとうしか)」

③ 設備(せつび)が　いいです

2）① 料理教室(りょうりきょうしつ)　② 「毎日(まいにち)クッキング」

③ 先生(せんせい)が　親切(しんせつ)です

問題

CD29 1.　1）＿＿＿＿＿＿＿＿＿＿＿＿＿＿＿＿＿＿＿＿

2）＿＿＿＿＿＿＿＿＿＿＿＿＿＿＿＿＿＿＿＿

3）＿＿＿＿＿＿＿＿＿＿＿＿＿＿＿＿＿＿＿＿

4）＿＿＿＿＿＿＿＿＿＿＿＿＿＿＿＿＿＿＿＿

CD30 2.　1）（　　）　2）（　　）　3）（　　）　4）（　　）

3.

例：行きます	行けば	行かなければ	5）話します		
1）飲みます			6）食べます		
2）急ぎます			7）降ります		
3）待ちます			8）来ます		
4）買います			9）します		

例：暑いです	暑ければ	例：暇です	暇なら
10）いいです		12）静かです	
11）安いです		13）病気です	

4.　例：この　時計は（　修理すれば　）、まだ　使えます。

1）暖かく（　　　　）、桜が　咲くと　思います。

2）（　　　　）、次の　電車に　間に　合います。

3）この　仕事は　経験が（　　　　）、できません。

4）この　お寺は　許可を（　　　　）、見学できません。

5）値段が（　　　　）、自転車を　買いたいです。

6）天気が（　　　　）、富士山が　見えるでしょう。

7）土曜日（　　　　）、テニスでも　しませんか。

8）大阪から　東京まで（　　　　）、1時間で　行けます。

5.　例：ワット先生に　会いたいんですが、（　何時　）ごろ　来れば　いいですか。

……5時ごろ、来て　ください。

1）スキー旅行に　行きたいんですが、（　　　　）までに

＿＿＿＿＿＿＿＿　いいですか。

……あさってまでに　申し込んで　ください。

2）コピー機が　故障したんですが、（　　　　）に　＿＿＿＿＿＿＿＿

いいですか。

……事務所の　人に　言って　ください。

3） 3時から　会議なんですが、資料を　（　　　　）＿＿＿＿＿＿
いいですか。
……30枚　コピーして　ください。

4） 燃える　ごみは　（　　　　）に　＿＿＿＿＿＿　いいですか。
……あそこに　置いて　ください。

6．　例：おいしい　すし屋を　探して　いるんですが。
→　（　すし屋　）なら、「大黒ずし」が　いいですよ。［a］よ。

~~a．あまり　高くないです~~	b．教え方が　上手です
c．品物が　多いです	d．近いし、温泉も　あります
e．2階に　大きい　部屋が　あります	

1） 10人ぐらいで　パーティーを　するんですが、
いい　店を　知りませんか。
……（　　　　）なら、「つるや」は　どうですか。［　　］よ。

2） いい　料理教室を　紹介して　いただけませんか。
……（　　　　）なら、「毎日クッキング」が　有名です。［　　］よ。

3） 2、3日　旅行しようと　思って　いるんですが
どこか　いい　所は　ありませんか。
……（　　　　）なら、箱根は　どうですか。［　　］から。

4） スペインの　ワインを　買いたいんですが。
……（　　　　）なら、「エドヤストア」が　いいと　思います。
［　　］よ。

7．

「朱に交われば、赤くなる」

これはことわざです。
白ワインに赤ワインを入れると、ワインは赤くなってしまいます。人と人の関係も同じです。いい友達と仲よくすれば、いい人になりますが、悪い友達と仲よくすると、悪いことをします。ですから、悪い友達と仲よくしないほうがいいという意味です。

1） （　　）いい　友達を　選ばなければ　なりません。
2） （　　）悪い　友達も　いい　友達も　必要です。

8．　あなたの　国の　ことわざを　紹介して　ください。

復習 I

I

1.

例： 磨く	磨ける	磨こう	磨け	磨けば
1） かむ				
2） 選ぶ				
3） 走る				
4） 通う				
5） 立つ				
6） 探す				
7） 続ける				
8） 見る				
9） 来る				
10） する				

2. 例： 日本語の　試験（　を　）　受ける　つもりです。

1） タワポンさんは　試験（　　　）　合格しました。
2） 引っ越しは　来月（　　　）　予定です。
3） かぜ（　　　）　ひいて、せき（　　　）　出ます。
4） 運動会で　足（　　　）　けが（　　　）　して　しまいました。
5） 本に　名前（　　　）　書いて　あります。
6） あそこに「立入禁止」（　　　）　書いて　あります。
7） あの　漢字は「こしょう」（　　　）　読みます。
8） この　マークは　水で　洗える（　　　）　いう　意味です。
9） 学校の　近くですから、子ども（　　　）　注意して　運転します。
10） 下手ですから、試合（　　　）　出られません。
11） 鈴木さんは　今　席（　　　）　外して　います。
12） 説明書（　　　）　とおりに、棚を　組み立てます。
13） わたし（　　　）　折った　とおりに、紙（　　　）　折って　ください。
14） 昼ごはん（　　　）　あとで、出かけます。
15） うちを　出た　あとで、忘れ物（　　　）　気（　　　）　つきました。
16） あの　店で　いろいろな　物が　100円（　　　）　買えます。

3. 例：あの　紙に　何が　書いて　ありますか。
……合格した　人の　名前が　書いて　あります。

1）あそこに ＿＿＿＿＿＿＿＿＿＿＿＿＿＿＿＿＿＿＿＿。
……「合格　おめでとう」と　書いて　あります。

2）あの　マークは ＿＿＿＿＿＿＿＿＿＿＿＿＿＿＿＿＿＿。
……車を　止めるなと　いう　意味です。

3）あの　漢字は ＿＿＿＿＿＿＿＿＿＿＿＿＿＿＿＿＿＿＿。
……「ひじょうぐち」と　読みます。

4）図書館の　カードを　なくして　しまったんですが、＿＿＿＿＿＿＿。
……もう　一度　作って　もらえば　いいですよ。

4. 例：会議までに　資料を　（　読みます　→　読んで　）　おいて　ください。
……はい、わかりました。

1）漢字の　勉強を　（　始めます　→　　　　　）と　思って　います。
……そうですか。　頑張って　ください。

2）夏休みは　国へ　帰りますか。
……いいえ、ことしは　（　帰ります　→　　　　　）ない　つもりです。

3）かぜが　なかなか　治りません。
……一度　病院へ　（　行きます　→　　　　　）ほうが　いいですよ。

4）わたしが　（　踊ります　→　　　　　）とおりに、踊って　ください。
……先生、難しいです。　もう　一度　踊って　いただけませんか。

5）使い方が　わからないんですが……。
……この　説明書を　（　読みます　→　　　　　）ば、わかりますよ。

6）眠いんですか。
……ええ、ゆうべ　（　寝ます　→　　　　　）ないで、勉強したんです。

7）会社を　（　やめます　→　　　　　）かも　しれません。
……えっ、どうして　やめるんですか。

8）彼は　パーティーに　来ますか。
……いいえ、来ません。　（　忙しいです　→　　　　　）と　言って　いました。

9）日本語の　試験、申し込みましたか。　もうすぐ　締め切りですよ。
……えっ、大変！　まだ　（　申し込みます　→　　　　　）いません。

10）先生、太郎は　大丈夫でしょうか。
……大丈夫ですよ。　きっと　（　合格します　→　　　　　）でしょう。

11）今度の　土曜日　（　休みです　→　　　　　）なら、山へ　行きませんか。
……残念ですが、今度の　土曜日は　仕事なんです。

副詞・接続詞・会話表現の　まとめ I

1.　例：日曜日は　（どこも、　どこでも　）行きませんでした。

　1）テレビの　音が　（　はっきり、　ゆっくり　）聞こえません。

　2）この　スーパーには　（　何も、　何でも　）あります。

　3）わたしの　夢は　（　いつでも、　いつか　）世界を　旅行する　ことです。

　4）あしたの　サッカーの　試合、IMCの　チームは　勝つでしょうか。
　……（　そんなに、　あんなに　）練習して　いましたから、きっと
　　勝つでしょう。

2.　例：きょうは　（　a．たいへん　b．時々　c．あまり　）寒くないです。

　1）（　a．たくさん　b．いつでも　c．ずっと　）日本に　住む　つもりです。

　2）空が　とても　暗いですから、午後は　（　a．きっと　b．はっきり
　c．確か　）雨に　なるでしょう。

　3）ハンス君は　日本語が　（　a．よく　b．全部で　c．ずいぶん　）
　上手に　なりましたね。

　4）彼の　誕生日は　（　a．たいてい　b．だいたい　c．確か　）
　2月15日です。

　5）おなかが　いっぱいに　なりましたから、（　a．もう　b．まだ
　c．ほかに　）食べられません。

　6）ごはんを　食べた　あとで、　すぐ　おふろに　入らないで、
　（　a．しばらく　b．だんだん　c．ずっと　）休んだ　ほうが
　いいですよ。

　7）すみませんが、少し　遅れます。（　a．だんだん　b．先に
　c．さっき　）パーティーを　始めて　ください。

　8）まだ　時間が　ありますか。
　……いいえ、（　a．もう　b．あと　c．すぐ　）10分です。

　9）休みの　日は　よく　出かけますか。
　……いいえ、（　a．たいてい　b．実は　c．確か　）うちに　います。

　10）ミラーさんは？
　……（　a．さっき　b．まえ　c．今度　）廊下で　会いましたよ。

　11）いい　景色ですね。
　……ええ。　でも、桜が　咲けば　（　a．もっと　b．ずいぶん
　　c．きっと　）きれいですよ。

　12）資料を　片づけても　いいですか。
　……（　a．もう　b．そろそろ　c．まだ　）使って　いますから、
　　そのままに　して　おいて　ください。

3．　例：（　今夜　）は　星が　きれいですね。

今度　　ゆうべ　　~~今夜~~　　将来　　ほかの　　夕方

1）（　　　　）の　日曜日に　友達の　うちへ　遊びに　行きます。
2）雨は　（　　　　）には　やむでしょう。
3）（　　　　）　どんな　仕事を　したいですか。
4）（　　　　）　寝ないで、勉強しました。

4．　例：今まで　1年　（ ⓐ ぐらい　b．しか　c．から　）日本語を　勉強しました。
1）学校を　1日　（　a．しか　b．だけ　c．ほど　）休みませんでした。
2）どんな　番組を　見ますか。……そうですね。　ドラマ　（　a．か　b．とか　c．だけ　）、スポーツ　（a．か　b．とか　c．だけ）。
3）すみません。10分　（　a．ほど　b．ごろ　c．しか　）遅れます。

5．　例：あしたは　ちょっと　都合が　悪いんですが……。
……（　では　）、あさっては　どうですか。

それで　　それなら　　でも　　~~では~~　　それに　　それから

1）料理を　習いたいんですが、どこか　いい　料理教室は　ありませんか。　会社から　近い　所が　いいんですが……。
……（①　　　　　）、「毎日クッキング」が　いいと　思いますよ。
2）ここは　安いし、おいしいし、（②　　　　　）駅から　近いんです。
……（③　　　　　）人気が　あるんですね。

6．　例：わたしが　した　とおりに　して　ください。
……はい。（ ⓐ これで　いいですか。　b．これで　終わります。　c．これで　お願いします。　）
1）そろそろ　帰りませんか。
……この　レポートを　書いて　しまいますから、（　a．失礼します。　b．お先に　どうぞ。　c．また　今度　お願いします。　）
2）かばんが　見つかりましたよ。
……（　a．それは　いいですね。　b．それは　いけませんね。　c．ああ、よかった。　）
3）何か　質問は　ありませんか。　なければ、（　a．これで　いいですか。　b．それは　いいですね。　c．これで　終わります。　）

第36課

文型

1. 速く　泳げるように、毎日　練習して　います。
2. やっと　自転車に　乗れるように　なりました。
3. 毎日　日記を　書くように　して　います。

例文

1. それは　電子辞書ですか。
   ……ええ。　知らない　ことばが　あったら、すぐ　調べられるように、
   　持って　いるんです。

2. カレンダーの　赤い　丸は　どういう　意味ですか。
   ……ごみの　日です。　忘れないように、付けて　あるんです。

3. もう　日本の　食べ物に　慣れましたか。
   ……はい。　初めは　食べられませんでしたが、今は　何でも
   　食べられるように　なりました。

4. ショパンの　曲が　弾けるように　なりましたか。
   ……いいえ、まだ　弾けません。
   　早く　弾けるように　なりたいです。

5. 新しい　道が　できましたね。
   ……ええ。　夫の　田舎まで　4時間で　帰れるように　なりました。

6. 甘い　物は　食べないんですか。
   ……ええ。　できるだけ　食べないように　して　いるんです。

7. 試験は　9時からです。　絶対に　遅れないように　して　ください。
   遅れたら、入れませんから。
   ……はい、わかりました。

CD31 **会　話**

毎日　運動するように　して　います

アナウンサー：　皆さん、こんにちは。　きょうの　お客様は　ことし 80歳の　小川よねさんです。

小川よね　　：　こんにちは。

アナウンサー：　お元気ですね。　何か　特別な　ことを　して いらっしゃいますか。

小川よね　　：　毎日　運動するように　して　います。

アナウンサー：　どんな　運動ですか。

小川よね　　：　ダンスとか、水泳とか……。
最近　500メートル　泳げるように　なりました。

アナウンサー：　すごいですね。　食べ物は？

小川よね　　：　何でも　食べますが、特に　魚が　好きです。
毎日　違う　料理を　作るように　して　います。

アナウンサー：　頭と　体を　よく　使って　いらっしゃるんですね。

小川よね　　：　ええ。　来年　フランスへ　行きたいと　思って　います。
それで　フランス語の　勉強も　始めました。

アナウンサー：　何でも　チャレンジする　気持ちが　大切なんですね。
楽しい　お話、どうも　ありがとう　ございました。

練習A

1.

日本語が	はなせる	ように、	毎日　練習します。
会議に	まに　あう		タクシーで　行きます。
ラッシュに	あわない		早く　うちを　出ます。
子どもが	さわらない		はさみを　しまって　おきます。

2.

テレビの　日本語が　かなり	わかる	ように　なりました。
日本語で　自分の　意見が	いえる	
インターネットで　何でも	しらべられる	
コンビニで　いろいろな　ことが	できる	

3.

できるだけ	10時までに　うちへ	かえる	ように　して　います。
	子どもと	あそぶ	
	スポーツクラブは	やすまない	
		ざんぎょうしない	

4.

もっと　野菜を	たべる	ように　して　ください。
休む　ときは、必ず	れんらくする	
絶対に　パスポートを	なくさない	
時間を	まちがえない	

練習B

1. 例：日本語の　新聞が　読めます・漢字を　勉強します
　　→　日本語の　新聞が　読めるように、漢字を　勉強します。
　1）おいしい　料理が　作れます・料理教室に　通って　います　→
　2）試合に　出られます・毎日　練習して　います　→
　3）よく　見えます・前の　方に　座りましょう　→
　4）かぜが　治ります・早く　寝ます　→

2. 例：約束の　時間を　忘れません・メモして　おきます
　　→　約束の　時間を　忘れないように、メモして　おきます。
　1）道を　まちがえません・地図を　持って　行きましょう　→
　2）年を　取ってから、困りません・貯金します　→
　3）家族が　心配しません・毎週　連絡して　います　→
　4）食べ物が　腐りません・冷蔵庫に　入れて　おいて　ください　→

3. 例：日本語で　意見が　言えますか。（かなり）
　　→　はい、かなり　言えるように　なりました。
　1）かたかなが　書けますか。（ほとんど）　→
　2）大阪弁が　わかりますか。（少し）　→
　3）漢字が　読めますか。（300ぐらい）　→
　4）日本語で　電話が　かけられますか。（このごろ　やっと）　→

4. 例：日本語の　新聞が　読めるように　なりましたか。
　　→　いいえ、まだ　読めません。　早く　読めるように　なりたいです。
　1）テレビの　ニュースが　わかるように　なりましたか。　→
　2）自転車に　乗れるように　なりましたか。　→
　3）100メートル　泳げるように　なりましたか。　→
　4）ショパンの　曲が　弾けるように　なりましたか。　→

5．　例：２週間　かかりました・2時間半で　行けます
　　　→　昔は　２週間　かかりましたが、今は　2時間半で
　　　　行けるように　なりました。
　1）　船で　渡りました・歩いて　渡れます　→
　2）　お正月の　料理を　うちで　作りました・デパートで　買えます　→
　3）　持って　歩けませんでした・どこでも　持って　行けます　→
　4）　宇宙へ　だれも　行けませんでした・行けます　→

6．　例１：　毎日　歩きます
　　　→　できるだけ　毎日　歩くように　して　います。
　例２：　エレベーターに　乗りません
　　　→　できるだけ　エレベーターに　乗らないように　して　います。
　1）　毎晩　12時までに　寝ます　→
　2）　休みの　日は　運動します　→
　3）　甘い　物を　食べません　→
　4）　無理を　しません　→

7．　例１：　規則を　守ります　→　規則を　守るように　して　ください。
　例２：　食事の　時間に　遅れません
　　　→　食事の　時間に　遅れないように　して　ください。
　1）　友達の　うちに　泊まる　ときは、必ず　連絡します　→
　2）　使った　物は　必ず　元の　所に　戻します　→
　3）　絶対に　パスポートを　なくしません　→
　4）　夜　11時を　過ぎたら、洗濯しません　→

練習(れんしゅう)C

1.　A：　いつも　①電子辞書(でんしじしょ)を　持(も)って　いるんですか。

　　B：　ええ。　②新(あたら)しい　ことばを　聞(き)いたら、

　　　　③すぐ　意味(いみ)が　調(しら)べられるように、持(も)って　いるんです。

　　A：　そうですか。

1)　①　カメラ

　　②　おもしろい　物(もの)を　見(み)ます

　　③　いつでも　写真(しゃしん)が　撮(と)れます

2)　①　パソコン

　　②　時間(じかん)が　あります

　　③　どこでも　仕事(しごと)が　できます

2.　A：　①お茶(ちゃ)は　上手(じょうず)に　なりましたか。

　　B：　いいえ、まだまだです。

　　　　早(はや)く　②上手(じょうず)に　お茶(ちゃ)が　たてられるように

　　　　なりたいです。

1)　①　剣道(けんどう)

　　②　試合(しあい)に　出(で)られます

2)　①　料理(りょうり)

　　②　おいしい　日本料理(にほんりょうり)が　作(つく)れます

3.　A：　①肉(にく)を　食(た)べないんですか。

　　B：　ええ。　最近(さいきん)は　できるだけ　②魚(さかな)や　野菜(やさい)を　食(た)べるように　して

　　　　いるんです。

　　A：　その　ほうが　体(からだ)に　いいですね。

1)　①　飲(の)みに　行(い)きません

　　②　早(はや)く　帰(かえ)ります

2)　①　バスに　乗(の)りません

　　②　駅(えき)まで　歩(ある)きます

問題

CD32 1.　1）______________________

　　　　2）______________________

　　　　3）______________________

CD33 2.　1）（　　）　2）（　　）　3）（　　）　4）（　　）

3.　例1：よく（　聞こえる　）ように、大きい　声で　話して　ください。

例2：病気に（　ならない　）ように、食べ物に　気を　つけて　います。

1）50メートル（　　　　）ように、夏休みは　できるだけ　プールへ　練習に　行こうと　思って　います。

2）かぜが（　　　　）ように、薬を　飲んで、ゆっくり　休みます。

3）気分が　悪く（　　　　）ように、船に　乗る　まえに、薬を　飲んで　おきます。

4）友達に　会う　約束を（　　　　）ように、手帳に　書いて　おきます。

4.　例1：（　新しい　ソフトを　使います　→　新しい　ソフトが　使える　）ように　なりましたか。

……はい、使えるように　なりました。

例2：（　てんぷらを　作ります　→　てんぷらが　作れる　）ように　なりましたか。

……いいえ、まだ　作れません。

1）（　ショパンの　曲を　弾きます　→　　　　　）ように　なりましたか。

……はい、やっと ______________________。

2）（　日本語の　新聞を　読みます　→　　　　　）ように　なりましたか。

……はい、かなり ______________________。

3）（　パソコンで　図を　かきます　→　　　　　）ように　なりましたか。

……いいえ、まだ ______________________。

4）（　料理を　します　→　　　　　）ように　なりましたか。

……ええ。でも、まだ　簡単な　料理しか ______________________。

5. 例1: 試験の　時間に　絶対に　（　遅れない　）ように　して　ください。
例2: 毎日　朝ごはんを　（　食べる　）ように　しています。

~~遅れます~~	~~食べます~~	貯金します	歩きます
磨きます	無理を　します		

1） 食事の　あとで、必ず　歯を　（　　　　）ように　して　ください。
2） 病気に　なると、大変ですから、あまり　（　　　　）ように　して　ください。
3） 毎月　2万円　（　　　　）ように　して　います。
4） 夜は　危ないですから、あの　道は　（　　　　）ように　して　います。

6. 乗り物

昔は遠い所へも歩いて行きました。馬や小さい船は使っていましたが、行ける所は少なかったです。
15世紀には船で遠くまで行けるようになりました。ヨーロッパの人は船で遠い国へ行って、珍しい物を持って帰りました。
19世紀に汽車と汽船ができました。大勢の人やたくさんの物が運べるようになりました。外国へ行く人も多くなりました。
20世紀になって、飛行機や自動車が利用できるようになりました。今は飛行機や車で自由に好きな所へ行けます。
次の夢は宇宙です。だれでも宇宙へ行けるようになるでしょうか。月で青い地球を見ながら食事できるようになるかもしれませんね。

例）　昔	馬、小さい船	（　行ける所　）は少なかったです。
1）　15世紀		（　　　　　　　　）ようになりました。
2）　19世紀		（　　　　　　　　）ようになりました。
3）　今		（　　　　　　　　）ようになりました。

7. どんな　乗り物が　あったら　いいと　思いますか。

第37課

文型

1. 子どもの　とき、よく　母に　しかられました。
2. ラッシュの　電車で　足を　踏まれました。
3. 法隆寺は　607年に　建てられました。

例文

1. けさ　部長に　呼ばれました。
   ……何か　あったんですか。
   出張の　レポートの　書き方に　ついて　注意されました。

2. どう　したんですか。
   ……だれかに　傘を　まちがえられたんです。

3. また　新しい　星が　発見されましたよ。
   ……そうですか。

4. ことしの　世界子ども会議は　どこで　開かれますか。
   ……広島で　開かれます。

5. ビールは　麦から　造られます。　これが　原料の　麦です。
   ……これが　ビールに　なるんですね。

6. ブラジルでは　何語が　使われて　いますか。
   ……ポルトガル語が　使われて　います。

会　話

金閣寺は　14世紀に　建てられました

37

ガイド：　皆様、あちらが　有名な　金閣寺です。
　　　　　金閣寺は　14世紀に　建てられました。
　　　　　1950年に　一度　焼けて　しまいましたが、
　　　　　その後　新しい　建物が　建てられて、1994年に　世界遺産に
　　　　　なりました。　京都で　人気が　ある　お寺の　一つです。
カリナ：　きれいですね。　壁が　金色ですが、本物の　金ですか。
ガイド：　はい。　金が　20キロぐらい　使われました。
カリナ：　そうですか。　あの　中に　入れますか。
ガイド：　中には　入れないんです。
　　　　　池の　周りを　歩きながら　見て　ください。

....

カリナ：　紅葉が　きれいですね。
ガイド：　ええ。　金閣寺は　紅葉と　雪の　季節が　特に　美しいと
　　　　　言われて　います。

37

練習(れんしゅう)A

1.

				受身(うけみ)		
Ⅰ	い	い	ます	い	わ	れます
	か	き	ます	か	か	れます
	お	し	ます	お	さ	れます
	ま	ち	ます	ま	た	れます
	よ	び	ます	よ	ば	れます
	ふ	み	ます	ふ	ま	れます
	と	り	ます	と	ら	れます

			受身(うけみ)	
Ⅱ	ほめ	ます	ほめ	られます
	しらべ	ます	しらべ	られます
	み	ます	み	られます

			受身(うけみ)	
Ⅲ	き	ます	こ	られます
	し	ます	さ	れます

2. わたしは　部長(ぶちょう)に

	ほめられました。
仕事(しごと)を	たのまれました。

3. わたしは

だれか	に		じてんしゃ	を	とられました。
はは		マンガの	ほん		すてられました。

4. 大阪(おおさか)で

てんらんかい	が	ひらかれます。
こくさいかいぎ		おこなわれます。

5. この　美術館(びじゅつかん)は

来月(らいげつ)	こわされます。
100年(ねん)まえに、	たてられました。

6.

にほんの　くるま	は	いろいろな　国(くに)へ	ゆしゅつされて	います。
この　ほん		世界中(せかいじゅう)で	よまれて	

練習B

1. 例：→ わたしは 先生に 褒められました。
   1）→　　2）→　　3）→　　4）→

2. 例：女の 人が わたしに 道を 聞きました
   → わたしは 女の 人に 道を 聞かれました。
   1）妹が わたしに 友達を 紹介しました →
   2）母が わたしに 買い物を 頼みました →
   3）クララさんが わたしに 歌舞伎に ついて 質問しました →
   4）警官が わたしに ここに 車を 止めるなと 言いました →

3. 例：弟が わたしの パソコンを 壊しました
   → わたしは 弟に パソコンを 壊されました。
   1）泥棒が わたしの カメラを とりました →
   2）子どもが わたしの 服を 汚しました →
   3）電車で 隣の 人が わたしの 足を 踏みました →
   4）だれかが わたしの かばんを 持って 行きました →

4. 例：→ どう したんですか。（母）
   ……母に 雑誌を 捨てられたんです。
   1）（課長）→　　2）（彼女）→
   3）（だれか）→　　4）（犬）→

37

5. 例：造ります → 752年に 東大寺の 大仏が 造られました。

1） 建てます →

2） 発明します →

3） 東京で 行います →

4） 日本と 韓国で 開きます →

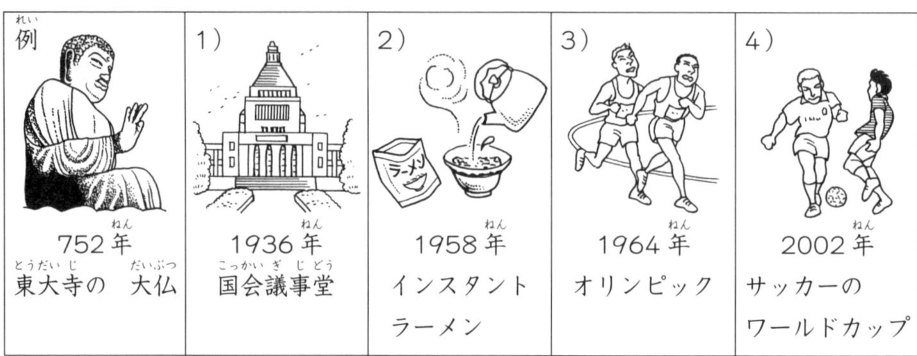

6. 例：いつ この 絵を かきましたか（江戸時代）

→ この 絵は いつ かかれましたか。

……江戸時代に かかれました。

1） どこで 次の 会議を 開きますか（神戸） →

2） いつ この 小説を 書きましたか（18世紀） →

3） どこへ この 車を 輸出しますか（世界中） →

4） 昔 何で 日本の 家を 造りましたか（木） →

7. 例：世界中で この 歌を 歌って います

→ この 歌は 世界中で 歌われて います。

1） 中国や 日本などで 漢字を 使って います →

2） ロシアで この 人形を 作って います →

3） いろいろな 国の ことばに この 小説を 翻訳して います →

4） サウジアラビアなどから 石油を 輸入して います →

練習C

1.　A：何か　いい　ことが　あったんですか。

　　B：ええ。　鈴木さんに　誕生日の　パーティーに　招待されたんです。

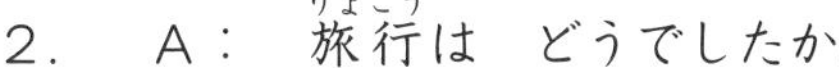

　　A：よかったですね。

　　1）デートに　誘います

　　2）結婚を　申し込みます

2.　A：旅行は　どうでしたか。

　　B：楽しかったけど、大変でした。

　　A：何か　あったんですか。

　　B：ええ。　①空港で　②荷物を　まちがえられたんです。

　　A：それは　大変でしたね。

　　1）①　レストラン

　　　　②　服を　汚します

　　2）①　電車の　中

　　　　②　財布を　とります

3.　A：この　①お寺は　いつごろ　②建てられたんですか。

　　B：500年ぐらいまえに、②建てられました。

　　A：そうですか。　ずいぶん　古いんですね。

　　1）①　絵

　　　　②　かきます

　　2）①　庭

　　　　②　造ります

問題(もんだい)

CD35 1.　1）＿＿＿＿＿＿＿＿＿＿＿＿＿＿＿＿＿＿＿＿

　2）＿＿＿＿＿＿＿＿＿＿＿＿＿＿＿＿＿＿＿＿

　3）＿＿＿＿＿＿＿＿＿＿＿＿＿＿＿＿＿＿＿＿

　4）＿＿＿＿＿＿＿＿＿＿＿＿＿＿＿＿＿＿＿＿

CD36 2.　1）（　　）　2）（　　）　3）（　　）　4）（　　）

3.

例(れい)：　磨(みが)きます	磨(みが)かれます	6）　褒(ほ)めます	
1）　踏(ふ)みます		7）　捨(す)てます	
2）　しかります		8）　見(み)ます	
3）　選(えら)びます		9）　連(つ)れて　来(き)ます	
4）　汚(よご)します		10）　輸出(ゆしゅつ)します	
5）　飼(か)います		11）　注意(ちゅうい)します	

4.　例(れい)：　わたしは　課長(かちょう)に　しかられました。

　1）＿＿＿＿＿＿＿＿＿＿＿＿＿＿＿＿＿＿＿＿。

　2）＿＿＿＿＿＿＿＿＿＿＿＿＿＿＿＿＿＿＿＿。

　3）＿＿＿＿＿＿＿＿＿＿＿＿＿＿＿＿＿＿＿＿。

　4）＿＿＿＿＿＿＿＿＿＿＿＿＿＿＿＿＿＿＿＿。

5.　例(れい)：　この　本(ほん)は　いろいろな　ことばに　翻訳(ほんやく)されて　います。

1） 漢字は　中国や　日本で　＿＿＿＿＿＿＿　います。

2） 米は　特に　アジアで　＿＿＿＿＿＿＿　います。

3） 中国から　お茶が　＿＿＿＿＿＿＿　います。

4） ここで　毎月　テレビが　1,000台　＿＿＿＿＿＿＿　います。

6．例：わたしは　母（ に ）ことばの　使い方を　注意されました。

が　　から　　を　　~~に~~　　で

1） 1964年に　東京で　オリンピック（　　）開かれました。

2） この　服は　紙（　　）作られて　います。

3） ビールは　麦（　　）造られます。

4） 父に　マンガの　本（　　）捨てられました。

7．

日光東照宮の眠り猫

日光の東照宮は17世紀の初めに建てられました。建物が豪華で有名ですが、建物の中にも有名な彫刻や絵があります。その中の「眠り猫」についておもしろい言い伝えがあります。

眠り猫は眠っている猫の彫刻で、左甚五郎が彫りました。彼は若いときから彫刻がとても上手でしたが、悪い仲間に右手を切られてしまいました。しかし、甚五郎はそのあと一生懸命頑張って、左手で上手に彫れるようになりました。それで、「左」甚五郎と呼ばれました。

東照宮にはねずみが1匹もいません。甚五郎の猫がいるからだと言われています。

1）（　　）日光の　東照宮は　200年まえに、建てられました。

2）（　　）東照宮の　絵の　中に　「眠り猫」が　あります。

3）（　　）東照宮の　「眠り猫」は　左甚五郎が　作りました。

4）（　　）甚五郎は　右手を　切られてから、左手で　上手に彫刻を　作りましたから、「左」甚五郎と　呼ばれました。

8．あなたの　国の　有名な　建物を　紹介して　ください。
それは　どうして　有名ですか。

37

第38課

文　型

1.　絵を　かくのは　楽しいです。
2.　わたしは　星を　見るのが　好きです。
3.　財布を　持って　来るのを　忘れました。
4.　わたしが　日本へ　来たのは　去年の　3月です。

例　文

1.　日記を　続けて　いますか。
……いいえ、3日で　やめて　しまいました。
　始めるのは　簡単ですが、続けるのは　難しいですね。

2.　きれいな　庭ですね。
……ありがとう　ございます。
　夫は　花を　育てるのが　上手なんです。

3.　東京は　どうですか。
……人が　多いですね。　それに　みんな　歩くのが　速いですね。

4.　あ、いけない。
……どう　したんですか。
車の　窓を　閉めるのを　忘れました。

5.　宮崎さんに　赤ちゃんが　生まれたのを　知って　いますか。
……いいえ、知りませんでした。　いつですか。
1か月ぐらいまえです。

6.　初めて　好きに　なった　人の　ことを　覚えて　いますか。
……ええ。　彼女に　初めて　会ったのは　小学校の　教室です。
　彼女は　音楽の　先生でした。

CD37 会　話

片づけるのが　好きなんです

大学職員：　ワット先生、回覧です。

ワット　：　あ、すみません。　そこに　置いといて　ください。

大学職員：　先生の　研究室は　いつも　きれいですね。

ワット　：　わたしは　片づけるのが　好きなんです。

大学職員：　本も　きちんと　並べて　あるし……。
整理するのが　上手なんですね。

ワット　：　昔　『上手な　整理の　方法』と　いう　本を　書いた
ことが　あるんです。

大学職員：　へえ、すごいですね。

ワット　：　あまり　売れませんでしたけどね。
よかったら、1冊　持って　来ましょうか。

……………………………………………………

大学職員：　おはよう　ございます。

ワット　：　あ、本を　持って　来るのを　忘れました。　すみません。

大学職員：　いいですよ。　でも、回覧に　はんこを　押すのを
忘れないで　ください。　先月も　押して
ありませんでしたよ。

練習(れんしゅう)A

1.

一人(ひとり)で　この　荷物(にもつ)を	はこぶ	のは	無理(むり)です。
朝(あさ)　早(はや)く	さんぽする		気持(きも)ちが　いいです。
ボランティアに	さんかする		おもしろいです。

2.

わたしは	クラシック音楽(おんがく)を	きく	のが	好(す)きです。
	絵(え)を	かく		下手(へた)です。
		たべる		遅(おそ)いです。

3.

電気(でんき)を	けす	のを	忘(わす)れました。
薬(くすり)を	のむ		
山田(やまだ)さんに	れんらくする		

4.

あした　田中(たなか)さんが	たいいんする	のを	知(し)って　いますか。
来週(らいしゅう)の　金曜日(きんようび)は　授業(じゅぎょう)が	ない		
駅前(えきまえ)に　大(おお)きな　ホテルが	できた		

5.

父(ちち)が	うまれた	のは	北海道(ほっかいどう)の　小(ちい)さな　村(むら)	です。
わたしが	ほしい		イタリア製(せい)の　靴(くつ)	
いちばん	たいせつな		家族(かぞく)の　健康(けんこう)	

練習B

1．　例：いろいろな　国の　人と　話します・楽しいです
　　　→　いろいろな　国の　人と　話すのは　楽しいです。
　1）子どもを　育てます・大変です　→
　2）新しい　ことを　知ります・おもしろいです　→
　3）習慣を　変えます・難しいです　→
　4）電話しながら　運転します・危ないです　→

2．　例：よく　辞書を　見て　いますね。
　　　（漢字の　意味を　調べます・楽しいです）
　　　→　ええ、漢字の　意味を　調べるのは　楽しいです。
　1）出かけるんですか。（朝　早く　散歩します・気持ちが　いいです）　→
　2）日本の　ドラマが　好きですか。
　　　（日本の　ことを　知ります・おもしろいです）　→
　3）疲れて　いますね。（ラッシュの　電車で　毎日　通います・大変です）　→
　4）ダイエットを　やめたんですか。（ダイエットを　続けます・難しいです）　→

3．　例：わたしは　好きです・花を　育てます
　　　→　わたしは　花を　育てるのが　好きです。
　1）わたしは　好きです・海岸を　散歩します　→
　2）わたしは　嫌いです・負けます　→
　3）夫は　上手です・子どもを　褒めます　→
　4）息子は　下手です・うそを　つきます　→
　5）息子は　速いです・走ります　→
　6）娘は　遅いです・食べます　→

4．　例：よく　カラオケに　行くんですか。（大きな　声で　歌います・好きです）
　　　→　ええ、大きな　声で　歌うのが　好きなんです。
　1）いつも　自分で　料理を　作るんですか。
　　　（外で　食べます・嫌いです）　→
　2）タワポンさんは　子どもに　人気が　ありますね。
　　　（子どもと　遊びます・上手です）　→
　3）もう　食べて　しまったんですか。
　　　（食べます・速いです）　→
　4）いつも　朝ごはんを　食べないんですか。
　　　（朝　起きます・遅いです）　→

5.　例：買い物に　行きました・卵を　買いませんでした
→　買い物に　行きましたが、卵を　買うのを　忘れました。
1）　宿題を　しました・きょう　持って　来ませんでした　→
2）　メールを　書きました・送りませんでした　→
3）　住所が　変わりました・彼女に　連絡しませんでした　→
4）　彼を　コンサートに　誘いました・時間を　言いませんでした　→

6.　例：木村さんが　結婚します
→　木村さんが　結婚するのを　知って　いますか。
1）　田中さんが　会社を　やめます　→
2）　小川さんが　入院して　います　→
3）　かなは　漢字から　作られました　→
4）　富士山は　7月と　8月しか　登れません　→

7.　例：初めて　会いました・いつ
→　初めて　会ったのは　いつですか。
……3年まえです。
1）　初めての　デートで　食べました・何
→
2）　初めて　「好きだ」と　言われました・どこ
→
3）　誕生日に　もらいました・何
→
4）　結婚式を　しました・どこ
→

8.　例：バンコクで　生まれたんですか。（チェンマイ）
→　いいえ、生まれたのは　チェンマイです。
1）　去年　日本へ　来たんですか。（おととし）　→
2）　音楽を　勉強して　いるんですか。（経済）　→
3）　大学の　先生に　なりたいんですか。（小学校の　先生）　→
4）　日本語の　試験が　心配なんですか。（家族の　こと）　→

練習C

1．　A：　田中さんは　①電車で　本を　読まないんですか。

　　　B：　ええ。　わたしは　②外を　見るのが　好きなんです。

　　　　　②外を　見るのは　③おもしろいですよ。

　　　A：　そうですね。

1）　①　いつも　お弁当を　持って　来ます

　　②　料理を　作ります

　　③　楽しいです

2）　①　バスに　乗りません

　　②　歩きます

　　③　体に　いいです

2．　A：　あ、いけない。

　　　B：　どう　したんですか。

　　　A：　机の　かぎを　掛けるのを　忘れました。

　　　　　すみませんが、先に　帰って　ください。

　　　B：　じゃ、お先に　失礼します。

1）　書類を　しまいます

2）　コンピューターの　電源を　切ります

3．　A：　すみません。　この　旅行に　ついて　聞きたいんですが。

　　　B：　はい、どうぞ。

　　　A：　①旅行に　参加するのは　②何人ですか。

　　　B：　③10人です。

　　　A：　そうですか。

1）　①　広島で　見学します

　　②　どこ

　　③　原爆ドームと　自動車工場

2）　①　東京駅に　着きます

　　②　何時

　　③　午後　5時半

38

問題

CD38 1.　1）＿＿＿＿＿＿＿＿＿＿＿＿＿＿＿＿＿＿＿＿

2）＿＿＿＿＿＿＿＿＿＿＿＿＿＿＿＿＿＿＿＿

3）＿＿＿＿＿＿＿＿＿＿＿＿＿＿＿＿＿＿＿＿

4）＿＿＿＿＿＿＿＿＿＿＿＿＿＿＿＿＿＿＿＿

5）＿＿＿＿＿＿＿＿＿＿＿＿＿＿＿＿＿＿＿＿

CD39 2.　1）（　　）　2）（　　）　3）（　　）　4）（　　）　5）（　　）

3.　例：「わたしは　暇な　とき、よく　山に　登ります。」
　　→ わたしは、山に　登るのが　好きです。

1）「この　ケーキ、田中さんが　作ったんですか。　おいしいですね。」
　　→ 田中さんは　＿＿＿＿＿＿＿＿のが　上手です。

2）「これ、山田さんの　レポートですか。　名前が　書いて　ありませんよ。」
　　→ 山田さんは　レポートに　＿＿＿＿＿＿＿＿のを
　　忘れました。

3）「池田さん、これは　古い　電話番号です。　パワー電気の　番号は
　　先月　変わりましたよ。」
　　→ 池田さんは　＿＿＿＿＿＿＿＿のを　知りませんでした。

4）「この　箱、重いですね。　一人では　持てませんね。」
　　→ 一人で　＿＿＿＿＿＿＿＿のは　無理です。

4.　例：あなたが　車を　運転して　いたんですか。（妻）
　　……いいえ。　運転して　いたのは　妻です。

1）店は　昼が　いちばん　忙しいんですか。（夕方）
　　……いいえ。　＿＿＿＿＿＿＿＿＿＿＿＿＿＿＿＿。

2）木村さんは　東京で　生まれたんですか。（九州）
　　……いいえ。　＿＿＿＿＿＿＿＿＿＿＿＿＿＿＿＿。

3）ほかに　何か　とられましたか。（財布だけ）
　　……いいえ。　＿＿＿＿＿＿＿＿＿＿＿＿＿＿＿＿。

4）中国語と　韓国語と　タイ語が　話せるんですか。（中国語だけ）
　　……いいえ。　＿＿＿＿＿＿＿＿＿＿＿＿＿＿＿＿。

5．　例：　子ども（　が　）　生まれます。

1）　夜　遅くまで　仕事を　するの（　　　）　体に　よくないです。

2）　カメラを　持って　来るの（　　　）　忘れました。

3）　わたしは　サッカーを　見るの（　　　）　好きです。

4）　わたしが　初めて　日本へ　来たの（　　　）　5年まえです。

6．　例：　わたしの　趣味は　世界の　切手を　集める（　の、（こと）　）です。

1）　課長に　連絡した（　の、こと　）は　おとといです。

2）　鈴木さんは　ベトナム語を　話す（　の、こと　）が　できます。

3）　食事の　あとで　薬を　飲む（　の、こと　）を　忘れました。

4）　わたしは　母に　しかられた（　の、こと　）が　ありません。

7．

しずかとあすか

しずかとあすかは双子の姉妹です。今10歳で、小学校5年生です。顔はほんとうによく似ていますが、性格はずいぶん違います。

姉のしずかはおとなしくて、優しい女の子です。本を読んだり、犬の世話をしたりするのが好きです。特に外国の小説が好きで、本を読んでいると、時間がたつのを忘れてしまいます。

妹のあすかは外で遊ぶのが大好きです。試験はいつも50点ぐらいですが、走るのはクラスでいちばん速いです。それに気も強いです。男の子とけんかしても、負けません。

何か買うときも、よく考えてから買うのはしずかです。あすかは欲しいと思ったら、すぐ買います。

同じ両親から同じ日に生まれて、同じ家で生活している2人の性格がこんなに違うのは不思議です。

しずかと　あすかは　どんな　子どもですか。

例）	名前	しずか	あすか
1）	年齢	10歳	
2）	性格		気が　強い
3）	好きな　こと		外で　遊ぶこと
4）	買い物の　しかた		

8．　あなたは　兄弟や　両親と　性格が　似て　いますか。　話して　ください。

第39課

文型

39

1.　ニュースを　聞いて、びっくりしました。
2.　地震で　ビルが　倒れました。
3.　体の　調子が　悪いので、病院へ　行きます。

例文

1.　お見合いは　どうでしたか。
……写真を　見た　ときは、すてきな　人だと　思いましたが、
会って、がっかりしました。

2.　今度の　土曜日に　みんなで　ハイキングに　行くんですが、
いっしょに　行きませんか。
……すみません。　土曜日は　ちょっと　都合が　悪くて、
行けないんです。

3.　きのうの　映画は　どうでしたか。
……話が　複雑で、よく　わかりませんでした。

4.　遅く　なって、すみません。
……どう　したんですか。
事故で　バスが　遅れたんです。

5.　ちょっと　飲みに　行きませんか。
……すみません。　用事が　あるので、お先に　失礼します。
そうですか。　お疲れさまでした。

6.　最近、布団で　寝て　いるんですが、便利ですね。
……ベッドは　どう　したんですか。
部屋が　狭くて、邪魔なので、友達に　あげました。

CD40 会　話

遅れて、すみません

ミラー　：　課長、遅れて、すみません。

中村課長：　ミラーさん、どう　したんですか。

ミラー　：　実は　来る　途中で　事故が　あって、バスが　遅れて　しまったんです。

中村課長：　バスの　事故ですか。

ミラー　：　いいえ。　交差点で　トラックと　車が　ぶつかって、バスが　動かなかったんです。

中村課長：　それは　大変でしたね。
連絡が　ないので、みんな　心配して　いたんですよ。

ミラー　：　電話したかったんですが、ケータイを　うちに　忘れて　しまって……。　どうも　すみませんでした。

中村課長：　わかりました。
じゃ、会議を　始めましょう。

練習(れんしゅう)A

1.

メールを 電話(でんわ)を	よんで、 もらって、	安心(あんしん)しました。
家族(かぞく)に 友達(ともだち)が	あえなくて、 いなくて、	寂(さび)しいです。
問題(もんだい)が 使(つか)い方(かた)が	むずかしくて、 ふくざつで、	わかりません。

2.

じしん つなみ	で　人(ひと)が　大勢(おおぜい)　死(し)にました。

3.

病院(びょういん)へ 日本語(にほんご)が バスが 新聞(しんぶん)を	いく わからない おくれた よまなかった	ので、	5時(じ)に　帰(かえ)っても　いいですか。 英語(えいご)で　話(はな)して　いただけませんか。 約束(やくそく)に　間(ま)に　合(あ)いませんでした。 事故(じこ)の　ことを　知(し)りませんでした。
毎日(まいにち) きょうは あしたは	いそがしい ひまな やすみな		どこも　遊(あそ)びに　行(い)けません。 買(か)い物(もの)に　行(い)きます。 うちで　ゆっくり　休(やす)みます。

練習(れんしゅう)B

1.　例(れい)：母(はは)の　元気(げんき)な　声(こえ)を　聞(き)きました・安心(あんしん)しました
　　→　母(はは)の　元気(げんき)な　声(こえ)を　聞(き)いて、安心(あんしん)しました。
　1）地震(じしん)の　ニュースを　見(み)ました・びっくりしました　→
　2）旅行中(りょこうちゅう)に　財布(さいふ)を　とられました・困(こま)りました　→
　3）試験(しけん)に　合格(ごうかく)しました・うれしかったです　→
　4）ペットの　犬(いぬ)が　死(し)にました・悲(かな)しかったです　→

2.　例(れい)：旅行(りょこう)に　行(い)けません・残念(ざんねん)です
　　→　旅行(りょこう)に　行(い)けなくて、残念(ざんねん)です。
　1）家族(かぞく)に　会(あ)えません・寂(さび)しいです　→
　2）スピーチが　上手(じょうず)に　できませんでした・恥(は)ずかしかったです　→
　3）息子(むすこ)から　連絡(れんらく)が　ありません・心配(しんぱい)です　→
　4）パーティーに　彼女(かのじょ)が　来(き)ませんでした・がっかりしました　→

3.　例(れい)：給料(きゅうりょう)が　少(すく)ないです・貯金(ちょきん)できません
　　→　給料(きゅうりょう)が　少(すく)なくて、貯金(ちょきん)できません。
　1）歯(は)が　痛(いた)いです・硬(かた)い　物(もの)が　食(た)べられません　→
　2）質問(しつもん)が　難(むずか)しかったです・答(こた)えられませんでした　→
　3）自転車(じてんしゃ)が　邪魔(じゃま)です・通(とお)れません　→
　4）試験(しけん)の　ことが　心配(しんぱい)でした・寝(ね)られませんでした　→

4.　例(れい)：お寺(てら)が　焼(や)けました　→　火事(かじ)で　お寺(てら)が　焼(や)けました。
　1）古(ふる)い　ビルが　倒(たお)れました　→
　2）人(ひと)が　大勢(おおぜい)　死(し)にました　→
　3）交通(こうつう)が　止(と)まりました　→
　4）電気(でんき)が　消(き)えました　→

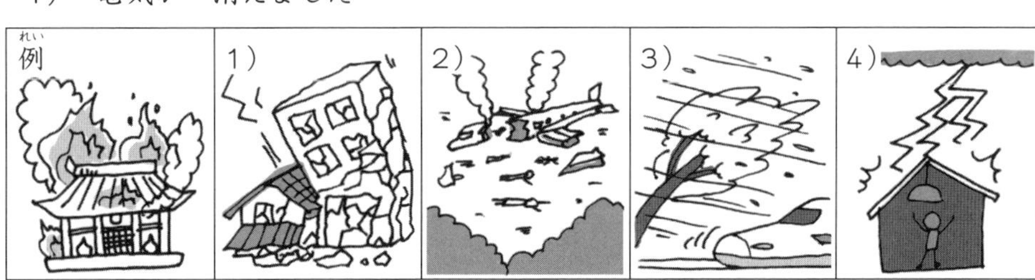

39

115

5. 例：タイに　3年　住んで　いました・タイ語が　少し　話せます

→　タイに　3年　住んで　いたので、タイ語が　少し　話せます。

1）電気屋が　エアコンの　修理に　来ます・午後は　うちに　います　→

2）きょうは　道が　あまり　込んで　いません・早く　着くでしょう　→

3）最近　太りました・ダイエットを　しようと　思って　います　→

4）夫が　約束を　守りませんでした・けんかしました　→

6. 例：きょうは　妻の　誕生日です・花を　買って　帰ります

→　きょうは　妻の　誕生日なので、花を　買って　帰ります。

1）電気代が　高いです・エアコンを　つけません　→

2）この　辺の　海は　汚いです・泳がない　ほうが　いいです　→

3）この　カメラは　操作が　簡単です・だれでも　使えます　→

4）日曜日でした・電車が　すいて　いました　→

7. 例：気分が　悪いです・帰ります

→　気分が　悪いので、帰っても　いいですか。

1）ビザを　取りに　行かなければ　なりません・あしたの　午後　休みます　→

2）漢字を　調べたいです・この　辞書を　借ります　→

3）この　荷物は　邪魔です・片づけます　→

4）日本語が　あまり　上手じゃ　ありません・英語で　話します　→

8. 例：会議に　間に　合いましたか。（雪・新幹線が　止まりました）

→　いいえ。　雪で　新幹線が　止まったので、間に
合いませんでした。

1）この　道、通れますか。（台風・木が　倒れました）　→

2）試験は　できましたか。
（インフルエンザ・1週間　勉強しませんでした）　→

3）コンサートは　ありますか。（きのうの　雨と　雷・会場が
使えません）　→

4）試合に　出ましたか。（事故・けがを　しました）　→

練習(れんしゅう)C

1．　A：　今晩(こんばん)　①映画(えいが)に　行(い)きませんか。
　　B：　今晩(こんばん)ですか。　ちょっと　②都合(つごう)が　悪(わる)くて……。
　　A：　行(い)けませんか。
　　B：　ええ、すみません。
　　　　また　今度(こんど)　お願(ねが)いします。

1）①　カラオケ
　　②　仕事(しごと)が　忙(いそが)しいです
2）①　コンサート
　　②　約束(やくそく)が　あります

2．　A：　首相(しゅしょう)が　①入院(にゅういん)したのを　知(し)って　いますか。
　　B：　ええ。　②ニュースを　聞(き)いて、びっくりしました。
　　A：　③胃(い)の　病気(びょうき)で　①入院(にゅういん)したと　言(い)って　いましたね。
　　B：　ええ。

1）①　離婚(りこん)しました
　　②　テレビを　見(み)ました
　　③　お金(かね)の　問題(もんだい)
2）①　やめます
　　②　新聞(しんぶん)を　読(よ)みました
　　③　健康(けんこう)の　問題(もんだい)

3．　A：　はい、フロントです。
　　B：　417号室(ごうしつ)ですが、①シャワーの　お湯(ゆ)が　出(で)ないので、
　　　　②見(み)に　来(き)て　いただけませんか。
　　A：　417号室(ごうしつ)ですね。　はい、すぐ　伺(うかが)います。
　　B：　お願(ねが)いします。

1）①　タオルと　せっけんが　ありません
　　②　持(も)って　来(き)ます
2）①　エアコンが　つきません
　　②　調(しら)べます

問題

CD41 1. 1） ＿＿＿＿＿＿＿＿＿＿＿＿＿＿＿＿＿＿＿＿＿＿＿＿

2） ＿＿＿＿＿＿＿＿＿＿＿＿＿＿＿＿＿＿＿＿＿＿＿＿

CD42 2. 1）（　　） 2）（　　） 3）（　　） 4）（　　） 5）（　　）

3. 例： メールを （ 読みました → 読んで ）、安心しました。

~~安心しました~~	心配です	恥ずかしかったです
うれしいです	びっくりしました	

1） 子どもが （ 生まれました → 　　　　 ）、＿＿＿＿＿＿＿＿＿＿。

2） 娘から 返事が （ 来ません → 　　　　 ）、＿＿＿＿＿＿＿＿＿＿。

3） 果物の 値段を （ 見ました → 　　　　 ）、＿＿＿＿＿＿＿＿＿＿。

4） スピーチが 上手に （ できませんでした → 　　　　 ）、

＿＿＿＿＿＿＿＿＿＿。

4. 例： あした ハイキングに 行けますか。

……いいえ、都合が （ 悪いです → 悪くて ）、行けません。

1） 欲しい カメラが 買えましたか。

……いいえ、（ 高かったです → 　　　　 ）、＿＿＿＿＿＿＿＿＿＿。

2） この コンピューターの 使い方が わかりますか。

……いいえ、（ 複雑です → 　　　　 ）、よく ＿＿＿＿＿＿＿＿＿＿。

3） 聞こえますか。

……いいえ、音が （ 小さいです → 　　　　 ）、＿＿＿＿＿＿＿＿＿＿。

4） ゆうべは よく 寝られましたか。

……いいえ、家族の ことが （ 心配でした → 　　　　 ）、

＿＿＿＿＿＿＿＿＿＿。

5. 例： 地震で うちが 壊れました。

例	1）	2）	3） デパート	4）

1） ＿＿＿＿＿＿＿＿＿＿。 2） ＿＿＿＿＿＿＿＿＿＿。

3） ＿＿＿＿＿＿＿＿＿＿。 4） ＿＿＿＿＿＿＿＿＿＿。

6.　例：まだ　仕事が　（　ある　）ので、先に　食事に　行って　ください。

受けます　　よくないです　　~~あります~~　　便利です　　初めてです

1）社員食堂は　いつも　込んで　いるし、味も　（　　　　）ので、外の　レストランで　食べて　います。
2）3月に　入学試験を　（　　　　）ので、冬休みは　遊びに　行けません。
3）車より　電車の　ほうが　（　　　　）ので、電車で　行きます。
4）日本で　旅行に　行くのは　（　　　　）ので、楽しみです。

7.

着物

昔、日本人は大人も子どももみんな毎日着物を着て生活していた。しかし、着物を着るのは難しいし、時間もかかって、大変だ。また歩くときや、仕事をするときも、着物は不便なので、みんな洋服を着るようになった。

洋服は着るのが簡単だ。それに日本人の生活も西洋化したので、着物より洋服のほうが生活に合う。

今では着物は結婚式、葬式、成人式、正月など特別な機会にだけ着る物になってしまった。

(a) 着物ですか、(b) 洋服ですか。

例）昔　毎日　着て　いた。（　a　）
1）今　毎日　着て　いる。（　　　）
2）着るのに　時間が　かかる。（　　　）
3）仕事の　とき、便利だ。（　　　）
4）特別な　機会にしか　着ない。（　　　）

8.　あなたの　国の　伝統的な　服を　紹介して　ください。

第40課

文　型

1.　ＪＬ107便は　何時に　到着するか、調べて　ください。
2.　台風9号は　東京へ　来るか　どうか、まだ　わかりません。
3.　この　服を　着て　みても　いいですか。

例　文

1.　二次会は　どこへ　行きましたか。
……酔って　いたので、どこへ　行ったか、全然　覚えて　いないんです。

2.　山の　高さは　どうやって　測るか、知って　いますか。
……さあ……。　インターネットで　調べましょう。

3.　わたしたちが　初めて　会ったのは　いつか、覚えて　いますか。
……昔の　ことなので、もう　忘れて　しまいました。

4.　忘年会に　出席できるか　どうか、メールで　返事を　ください。
……はい、わかりました。

5.　大学に　出す　書類なんですが、まちがいが　ないか　どうか、見て　いただけませんか。
……いいですよ。

6.　長崎へ　行った　ことが　ありますか。
……まだ　ありません。　ぜひ　一度　行って　みたいです。

CD43 **会　話**

友達が　できたか　どうか、心配です

クララ　：　先生、ハンスは　学校で　どうでしょうか。
　　　　　　友達が　できたか　どうか、心配なんですが……。

伊藤先生：　大丈夫ですよ。
　　　　　　ハンス君は　クラスで　とても　人気が　あります。

クララ　：　そうですか。　安心しました。
　　　　　　勉強は　どうですか。　漢字が　大変だと　言って　いますが
　　　　　　……。

伊藤先生：　毎日　漢字の　テストを　して　いますが、ハンス君は
　　　　　　いい　成績ですよ。

クララ　：　そうですか。　ありがとう　ございます。

伊藤先生：　ところで、もうすぐ　運動会ですが、お父さんも
　　　　　　いらっしゃいますか。

クララ　：　ええ。

伊藤先生：　ハンス君が　学校で　どんな　様子か、ぜひ　見て　ください。

クララ　：　わかりました。　これからも　よろしく　お願いします。

練習（れんしゅう）A

1\.

どんな　もんだいが	試験（しけん）に	でる	か、わかりません。
なんじに	試験（しけん）が	はじまる	
どうして	この　答（こた）えが	ただしい	
どれが	正（ただ）しい	こたえ	

2\.

会議室（かいぎしつ）が	つかえる	か　どうか、　確（たし）かめて　ください。
傷（きず）が	ない	
荷物（にもつ）が	ついた	
その　話（はなし）は	ほんとう	

3\.

この　靴（くつ）を	はいて	みます。
先生（せんせい）に	きいて	
日本語（にほんご）で	せつめいして	

40

練習(れんしゅう)B

1. 例(れい)： 非常口(ひじょうぐち)は　どこに　ありますか・確(たし)かめて　おきます
　→　非常口(ひじょうぐち)は　どこに　あるか、確(たし)かめて　おきます。
　1） どこに　ケータイを　置(お)きましたか・覚(おぼ)えて　いません　→
　2） 日本(にほん)の　北(きた)から　南(みなみ)まで　何(なん)キロ　ありますか・調(しら)べて　ください　→
　3） どの　方法(ほうほう)が　いちばん　いいですか・考(かんが)えましょう　→
　4） この　服(ふく)は　どちらが　表(おもて)ですか・わかりません　→

2. 例(れい)： 何(なに)を　相談(そうだん)して　いるんですか。（夏休(なつやす)みに　どこへ　行(い)きますか）
　→　夏休(なつやす)みに　どこへ　行(い)くか、相談(そうだん)して　いるんです。
　1） 何(なに)を　数(かぞ)えて　いるんですか。（ビールが　何本(なんぼん)　残(のこ)って　いますか）　→
　2） 何(なに)を　話(はな)して　いるんですか。
　　（誕生日(たんじょうび)の　プレゼントは　何(なに)が　いいですか）　→
　3） 何(なに)を　研究(けんきゅう)して　いるんですか。
　　（どうしたら、おいしい　水(みず)が　作(つく)れますか）　→
　4） 何(なに)を　調(しら)べて　いるんですか。
　　（のぞみ26号(ごう)は　何時(なんじ)に　到着(とうちゃく)しますか）　→

3. 例(れい)： 8時(じ)までに　来(こ)られますか・ミラーさんに　聞(き)いて　ください
　→　8時(じ)までに　来(こ)られるか　どうか、ミラーさんに　聞(き)いて　ください。
　1） 発表(はっぴょう)が　うまく　いきますか・心配(しんぱい)です　→
　2） まちがいが　ありませんか・もう　一度(いちど)　見(み)て　ください　→
　3） 土曜日(どようび)は　都合(つごう)が　いいですか・まだ　わかりません　→
　4） カードを　申(もう)し込(こ)む　とき、はんこが　必要(ひつよう)ですか・調(しら)べた
　　ほうが　いいです　→

4. 例(れい)： （晴(は)れますか・天気予報(てんきよほう)を　見(み)ます）
　→　何(なに)を　して　いるんですか。
　　……晴(は)れるか　どうか、天気予報(てんきよほう)を　見(み)て　いるんです。
　1） （いい　ホテルが　ありますか・インターネットで　調(しら)べます）　→
　2） （お金(かね)が　足(た)りますか・確(たし)かめます）　→
　3） （荷物(にもつ)の　重(おも)さが　20キロ以下(いか)ですか・量(はか)ります）　→
　4） （忘(わす)れ物(もの)が　ありませんか・調(しら)べます）　→

5．例：→　すみません。　この　ズボンを　はいて　みても　いいですか。

1）→　　2）→　　3）→　　4）→

6．例：この　仕事、あしたまでに　できますか。（できますか・やります）

→　できるか　どうか、やって　みます。

1）この　服、デザインが　すてきですよ。（サイズが　合いますか・着ます）→

2）ミラーさんは　遅いですね。（もう　うちを　出ましたか・電話を　かけます）→

3）駅前に　新しい　レストランが　できましたよ。（おいしいですか・行きます）→

4）最近　サントスさんに　会いませんね。（元気ですか・山田さんに　聞きます）→

7．例：→　祇園祭を　見た　ことが　ないので、見て　みたいです。

1）→　　2）→

3）→　　4）→

練習(れんしゅう)C

1. A： 来月(らいげつ)　日本語(にほんご)の　発表会(はっぴょうかい)が　あります。

   B： どんな　発表(はっぴょう)を　するんですか。

   A： 日本(にほん)の　若(わか)い　人(ひと)は　将来(しょうらい)に　ついて　どう　思(おも)って　いるか、調(しら)べて、発表(はっぴょう)します。

   B： そうですか。　頑張(がんば)って　ください。

   1） 日本(にほん)の　子(こ)どもは　どんな　遊(あそ)びが　好(す)きですか

   2） 日本(にほん)の　お年寄(としよ)りは　どうして　元気(げんき)ですか

2. A： スピーチコンテストに　出(で)るか　どうか、決(き)めましたか。

   B： いいえ、まだ　決(き)めて　いません。

   A： 申(もう)し込(こ)みは　あさってまでですよ。

   B： はい、わかりました。

   1） アジア研究(けんきゅう)センターの　見学(けんがく)に　行(い)きますか

   2） マラソン大会(たいかい)に　参加(さんか)しますか

3. A： ①仙台(せんだい)の　七夕祭(たなばたまつ)りに　行(い)った　ことが　ありますか。

   B： いいえ。

   A： とても　②楽(たの)しいですよ。

   B： そうですか。　ぜひ　一度(いちど)　①行(い)って　みたいです。

   1） ① 日光(にっこう)の　東照宮(とうしょうぐう)を　見(み)ます

   　　② きれいです

   2） ① 温泉(おんせん)に　入(はい)ります

   　　② 気持(きも)ちが　いいです

問題

CD44 1.　1）＿＿＿＿＿＿＿＿＿＿＿＿＿＿＿＿＿＿＿＿

　　　2）＿＿＿＿＿＿＿＿＿＿＿＿＿＿＿＿＿＿＿＿

　　　3）＿＿＿＿＿＿＿＿＿＿＿＿＿＿＿＿＿＿＿＿

　　　4）＿＿＿＿＿＿＿＿＿＿＿＿＿＿＿＿＿＿＿＿

CD45 2.　1）（　　）　2）（　　）　3）（　　）　4）（　　）　5）（　　）

3.　例：会議は　何時に　（　始まるか　）、わかりません。

1）結婚式を　どこで　（　　　　　）、彼と　相談して　います。

2）空港へ　迎えに　行きますから、飛行機が　何時に　（　　　　　）、教えて　ください。

3）どう　したら、英語が　上手に　（　　　　　）、教えて　ください。

4）毎日　赤ちゃんが　何人　（　　　　　）、知って　いますか。

4.　例：結婚する　まえに、意見が　（　合うか　どうか　）、よく　話した　ほうが　いいです。

必要です　　~~合います~~　　ありません　　健康です　　おいしいです

1）わたしは　1年に　1回　必ず　（　　　　　）、診て　もらいます。

2）1か月ほど　中国を　旅行したいんですが、ビザが　（　　　　　）、調べて　ください。

3）あの　レストランは　入った　ことが　ないので、（　　　　　）、わかりません。

4）家具を　買う　ときは、傷が　（　　　　　）、確かめてから、買った　ほうが　いいです。

5.　例：先月の　電話代が　いくら　（（かかったか）、かかったか　どうか　）、教えて　ください。

1）飛行機の　重さは　どうやって　（　量るか、量るか　どうか　）、知って　いますか。

2）電車を　降りる　とき、忘れ物が　（　あるか　どうか、ないか　どうか　）、必ず　確かめます。

3）飛行機に　乗る　まえに、ナイフなどを　（　持って　いるか　どうか、持って　いないか　どうか　）、調べられます。

6．例：すみません。　この　ズボンを　（　はいて　みて　）も　いいですか。

~~はきます~~　着ます　入れます　行きます　食べます

1）いつか　宇宙旅行に　（　　　　　）たいです。
2）わたしが　作った　ケーキです。（　　　　　）ください。
3）セーターは、買う　まえに、（　　　　　）ことが　できません。
4）おふろの　お湯が　熱くないか　どうか、手を　（　　　　　）ます。

7．

3億円事件

　1968年12月10日午前9時半ごろ、銀行の車がお金を運んでいました。そのとき、うしろから警官が白いオートバイに乗って、走って来ました。警官は車を止めました。そして、車に爆弾が積まれているかもしれないと言いました。運転手と銀行員は急いで降りて、離れた所に逃げました。

　警官は銀行の車に乗って、中を調べていましたが、急に車を動かして、行ってしまいました。車には3億円が積まれていました。警察は一生懸命犯人を捜しましたが、見つかりませんでした。

　日本中の人が、犯人はどんな男か、3億円をどう使うか、どうやって警官の服とオートバイを手に入れたか、話しました。昔の事件ですが、有名な事件で、映画やドラマにもなりました。

1）（　　　）白い　オートバイの　警官は　ほんとうは　犯人です。
2）（　　　）銀行の　車に　爆弾が　積んで　ありました。
3）（　　　）犯人は　3億円　とりました。
4）（　　　）犯人は　だれか、今でも　わかりません。

8．あなたが　知って　いる　有名な　事件や　おもしろい　事件を　教えて　ください。

復習J

1．例：日本語（ が ）話せる ように なりました。

1）やっと 日本の 生活（　　）慣れました。

2）夜 11時（　　）過ぎたら、電話を かけないように して ください。

3）いつも あの 公園（　　）通って 帰ります。

4）食べ物（　　）腐らないように、冷蔵庫に 入れて おきます。

5）わたしは 林さん（　　）映画（　　）誘いました。

6）わたしは 母（　　）マンガの 本（　　）捨てられました。

7）大阪（　　）国際会議（　　）開かれます。

8）日本の お酒は 米（　　）造られます。

9）あの 教会（　　）木（　　）造られて います。

10）この 小説は いろいろな 国の ことば（　　）翻訳されて います。

11）石油は サウジアラビアなど（　　）輸入 されて います。

12）東京の 人は 歩くの（　　）速いです。

13）先生の 質問（　　）すぐ 答えるの（　　）難しいです。

14）宮崎さん（　　）赤ちゃんが 生まれたの（　　）知って いますか。

15）ロンドン（　　）オリンピックが 行われたの（　　）いつですか。

16）ダイエットは 3日（　　）やめて しまいました。

17）太郎が 友達（　　）けんかしたので、しかりました。

18）火事（　　）家が 焼けました。

19）どんな 問題（　　）試験（　　）出るか、わかりません。

20）パーティー（　　）参加するか どうか、教えて ください。

2．例：毎日（ 運動します → 運動した ）ほうが いいです。

1）約束の 時間に（ 間に 合います →　　　）ように、急ぎます。

2）家族が（ 心配します →　　　）ように、電話します。

3）毎日 1時間（ 歩きます →　　　）ように して います。

4）要らない 物は 絶対に（ 買います →　　　）ように して います。

5）絵を（ かきます →　　　）のは おもしろいです。

6）きのう 近くで 事故が（ あります →　　　）のを 知って いますか。

7）地震の ニュースを（ 見ます →　　　）、びっくりしました。

8）電気屋が テレビの 修理に（ 来ます →　　　）ので、午後は うちに います。

9）どこで　財布を　（　なくします　→　　　　　）か、覚えて　いません。

10）サイズが　（　合います　→　　　　　）か　どうか、（　着ます　→　　　　　）みます。

3．例：まっすぐ　（ 行くと 、　行く　とき　）、交差点が　あります。

1）新聞の　漢字が　読めるように　なりましたか。
……いいえ、まだ　（　なりません、　読めません　）。

2）毎日　遅くまで　頑張って　いますね。
……ええ、試合に　（　出る、　出られる　）ように、練習して　います。

3）きのう　鈴木さんから　メールが　来たんですか。
……いいえ。　メールを　もらった（　の、　こと　）は　先週です。

4）あのう、気分が　（　悪くて、　悪いので　）、帰っても　いいですか。
……いいですよ。　お大事に。

5）何を　話して　いるんですか。
……どこで　忘年会を　（　するか、　するか　どうか　）、相談して　いるんです。

4．例：林さん、きのう　飛行機の　事故が　ありましたね。
……えっ、ほんとうですか。　知りませんでした。
→ 林さんは　きのう　<u>飛行機の　事故が　あったの</u>を　知りませんでした。

1）サントスさん、どう　したんですか。
……かばんが　ないんです。　網棚に　置いて　おいたんですが……。
→ サントスさんは　電車の　中で　だれかに　＿＿＿＿＿＿＿＿。

2）この　ケーキ、おいしいですね。
……カリナさんが　作ったんです。
→ カリナさんは　＿＿＿＿＿＿＿＿が　上手です。

3）タワポンさん、試験に　名前が　書いて　ありませんよ。
……あ、忘れました。
→ タワポンさんは　＿＿＿＿＿＿＿＿を　忘れました。

4）タワポンさん、試験は　どうでしたか。
……答えが　全部　書けませんでした。　質問が　難しかったんです。
→ ＿＿＿＿＿＿＿＿、タワポンさんは　試験の　答えが　全部　書けませんでした。

5）部長、あしたの　会議に　出席できますか。
……ええ、大丈夫です。
→ わたしは　部長に　あしたの　会議に　＿＿＿＿＿＿＿＿、聞きました。

J

第41課

文型

1. わたしは　ワット先生に　本を　いただきました。
2. わたしは　先生に　漢字の　まちがいを　直して　いただきました。
3. 部長の　奥さんが　お茶を　教えて　くださいました。
4. わたしは　息子に　紙飛行機を　作って　やりました。

例文

1. きれいな　お皿ですね。
……ええ。　結婚の　お祝いに　田中さんが　くださいました。

2. お母さん、猿に　お菓子を　やっても　いい？
……だめよ。　あそこに　えさを　やっては　いけないと　書いて
　あるでしょう？

3. 相撲を　見に　行った　ことが　ありますか。
……ええ。　この間　部長に　連れて　行って　いただきました。
　とても　おもしろかったです。

4. 夏休みの　ホームステイは　どうでしたか。
……楽しかったです。　家族の　皆さんが　とても　親切に　して
　くださいました。

5. 連休は　何を　しますか。
……子どもを　ディズニーランドへ　連れて　行って　やります。

6. 新しい　コピー機の　使い方が　よく　わからないんですが、
ちょっと　教えて　くださいませんか。
……いいですよ。

CD46
会　話

ご結婚　おめでとう　ございます

学長　：　ワットさん、いずみさん、ご結婚　おめでとう　ございます。
　　　　　乾杯。
皆　　：　乾杯。

……………………………………………………

司会者　：　次に　こちらの　皆さんに　ひとことずつ　お願いします。
松本良子　：　わたしは　去年の　夏の　クラスで　ワット先生に　英語を　教えて　いただきました。　先生の　授業は　ユーモアが　あって、楽しかったです。　実は　その　クラスに　いずみさんも　いらっしゃったんです。
大学職員　：　わたしは　先生に　『上手な　整理の　方法』と　いう　本を　いただきました。　先生は　整理するのが　お上手で、研究室は　いつも　きれいです。　きっと　お二人の　お宅も　すてきだと　思います。
ミラー　：　ワットさん、今度は　『すてきな　人と　結婚する　方法』と　いう　本を　書いて　くださいませんか。　ぜひ　読んで、勉強したいです。　どうぞ　お幸せに。

練習(れんしゅう)A

1. わたしは ［しゃちょう／せんせい／やまださん］ に お土産(みやげ)を いただきました。

わたしは	しゃちょう	に	お土産(みやげ)を	いただきました。
	せんせい			
	やまださん			

2. ［しゃちょう／せんせい／やまださん］ が わたしに お土産(みやげ)を くださいました。

しゃちょう	が	わたしに	お土産(みやげ)を	くださいました。
せんせい				
やまださん				

3. わたしは ［まご／き／ねこ］ に ［お菓子(かし)／水(みず)／えさ］ を やりました。

わたしは	まご	に	お菓子(かし)	を	やりました。
	き		水(みず)		
	ねこ		えさ		

4.

わたしは	先生(せんせい)に	旅行(りょこう)の 写真(しゃしん)を	みせて	いただきました。
		京都(きょうと)へ	つれて いって	
		レポートを	なおして	

5.

先生(せんせい)が	旅行(りょこう)の 写真(しゃしん)を	みせて	くださいました。
	京都(きょうと)へ	つれて いって	
	レポートを	なおして	

6.

わたしは	孫(まご)に 英語(えいご)を	おしえて	やりました。
	孫(まご)を 幼稚園(ようちえん)まで	むかえに いって	
	孫(まご)の 宿題(しゅくだい)を	みて	

7.

ひらがなで	かいて	くださいませんか。
もう 少(すこ)し ゆっくり	はなして	
この 漢字(かんじ)の 読(よ)み方(かた)を	おしえて	

練習B

1. 例1：→　きれいな　靴下ですね。
　　　　……ええ。　姉に　もらったんです。
　例2：→　きれいな　絵はがきですね。
　　　　……ええ。　先生に　いただいたんです。

　1）→　　2）→　　3）→　　4）→

2. 例1：→　すてきな　靴下ですね。　……ええ。　姉が　くれたんです。
　例2：→　すてきな　絵はがきですね。
　　　　……ええ。　先生が　くださったんです。

　1）→　　2）→　　3）→　　4）→

3. 例：→　犬に　えさを　やります。
　1）→　　2）→　　3）→　　4）→

4. 例：小林先生・文法を　説明しました
　　→　わたしは　小林先生に　文法を　説明して　いただきました。
　1）小林先生・発音を　直しました →
　2）ワット先生・英語の　辞書を　選びました →
　3）課長・奈良へ　連れて　行きます →
　4）部長の　奥さん・来週　生け花を　見せます →

5. 例： 松本部長・駅まで 迎えに 来ます
　　→ 松本部長が 駅まで 迎えに 来て くださいました。
　1） 中村課長・傘を 貸します →
　2） 小林先生・空港まで 送ります →
　3） 親切な おじいさん・道を 教えます →
　4） 友達の お父さん・荷物を 持ちます →

6. 例： 娘・おもちゃを 買いました
　　→ わたしは 娘に おもちゃを 買って やりました。
　1） 息子・絵本を 読みました →
　2） 孫・りんごを 送りました →
　3） 犬・散歩に 連れて 行きました →
　4） 弟・作文を 直しました →

7. 例： だれに 英語を 教えて もらいましたか。（ワット先生）
　　→ ワット先生に 教えて いただきました。
　1） だれが 奈良を 案内して くれましたか。（小林先生） →
　2） だれに 着物の 着方を 教えて もらいましたか。
　　（松本部長の 奥さん） →
　3） だれが レストランを 予約して くれましたか。（中村課長） →
　4） だれに この 写真を 撮って もらいましたか。
　　（友達の お母さん） →
　5） 誕生日に お孫さんに 何を 買って あげますか。（自転車） →
　6） 夏休みに お子さんを どこへ 連れて 行って あげますか。
　　（ディズニーランド） →

8. 例： 駅へ 行きたいです・道を 教えます
　　→ 駅へ 行きたいんですが、道を 教えて くださいませんか。
　1） よく 聞こえません・もう 少し 大きい 声で 話します →
　2） セーターの サイズを まちがえました・取り替えます →
　3） 日本料理に 興味が あります・いい 本を 教えます →
　4） ちょっと 寒いです・暖房の 温度を 上げます →

練習C

1．　A：　初めて　日本へ　来た　とき、大変だったでしょう？

　　B：　ええ。　でも、ボランティアの　方が
　　　　親切に　して　くださいました。

　　A：　そうですか。

　　B：　<u>日本語や　日本料理の　作り方を
　　　　教えて</u>　くださいました。

　　A：　それは　よかったですね。

　　1）　友達を　紹介したり、うちへ　招待したり　します

　　2）　町の　いろいろな　情報を　教えます

2．　A：　①<u>きれいな　猫</u>ですね。

　　B：　ええ。　でも　大変なんですよ。
　　　　毎日　②<u>トイレを　掃除して</u>　やらなければ
　　　　なりませんから。

　　A：　そうですか。

　　1）　①　珍しい　鳥
　　　　②　水を　換えます

　　2）　①　かわいい　犬
　　　　②　散歩に　連れて　行きます

3．　A：　管理人さん、すみません。

　　B：　はい、何ですか。

　　A：　①<u>廊下の　電気が　つかない</u>んですが、
　　　　②<u>ちょっと　見て</u>　くださいませんか。

　　B：　ええ、いいですよ。

　　1）　①　棚を　組み立てたいです
　　　　②　ドライバーを　貸します

　　2）　①　友達が　入院しました
　　　　②　お見舞いは　何が　いいか、教えます

問題

CD47 1.　1）＿＿＿＿＿＿＿＿
2）＿＿＿＿＿＿＿＿
3）＿＿＿＿＿＿＿＿
4）＿＿＿＿＿＿＿＿
5）＿＿＿＿＿＿＿＿

CD48 2.　1）（　　）　2）（　　）　3）（　　）　4）（　　）　5）（　　）

3.　例：　母の　誕生日に　わたしは　母に　花を（くれました、あげました）。
1）　わたしは　松本さんに　お祝いを　（いただきました、くださいました）。
2）　花に　水を　（やる、くれる）のを　忘れました。
3）　自転車が　壊れたので、兄に　修理して（くれました、もらいました）。
4）　課長が　迎えに　来て　（くださいました、いただきました）。
5）　わたしは　祖父に　昔の　話を　して（いただきました、もらいました）。

4.　例：　冷蔵庫の　故障は　直りましたか。
……ええ。　電気屋が　すぐ　見に　来て　くれました。
1）　その　本、図書館で　借りたんですか。
……いいえ。　課長が　＿＿＿＿＿＿＿＿んです。
2）　ゆうべは　タクシーで　帰ったんですか。
……いいえ。　部長に　車で　＿＿＿＿＿＿＿＿。
3）　おいしい　ケーキですね。
……ありがとう　ございます。
祖母が　作り方を　＿＿＿＿＿＿＿＿んです。
4）　もう　箱根へは　行きましたか。
……ええ。　先週　先生が　＿＿＿＿＿＿＿＿。

5.　例：　サイズが　合わないんですが、取り替えて　くださいませんか。

見ます　　説明します　　~~取り替えます~~　　かきます　　手伝います

1）　レポートを　書いたんですが、ちょっと　＿＿＿＿＿＿＿＿。
2）　荷物を　運ばなければ　ならないんですが、＿＿＿＿＿＿＿＿。
3）　日本語が　よく　わからないんですが、英語で　＿＿＿＿＿＿＿＿。
4）　市役所へ　行きたいんですが、地図を　＿＿＿＿＿＿＿＿。

6.　例：わたしは　友達（　に　）　本を　貸して　もらいました。

1）　珍しい　指輪ですね。

……ええ。　誕生日に　姉（　　）　くれたんです。

2）　息子さんは　本が　好きですね。

……ええ。　小さい　とき、よく　息子（　　）　本を　読んで　やりました。

3）　どうして　遅かったんですか。

……知らない　おばあさん（　　）　駅まで　連れて　行って　あげたんです。

4）　娘さんは　いつも　一人で　宿題を　しますか。

……いいえ。　時々　わたし（　　）　娘の　宿題（　　）　見て　やります。

7.

浦島太郎＜日本の昔話＞

昔、ある所に浦島太郎という若い男がいました。ある日、太郎は子どもたちにいじめられているかめを助けてやりました。かめは「助けていただいて、ありがとうございました」と言って、太郎を海の中のお城へ連れて行ってくれました。

そこにはとてもきれいで、優しいお姫様がいました。太郎は毎日楽しく暮らしていましたが、うちへ帰りたくなりました。帰るとき、お姫様はお土産に箱をくれました。でも、絶対に箱を開けてはいけないと言いました。

太郎は陸へ帰りましたが、どこにもうちはありませんでした。道で会った人が300年ぐらいまえに、浦島太郎のうちがあったと教えてくれました。太郎は悲しくなって、お土産の箱を開けました。すると、中から白い煙が出て、太郎は髪が真っ白なおじいさんになりました。

1）　太郎は　どうして　かめを　助けて　やりましたか。

2）　太郎は　かめと　いっしょに　どこへ　行きましたか。

3）　太郎は　どのくらい　海の　中に　いましたか。

4）　お土産の　箱の　中身は　白い　煙でした。
白い　煙は　何だと　思いますか。

8.　あなたの　国の　昔話を　話して　ください。

第42課

文型

1.　将来　自分の　店を　持つ　ために、貯金して　います。

2.　この　靴は　山を　歩くのに　いいです。

例文

1.　盆踊りに　参加する　ために、毎日　練習して　います。
……そうですか。　楽しみですね。

2.　なぜ　一人で　山に　登るんですか。
……一人に　なって　考える　ために、山に　行くんです。

3.　健康の　ために、何か　して　いますか。
……いいえ。　でも、来週から　毎朝　走ろうと　思って　います。

4.　きれいな　曲ですね。
……「エリーゼの　ために」ですよ。　ベートーベンが　ある　女の人の　ために、作った　曲です。

5.　これは　何に　使うんですか。
……ワインを　開けるのに　使います。

6.　2、3日の　出張に　いい　かばんが　ありますか。
……こちらは　いかがですか。　パソコンも　入って、便利ですよ。

7.　この　橋を　造るのに　何年　かかりましたか。
……12年　かかりました。

CD49 ## 会　話

ボーナスは　何に　使いますか

鈴木：　林さん、ボーナスは　いつ　出るんですか。
林　：　来週です。　鈴木さんの　会社は？
鈴木：　あしたです。　楽しみですね。
林　：　ええ。　鈴木さんは　何に　使いますか。
鈴木：　まず　新しい　自転車を　買って、それから　旅行に　行って……。
小川：　貯金は　しないんですか。
鈴木：　僕は　あまり　考えた　こと、ありませんね。
林　：　わたしは　半分は　貯金する　つもりです。
鈴木：　えっ、半分も　貯金するんですか。
林　：　ええ、いつか　イギリスへ　留学しようと　思って　いるんです。
小川：　へえ、独身の　人は　いいですね。　全部　自分の　ために、使えて。　わたしは　家の　ローンを　払って、子どもの　教育の　ために、貯金したら、ほとんど　残りませんよ。

練習A

1.

家を	かう	ために、一生懸命働きます。
会社を	つくる	
	しょうらいの	
	かぞくの	

2.

このかばんは	絵を	はこぶ	の	に	使います。
		しゅっちょう			
	パソコンを	いれる	の		いいです。
		りょこう			

3.

家を	たてる	の	に	2,000万円	かかります。
	ひっこし			2日	

練習B

1．　例：論文を 書きます・資料を 集めて います
　　　→ 論文を 書く ために、資料を 集めて います。
　　1）いつか 自分の 店を 持ちます・一生懸命 働いて います →
　　2）友達の 結婚式に 出ます・休みを 取りました →
　　3）弁護士に なります・法律を 勉強して います →
　　4）両親と 住みます・家を 探して います →

2．　例：引っ越し・車を 借ります → 引っ越しの ために、車を 借ります。
　　1）仕事・毎週 日本語を 習って います →
　　2）アニメの 研究・日本へ 留学したいです →
　　3）日本語の 勉強・電子辞書を 買いました →
　　4）子どもの 教育・貯金しなければ なりません →

3．　例：家族・大きい 家を 建てました
　　　→ 家族の ために、大きい 家を 建てました。
　　1）子どもたち・絵本を かいて います →
　　2）国・一生懸命 働きたいです →
　　3）結婚する 二人・みんなで お祝いを しましょう →
　　4）外国人・駅の 名前は ローマ字でも 書いて あります →

4．　例：どうして 人が 大勢 並んで いるんですか。
　　　（コンサートの チケットを 買います）
　　　→ コンサートの チケットを 買う ために、並んで いるんです。
　　1）なぜ 田舎に 引っ越しするんですか。
　　　（自然の 中で 子どもを 育てます） →
　　2）何の ために お金を 集めて いるんですか。
　　　（新しい 学校を 作ります） →
　　3）将来 どんな 仕事を したいですか。
　　　（世界の 平和・国連の 仕事） →
　　4）この 歌は だれが 作りましたか。
　　　（オリンピック・日本の 音楽家） →

5．　例：　材料を　混ぜます

→　これは　何ですか。

……ミキサーです。　材料を　混ぜるのに　使います。

1）　お祝いの　お金を　入れます　→

2）　熱を　測ります　→

3）　物を　包みます　→

4）　計算します　→

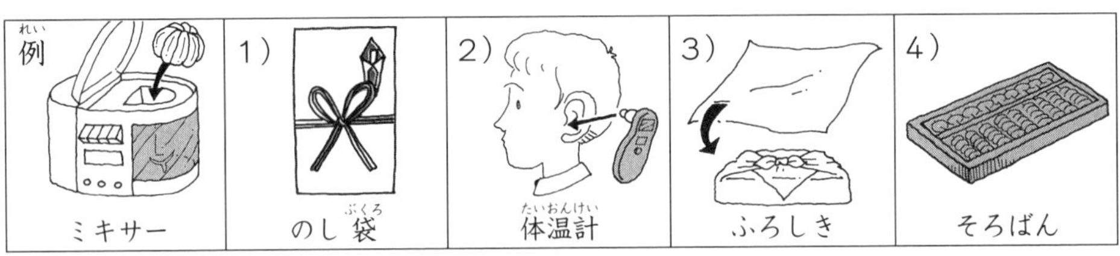

6．　例1：　ここは　駅から　遠いですね。（会社に　通います・不便です）

→　ええ。　会社に　通うのに　不便です。

例2：　大きい　スーパーが　できましたね。（買い物・便利です）

→　ええ。　買い物に　便利です。

1）　ここは　緑が　多くて、静かですね。
（子どもを　育てます・いいです）　→

2）「こどもニュース」は　おもしろいですね。
（日本語を　勉強します・役に　立ちます）　→

3）　かわいい　人形ですね。（お土産・ちょうど　いいです）　→

4）　この　かばん、軽くて　丈夫ですね。（旅行・便利です）　→

7．　例：　家を　建てます・必要です（4,000万円）

→　家を　建てるのに　どのくらい　必要ですか。

……4,000万円　必要です。

1）　この　車を　修理します・かかります（2週間）　→

2）　東京で　生活します・必要です（月に　20万円）　→

3）　子どもを　育てます・かかります（2,000万円ぐらい）　→

4）　この　論文を　書きます・かかりました（1年）　→

練習C

1．　A：　日本へ　来た　目的は　何ですか。

　　B：　大学で　政治を　勉強する　ために、来ました。

　　A：　そうですか。　頑張って　ください。

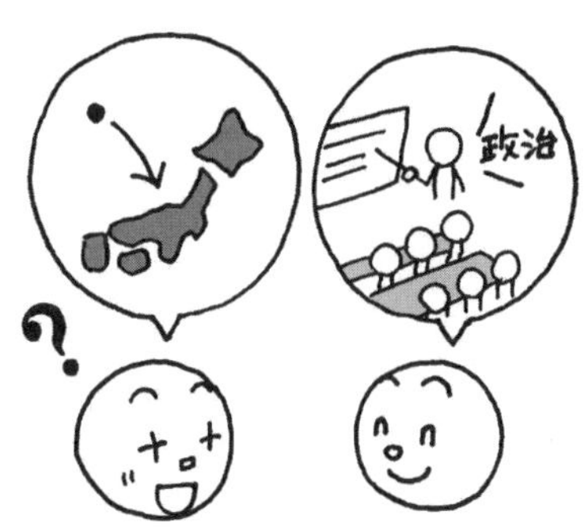

　　1）　マンガ文化を　研究します

　　2）　日本の　社会に　ついて　論文を　書きます

2．　A：　あのう、①缶詰を　開けるのに　使う　物が　欲しいんですが……。

　　B：　ああ、②缶切りですね。　あの　棚に　ありますよ。

　　A：　どうも。

　　1）　①　瓶の　ふたを　開けます

　　　　②　栓抜き

　　2）　①　お湯を　沸かします

　　　　②　やかん

3．　A：　東京の　生活は　どうですか。

　　B：　おもしろいですが、①家賃が　高くて、大変です。

　　A：　へえ。

　　B：　②アパートを　借りるのに　③8万円　かかるんです。

　　A：　それは　大変ですね。

　　1）　①　会社が　遠いです

　　　　②　通います

　　　　③　1時間半　かかります

　　2）　①　物価が　高いです

　　　　②　1か月　生活します

　　　　③　20万円　必要です

42

問題

CD50 1.
1）＿＿＿＿＿＿＿＿＿＿＿＿＿＿＿＿＿＿＿＿
2）＿＿＿＿＿＿＿＿＿＿＿＿＿＿＿＿＿＿＿＿
3）＿＿＿＿＿＿＿＿＿＿＿＿＿＿＿＿＿＿＿＿
4）＿＿＿＿＿＿＿＿＿＿＿＿＿＿＿＿＿＿＿＿
5）＿＿＿＿＿＿＿＿＿＿＿＿＿＿＿＿＿＿＿＿

CD51 2. 1）（　　）　2）（　　）　3）（　　）　4）（　　）　5）（　　）

3. 例1：うちを　（　建てる　）　ために、貯金して　います。
例2：（　健康の　）　ために、毎晩　早く　寝るように　して　います。

~~健康~~　平和　家族　~~建てます~~　なります　覚えます

1）漢字を　（　　　）　ために、本を　たくさん　読みます。
2）音楽家に　（　　　）　ために、ドイツへ　留学します。
3）世界の　（　　　）　ために、いろいろな　会議が　行われて　います。
4）父は　（　　　）　ために、40年　働きました。

4. 例：［　のし袋　］は　お祝いの　お金を　（　入れる　）のに　使います。

例	1）	2）	3）	4）

1）［　　　　　］は　物を　（　　　　　）のに　使います。
2）［　　　　　］は　お湯を　（　　　　　）のに　使います。
3）［　　　　　］は　瓶の　ふたを　（　　　　　）のに　使います。
4）［　　　　　］は　熱を　（　　　　　）のに　使います。

5.　例1：パソコンは　（　仕事に　）　必要です。

例2：パソコンを　（　直すのに　）　5時間　かかりました。

旅行	~~仕事~~	勉強	整理	造ります	~~直します~~	借ります

1）　映画は　外国語の　（　　　　　）　役に　立ちます。

2）　この　箱は　書類の　（　　　　　）　いいです。

3）　小さい　傘は　（　　　　　）　便利です。

4）　この　橋を　（　　　　　）　5年　かかりました。

5）　家を　（　　　　　）　10万円　必要です。

6.

カップめん

　チキンラーメンは世界初のインスタントラーメンです。1958年に安藤百福さんによって発明されました。どんぶりにめんとお湯を入れて、3分待つと、食べられるので、とても便利な食べ物です。

　安藤さんはこのチキンラーメンを世界中に広めたいと思いました。そして、市場調査のために、アメリカへ行きました。あるスーパーで、チキンラーメンを見せて、「どうぞ食べてみてください」と言いました。スーパーの人はチキンラーメンを小さく割って、紙コップに入れて、お湯を注いで、フォークで食べました。安藤さんはそれを見て、どんぶりがなくても食べられるインスタントラーメンを作ろうと思いました。

　そして、1971年にカップめんが生まれました。お湯があれば、いつでもどこででも作れて、忙しい人が食べるのにとても便利です。今、世界中で食べられています。

1）（　　　）安藤さんは　インスタントラーメンを　発明しました。

2）（　　　）安藤さんは　アメリカへ　チキンラーメンを　売りに行きました。

3）（　　　）安藤さんは　アメリカ人の　チキンラーメンの　食べ方を見て、カップめんを　作ろうと　思いました。

4）（　　　）今　世界中で　カップめんを　食べる　ことが　できます。

7.　あなたの　国で　何か　発明したり、発見したり　した　人が　いたら、紹介して　ください。

第43課

文型

1. 今にも　雨が　降りそうです。
2. ちょっと　切符を　買って　来ます。

例文

1. 上着の　ボタンが　とれそうですよ。

   ……あっ、ほんとうですね。　どうも　ありがとう　ございます。

2. 暖かく　なりましたね。

   ……ええ、もうすぐ　桜が　咲きそうですね。

3. ドイツの　りんごの　ケーキです。　どうぞ。

   ……わあ、おいしそうですね。　いただきます。

4. この　アルバイト、よさそうですね。　給料も　いいし、仕事も楽そうだし。

   ……でも、夜の　12時から　朝の　6時までですよ。

5. 資料が　足りませんね。

   ……何枚ですか。　すぐ　コピーして　来ます。

6. ちょっと　出かけて　来ます。

   ……何時ごろ　帰りますか。

   4時までに　帰る　つもりです。

CD52
会　話

毎日　楽しそうです

林　　　　：これ、どなたの　写真ですか。
シュミット：息子の　ハンスです。　運動会の　とき、撮った　写真です。
林　　　　：元気そうですね。
シュミット：ええ。　ハンスは　走るのが　速いんですよ。
　　　　　　日本の　小学校にも　慣れて、友達も　できて、毎日
　　　　　　楽しそうです。
林　　　　：よかったですね。
　　　　　　こちらの　方は　奥さんですか。　きれいな　方ですね。
シュミット：ありがとう　ございます。
　　　　　　妻は　いろいろな　ことに　興味が　あって、いっしょに
　　　　　　いると、おもしろいんですよ。
林　　　　：そうですか。
シュミット：特に　歴史が　好きで、時間が　あれば、古い　町を
　　　　　　歩いて　います。

練習（れんしゅう）A

1\.

今（いま）にも　火（ひ）が	きえ	そうです。
荷物（にもつ）が	おち	
あしたは　暑（あつ）く	なり	
ことしは　輸出（ゆしゅつ）が	へり	

43

2\.

この　料理（りょうり）は	まず	そうです。
彼女（かのじょ）は	やさし	
この　机（つくえ）は	じょうぶ	

3\.

ちょっと	飲（の）み物（もの）を	かって	来（き）ます。
	電話（でんわ）を	かけて	
		しょくじして	

練習(れんしゅう)B

1．　例(れい)：→　荷物(にもつ)が　落(お)ちそうです。

⬇　1）→　　2）→　　3）→　　4）→

2．　例(れい)：袋(ふくろ)が　破(やぶ)れます（新(あたら)しいのを　買(か)います）

→　袋(ふくろ)が　破(やぶ)れそうですよ。

……じゃ、新(あたら)しいのを　買(か)います。

1）雨(あめ)が　降(ふ)ります（傘(かさ)を　持(も)って　行(い)きます）→

2）ガスの　火(ひ)が　消(き)えます（窓(まど)を　閉(し)めます）→

3）もうすぐ　雨(あめ)が　やみます（ちょっと　待(ま)ちます）→

4）信号(しんごう)が　変(か)わります（急(いそ)ぎましょう）→

3．　例(れい)：きょうは　寒(さむ)く　なります　→　きょうは　寒(さむ)く　なりそうです。

1）今週(こんしゅう)は　いい　天気(てんき)が　続(つづ)きます　→

2）ことしは　去年(きょねん)より　早(はや)く　桜(さくら)が　咲(さ)きます　→

3）ことしは　米(こめ)の　値段(ねだん)が　上(あ)がります　→

4）これから　結婚(けっこん)しない　人(ひと)が　増(ふ)えます　→

4．　例(れい)：道(みち)が　込(こ)みます・早(はや)く　出発(しゅっぱつ)します

→　道(みち)が　込(こ)みそうですから、早(はや)く　出発(しゅっぱつ)しましょう。

1）夜(よる)は　寒(さむ)く　なります・コートを　着(き)て　行(い)きます　→

2）ガソリンが　なくなります・あの　店(みせ)で　入(い)れます　→

3）遅(おそ)く　なります・ホテルに　連絡(れんらく)して　おきます　→

4）台風(たいふう)が　来(き)ます・旅行(りょこう)は　やめます　→

5．　例：　つまらない　→　つまらなそうです。

1）　寂しい　→　　　　　　2）　うれしい　→

3）　暇　→　　　　　　　　4）　便利　→

6．　例：　眠いです（きのう　寝られませんでした）

→　眠そうですね。

……ええ、きのう　寝られなかったんです。

1）　その　セーター、暖かいです（イギリスで　買いました）　→

2）　その　かばん、重いです（辞書が　3冊　入って　います）　→

3）　元気です（最近　体の　調子が　いいです）　→

4）　あの　二人、幸せです（先月　結婚しました）　→

7．　例：　トイレに　行きます

→　トイレに　行って　来ますから、ちょっと　待って　いて　ください。

1）　バスの　時間を　見ます　→

2）　道を　聞きます　→

3）　ジュースを　買います　→

4）　車を　駐車場に　止めます　→

8．　例：　どう　したんですか。

（うちに　傘を　忘れました・ちょっと　取ります）

→　うちに　傘を　忘れたので、ちょっと　取って　来ます。

1）　どう　したんですか。（変な　音が　聞こえました・ちょっと　見ます）　→

2）　出かけるんですか。（ええ。　天気が　いいです・散歩します）　→

3）　資料が　20枚　ありますか。（1枚　足りません・ちょっと　コピーします）　→

4）　どこへ　行くんですか。（友達が　来ます・迎えに　行きます）　→

練習(れんしゅう)C

1．　A：　ミラーさん。

　　B：　はい。

　　A：　コートの　ボタンが　とれそうですよ。

　　B：　あ、ほんとうだ。

　　　　気(き)が　つきませんでした。　どうも。

　　　1）　自転車(じてんしゃ)から　荷物(にもつ)が　落(お)ちます

　　　2）　袋(ふくろ)が　破(やぶ)れます

2．　A：　①うれしそうですね。

　　B：　ええ。　実(じつ)は　②きのう　結婚(けっこん)を　申(もう)し込(こ)まれたんです。

　　A：　そうですか。　それは　③よかったですね。

　　　1）　①　楽(たの)しいです

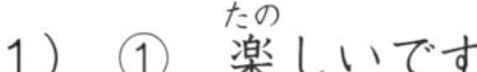

　　　　　②　あしたから　海外旅行(かいがいりょこう)に　行(い)きます

　　　　　③　楽(たの)しみです

　　　2）　①　眠(ねむ)いです

　　　　　②　子(こ)どもが　毎晩(まいばん)　泣(な)いて、寝(ね)られません

　　　　　③　大変(たいへん)です

3．　A：　ちょっと　①コンビニへ　行(い)って　来(き)ます。

　　B：　じゃ、②お弁当(べんとう)を　買(か)って　来(き)て

　　　　くれませんか。

　　A：　いいですよ。

　　　1）　①　郵便局(ゆうびんきょく)

　　　　　②　この　荷物(にもつ)を　送(おく)ります

　　　2）　①　市役所(しやくしょ)

　　　　　②　日本語教室(にほんごきょうしつ)の　パンフレットを　もらいます

43

問題

CD53 1.　1）＿＿＿＿＿＿＿＿＿＿＿＿＿＿＿＿＿＿＿＿＿＿＿＿

　　　　2）＿＿＿＿＿＿＿＿＿＿＿＿＿＿＿＿＿＿＿＿＿＿＿＿

CD54 2.　1）（　　）　2）（　　）　3）（　　）　4）（　　）　5）（　　）

43

3.　例：うしろの　ポケットから　ハンカチが　（　落ち　）そうですよ。
　　……あ、ほんとうだ。　どうも。

1）荷物が　重くて、袋が　（　　　）そうです。
　　……じゃ、これを　使って　ください。

2）きょうは　暑く　（　　　）そうです。
　　……じゃ、帽子を　持って　行きます。

3）急ぎましょう。　時間に　（　　　）そうですよ。
　　……じゃ、タクシーで　行きましょう。

4）ずいぶん　寒く　なりましたね。
　　……ええ、雪が　（　　　）そうですね。

4.　例1：どう　したんですか。　気分が　（　悪　）そうですね。
　　……ええ、ちょっと　疲れて　いるんです。
例2：（　元気　）そうですね。
　　……ええ、スポーツを　始めてから、体の　調子が　いいんです。

1）わあ、（　　　）そうですね。　ワンさんが　作ったんですか。
　　……ええ、中国の　料理です。　どうぞ。

2）この　お寺、ずいぶん　（　　　）そうですね。　いつ　できたんですか。
　　……500年ぐらいまえに、建てられました。

3）その　かばんは　（　　　）そうですね。
　　……ええ、重い　物を　入れても、大丈夫です。

4）その　かばん、旅行に　（　　　）そうですね。
　　……ええ、軽いし、ポケットも　たくさん　あるんです。

5.　例：どう　したんですか。
　　……財布を　忘れたので、ちょっと　（　取って　）来ます。

行きます　　買います　　聞きます　　~~取ります~~　　呼びます

1） ちょっと 休憩しましょう。

……じゃ、トイレへ （　　　） 来ます。

2） 空港へ 行く バスの 乗り場は どこでしょうか。

……さあ。 あの 店で （　　　） 来ましょう。

3） 課長が ミラーさんを 捜して いますよ。

……食堂に いると 思いますから、すぐ （　　　） 来ます。

4） コンビニへ 行きますが、何か 用事は ありませんか。

……じゃ、お弁当を （　　　） 来て ください。

6.

鈴木君の日記

4月13日（日）

大学の友達の結婚式に出た。そこで渡辺あけみさんに会った。すてきな人だと思った。

6月21日（土）

あけみさんの誕生日のパーティーに行った。ばらの花を持って行った。うれしそうだった。帰るとき、「今度、二人でドライブに行きませんか」と言ってみた。彼女は「ええ」と言ってくれた。

8月15日（金）

彼女とけんかをしてしまった。理由はつまらないことだ。あした謝ろう。

11月17日（月）

きょうみんなに「うれしそうだね」と言われた。きのう彼女が僕と結婚すると言ってくれた。幸せだ。

あけみさんの 日記を 書いて ください。

4月13日（日） きょう （①　　　　）に 行った。そこで （②　　　　） と 知り合った。静かで、頭が よさそうだ。

6月21日（土） わたしの （③　　　　）に 鈴木さんが 来て くれた。プレゼントに （④　　　　）を たくさん くれた。 パーティーの あとで、彼が （⑤　　　　）に 誘って くれた。 わたしの ことが 好きかも しれない。わたしも 彼が 好きだ。

8月15日（金） 彼と けんかを した。 どうして けんかに なったか、わからない。

11月16日（日） きょう 彼が わたしに 「（⑥　　　　）」と 言った。 うれしくて、泣いて しまった。 もちろん 「はい」と 答えた。 ほんとうに 幸せ。

7. 週末の 日記を 書いて ください。

第44課

文型

1．　ゆうべ　お酒を　飲みすぎました。
2．　この　パソコンは　使いやすいです。
3．　ズボンを　短く　して　ください。

例文

1．　泣いて　いるんですか。
　　……いいえ、笑いすぎて、涙が　出たんです。

2．　最近の　車は　操作が　簡単ですね。
　　……ええ。　でも、簡単すぎて、運転が　おもしろくないです。

3．　田舎と　町と　どちらが　住みやすいですか。
　　……田舎の　ほうが　住みやすいと　思います。
　　　物価も　安いし、空気も　きれいですから。

4．　この　コップは　丈夫で　割れにくいですよ。
　　……子どもが　使うのに　安全で、いいですね。

5．　もう　夜　遅いですから、静かに　して　いただけませんか。
　　……はい。　すみません。

6．　飲み物は　何に　しますか。
　　……ビールに　します。

CD55 会話（かいわ）

この写真（しゃしん）みたいに　して　ください

美容師（びようし）：　いらっしゃいませ。　きょうは　どう　なさいますか。
イー　：　カット、お願（ねが）いします。
美容師（びようし）：　じゃ、シャンプーを　しますから、こちらへ　どうぞ。

……………………………………………………

美容師（びようし）：　カットは　どういうふうに　なさいますか。
イー　：　ショートに　したいんですけど……。
この　写真（しゃしん）みたいに　して　ください。
美容師（びようし）：　あ、すてきですね。

……………………………………………………

美容師（びようし）：　前（まえ）の　長（なが）さは　これで　よろしいでしょうか。
イー　：　そうですね。　もう　少（すこ）し　短（みじか）く　して　ください。

……………………………………………………

美容師（びようし）：　どうも　お疲（つか）れさまでした。
イー　：　ありがとう。

練習(れんしゅう)A

1.

お土産(みやげ)を	かい	すぎました。
ごはんを	たべ	
この 部屋(へや)は	せま	すぎます。
この 方法(ほうほう)は	ふくざつ	

2.

この 薬(くすり)	は	のみ	やすいです。
この はさみ		つかい	
東京(とうきょう)		すみ	にくいです。
この 靴(くつ)		あるき	

3.

山(やま)の 天気(てんき)	は		かわり	やすいです。
事故(じこ)		雨(あめ)の 日(ひ)に	おき	
この コップ			われ	にくいです。
厚(あつ)い タオル			かわき	

4.

髪(かみ)	を	みじか	く	します。
部屋(へや)		きれい	に	
水(みず)の 量(りょう)		2ばい	に	

5.

晩(ばん)ごはんは	カレーライス	に	します。
	てんぷら		

練習B

1. 例：→ お酒を　飲みすぎました。

1）→　　2）→　　3）→　　4）→

2. 例：この　布団・厚い　→　この　布団は　厚すぎます。

1）この　上着・大きい　→　　2）この　部屋・広い　→

3）この　問題・簡単　→　　4）この　うち・家賃が　高い　→

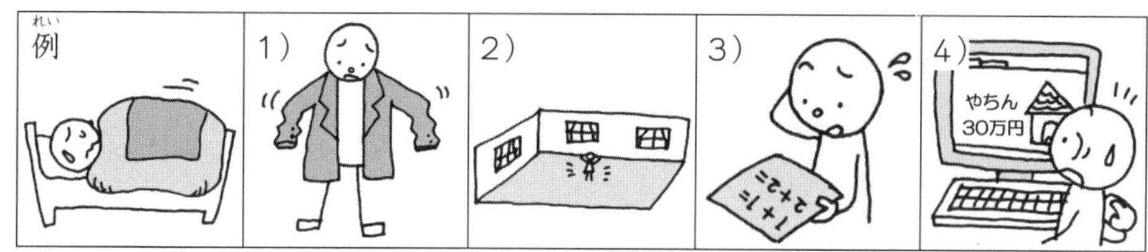

3. 例：食べました・動きます　→　食べすぎて、動けません。

1）お酒を　飲みました・まっすぐ　歩きます　→
2）疲れました・眠ります　→
3）荷物が　重いです・一人で　持ちます　→
4）味が　濃いです・たくさん　食べます　→

4. 例：のどが　痛いんですか。（きのう　カラオケで　歌いました）
→　ええ。　きのう　カラオケで　歌いすぎたんです。

1）気分が　悪いんですか。（きのう　飲みました）→
2）目が　痛いんですか。（DVDを　見ました）→
3）着物を　買わないんですか。（値段が　高いです）→
4）使い方が　わからないんですか。（説明書が　複雑です）→

5.　例1：この　辞書は　字が　大きいです・見ます

　　→　この　辞書は　字が　大きくて、見やすいです。

　例2：この　道は　狭いです・運転します

　　→　この　道は　狭くて、運転しにくいです。

1）新しい　掃除機は　軽いです・使います　→

2）ここは　交通が　便利です・住みます　→

3）あの　先生の　話は　難しいです・わかります　→

4）この　薬は　苦いです・飲みます　→

6.　例1：安い　傘は　壊れます

　　→　安い　傘は　壊れやすいです。

　例2：ことしの　かぜは　治りません

　　→　ことしの　かぜは　治りにくいです。

1）この　階段は　滑ります　→

2）夏は　食べ物が　腐ります　→

3）車の　窓ガラスは　割れません　→

4）雨の　日は　洗濯物が　乾きません　→

7.　例：→　字が　薄いので、濃く　して　ください。

1）→　　2）→　　3）→　　4）→

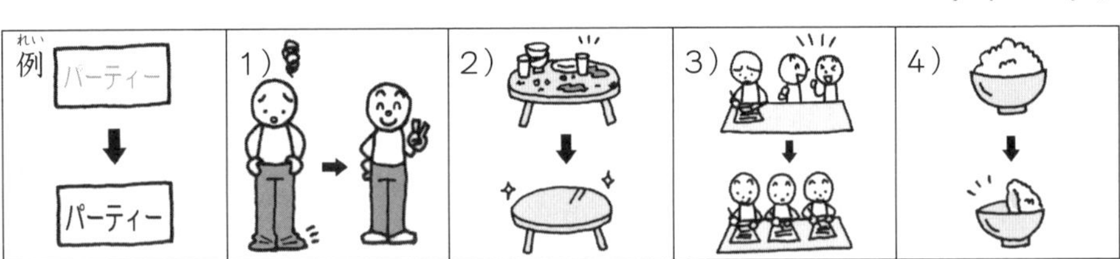

8.　例：出発は　いつに　しますか。

　　→　18日に　します。

1）飛行機は　何時の　便に　しますか。　→

2）ホテルは　どこに　しますか。　→

3）部屋は　シングルに　しますか、
　　ツインに　しますか。　→

4）食事は　和食と　洋食と
　　どちらに　しますか。　→

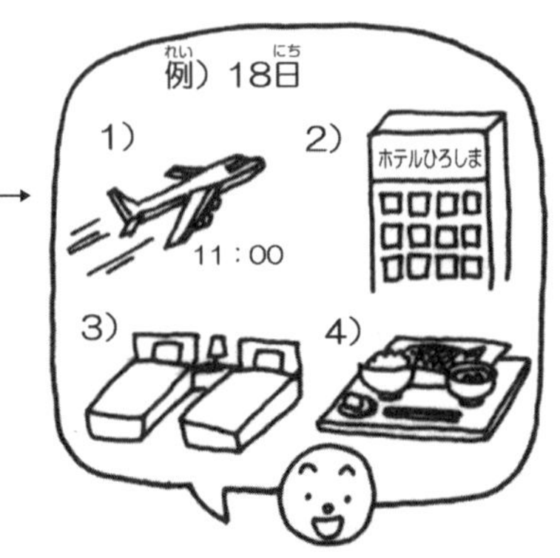

練習(れんしゅう)C

1．　A：　どう　したんですか。

　　B：　忘年会(ぼうねんかい)で　①お酒(さけ)を　飲(の)みすぎて、②頭(あたま)が　痛(いた)いんです。

　　A：　それは　いけませんね。お大事(だいじ)に。

　　1）①　食(た)べます
　　　　②　おなかの　調子(ちょうし)が　悪(わる)いです

　　2）①　歌(うた)を　歌(うた)います
　　　　②　のどの　調子(ちょうし)が　おかしいです

2．　A：　この　①テーブル、いいですね。

　　B：　ええ。インターネットで　買(か)ったんですけど、
　　　　②大(おお)きさが　調節(ちょうせつ)できて、③使(つか)いやすいですよ。

　　A：　いいですね。

　　1）①　本棚(ほんだな)
　　　　②　棚(たな)が　多(おお)いです
　　　　③　本(ほん)を　整理(せいり)します

　　2）①　ベッド
　　　　②　硬(かた)さが　ちょうど　いいです
　　　　③　寝(ね)ます

3．　A：　すみません。ちょっと　教(おし)えて　くれませんか。

　　B：　ええ、何(なん)ですか。

　　A：　この　①図(ず)を　②大(おお)きく　したいんですが、
　　　　どう　すれば　いいですか。

　　B：　ここを　クリックすれば　いいですよ。

　　A：　そうですか。どうも。

　　1）①　線(せん)　②　太(ふと)い

　　2）①　字(じ)　②　2倍(ばい)

問題

CD56 1．　1）＿＿＿＿＿＿＿＿＿＿

　　　　2）＿＿＿＿＿＿＿＿＿＿

　　　　3）＿＿＿＿＿＿＿＿＿＿

CD57 2．　1）（　　）　2）（　　）　3）（　　）　4）（　　）　5）（　　）

44

3．　例1：お酒を　（　飲みすぎました　）。

　　例2：この　説明書は　（　複雑すぎます　）。

例1	例2	1）	2）	3）	4）

1）　塩を　（　　　　　　　　　　　）。

2）　カラオケで　（　　　　　　　　　　　）。

3）　ごはんの　量が　（　　　　　　　　　　　）。

4）　この　服は　（　　　　　　　　　　　）。

4．　例：お土産を　（　買いすぎて　）、一人で　持てません。

1）　ごはんを　（　　　　　　　　　　　）、おなかが　痛いです。

2）　テレビを　（　　　　　　　　　　　）、目が　疲れました。

3）　部屋が　（　　　　　　　　　　　）、ベッドが　置けません。

4）　この　アパートは　家賃が　（　　　　　　　　　　　）、借りられません。

5．　例：この　薬は　甘くて、（　飲み　）やすいです。

破れます　　持ちます　　割れます　　~~飲みます~~　　歩きます

1）　この　靴は　軽くて、（　　　　　）やすいです。

2）　この　かばんは　大きすぎて、（　　　　　）にくいです。

3）　この　袋は　丈夫で、（　　　　　）にくいです。

4）　薄い　コップは　（　　　　　）やすいです。

6．　例：もう　11時ですから、（　静かに　）して　ください。

小さい　　来週　　短い　　静か　　きれい

1）この　ズボンは　長すぎますから、少し（　　　　）して　ください。

2）テレビの　音が　大きいですから、（　　　　）して　ください。

3）テーブルの　上が　汚れて　いますから、（　　　　）して　ください。

4）今週は　都合が　悪いですから、（　　　　）して　ください。

7．

結婚式のスピーチ

結婚式のスピーチを頼まれたことがありますか。スピーチは長すぎると、みんなに嫌がられます。また短すぎると、お祝いの気持ちがうまく伝えられません。難しいですね。

練習しておいても、大勢の人の前に立つと、なかなか上手にできません。話の順序をまちがえたり、忘れたりします。話の大切な所をメモしておくと、安心です。できるだけ易しいことばや表現を使うようにします。難しいことばは覚えにくいし、まちがえやすいからです。

それから使ってはいけないことばがあります。例えば「別れる」とか、「切れる」とかです。これらは縁起が悪いので、使いません。気をつけましょう。

1）短すぎる　スピーチは　どうして　よくないのですか。

2）スピーチを　忘れないように、何を　して　おいたら　いいですか。

3）どうして　易しい　ことばや　表現を　使うのですか。

4）使っては　いけない　ことばは　何ですか。

8．　あなたの　国の　結婚式に　ついて　話して　ください。スピーチで使っては　いけない　ことばが　ありますか。

第45課

文型

1. カードを なくした 場合は、すぐ カード会社に 連絡して ください。
2. 約束を したのに、彼女は 来ませんでした。

例文

1. 地震で 電車が 止まった 場合は、無理に 帰らないで、会社に 泊まって ください。
……はい、わかりました。

2. これが この コンピューターの 保証書です。
調子が 悪い 場合は、この 番号に 連絡して ください。
……はい、わかりました。

3. あのう、この 図書館では コピーの 領収書が もらえますか。
……ええ。 必要な 場合は、言って ください。

4. 火事や 地震の 場合は、絶対に エレベーターを 使わないで ください。
……はい、わかりました。

5. スピーチは うまく いきましたか。
……いいえ。 一生懸命 練習して 覚えたのに、途中で 忘れて しまいました。

6. 冬なのに、桜が 咲いて いますね。
……えっ、あれは 桜じゃ ありません。 梅ですよ。

CD58 会　話

コースを　まちがえた　場合は、どう　したら　いいですか

係員　　　：皆さん、この　マラソンは　健康マラソンですから、無理を　しないで　ください。
　　　　　　もし　気分が　悪く　なったら、係員に　言って　ください。
参加者全員：はい。
参加者1　：すみません。　コースを　まちがえた　場合は、どう　したら　いいですか。
係員　　　：元の　所に　戻って、続けて　ください。
参加者2　：あのう、途中で　やめたい　場合は？
係員　　　：その　場合は、近くの　係員に　名前を　言って、帰って　ください。　では、スタートの　時間です。

…………………………………………………………

鈴木　　　：ミラーさん、マラソンは　どうでしたか。
ミラー　　：2位でした。
鈴木　　　：2位だったんですか。　すごいですね。
ミラー　　：いいえ、一生懸命　練習したのに、優勝できなくて、残念です。
鈴木　　　：また　来年が　ありますよ。

練習A

1\.

会社に	おくれる	場合は、連絡して　ください。
荷物が	つかない	
交通事故に	あった	
コピー機の　調子が	わるい	
資料が	ひつような	
エレベーターが	こしょうの	

2\.

一生懸命	べんきょうした	のに、	試験の　点が　悪かったです。
30分も	まって　いる		タクシーが　来ません。
この　レストランは	おいしくない		値段が　高いです。
夫は　料理が	じょうずな		あまり　作って　くれません。
きょうは	にちようびな		働かなければ　なりません。

45

練習B

1．　例：火事が　起きました・すぐ　119番に　電話します

　　　→　火事が　起きた　場合は、すぐ　119番に　電話して　ください。

1）　交通事故に　あいました・すぐ　110番に　連絡します　→

2）　友達を　連れて　来ます・知らせます　→

3）　何か　問題が　ありました・
　　わたしに　言います　→

4）　受付に　だれも　いません・
　　この　ボタンを　押します　→

2．　例：洗濯機が　故障です・知らせます

　　　→　洗濯機が　故障の　場合は、知らせて　ください。

1）　風が　強いです・窓を　開けません　→

2）　薬が　必要です・受付に　来ます　→

3）　エアコンの　調子が　悪いです・
　　すぐ　連絡します　→

4）　食堂が　休みです・外で　食べます　→

3．　例：申し込みに　はんこが　必要です。（はんこを　持って　いません）

　　　→　はんこを　持って　いない　場合は、どう　したら　いいですか。

1）　出発は　9時です。（時間に　間に　合いません）　→

2）　荷物は　20キロまでです。（20キロ以上　です）　→

3）　予約の　確認は　この　番号に　お願いします。
　　（予約を　キャンセルしたいです）　→

4）　領収書を　持って　来て　ください。（領収書が　ありません）　→

4.　例：　薬を　飲みました・熱が　下がりません

　　→　薬を　飲んだのに、熱が　下がりません。

1）　2時間　並びました・チケットが　買えませんでした　→

2）　楽しみに　して　いました・旅行が　中止に　なって　しまいました　→

3）　彼は　日本へ　来た　ことが　ありません・
　　日本語が　上手です　→

4）　毎日　8時間　寝て　います・いつも　眠いです　→

5.　例：　もう　4月です・まだ　寒いです

　　→　もう　4月なのに、まだ　寒いです。

1）　仕事は　忙しいです・給料は　安いです　→

2）　お正月です・仕事を　しなければ　なりません　→

3）　保険証が　必要でした・持って　来るのを　忘れました　→

4）　この　アパートは　汚くて、狭いです・家賃は　高いです　→

6.　例：（スイッチを　入れました・パソコンが　動きません）

　　→　どう　したんですか。

　　　……スイッチを　入れたのに、パソコンが　動かないんです。

1）（ボタンを　押しました・ジュースが　出ません）→

2）（気を　つけて　いました・手に　けがを　して　しまいました）→

3）（もう　遅いです・子どもが　学校から　帰りません）→

4）（約束は　10時です・彼女が　まだ　来ません）→

7.　例：　きょうは　暑いですね。（もう　10月です）

　　→　ええ、そうですね。　もう　10月なのに。

1）　この　お寺は　静かですね。（町の　真ん中に　あります）→

2）　この　レストランは　あまり　おいしくないですね。（有名です）→

3）　新しい　電気自動車は　人気が　ありますね。
　　（そんなに　安くないです）→

4）　ミラーさんは　遅いですね。（一度も　遅れた　ことが　ありません）→

練習C

1.　A：　キャンプの　予定は　以上です。　何か　質問が　ありますか。
　　B：　①雨が　降った　場合は、どう　したら　いいですか。
　　A：　その　場合は　電話で　②聞いて　ください。
　　B：　はい。　わかりました。

　　1）①　出発の　時間に　間に　合いません
　　　　②　知らせます
　　2）①　急に　都合が　悪く　なりました
　　　　②　連絡します

2.　A：　どう　したんですか。
　　B：　この　①傘、②高かったのに、③もう　壊れて　しまったんです。
　　A：　それは　残念ですね。

　　1）①　服
　　　　②　1回しか　着て　いません
　　　　③　ここが　破れます
　　2）①　かばん
　　　　②　彼の　プレゼントです
　　　　③　汚します

3.　A：　田中さん、今度　①結婚するんですよ。
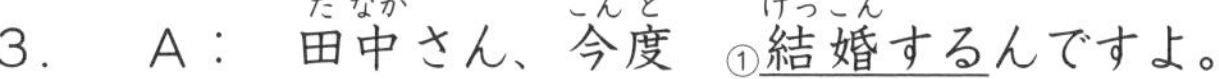
　　B：　えっ、信じられませんね。
　　　　あんなに　②独身の　ほうが　いいと　言って　いたのに……。
　　A：　そうですか。

　　1）①　海外旅行に　行きます
　　　　②　飛行機が　嫌いです
　　2）①　小学校の　先生に　なります
　　　　②　子どもは　好きじゃ　ありません

問題

1. （CD59）
   1）＿＿＿＿＿＿＿＿＿＿＿＿＿＿＿＿＿＿＿＿
   2）＿＿＿＿＿＿＿＿＿＿＿＿＿＿＿＿＿＿＿＿

2. （CD60）
   1）（　　）　2）（　　）　3）（　　）　4）（　　）　5）（　　）

3. 例：予定が　（　変わりました　→　変わった　）　場合は、
   連絡して　ください。

~~連絡します~~　お金を　返します　警察の　許可を　もらいます
あさって　来ます　この　ボタンで　調節します

1）ここに　車を　（　止めます　→　　　　）　場合は、
＿＿＿＿＿＿＿＿なければ　なりません。

2）コピーの　字が　（　薄いです　→　　　　）　場合は、
＿＿＿＿＿＿＿＿　ください。

3）コンサートが　（　中止です　→　　　　）　場合は、
＿＿＿＿＿＿＿＿　もらえます。

4）あした　（　無理です　→　　　　）　場合は、
＿＿＿＿＿＿＿＿　ください。

4. 例：一生懸命（　練習しました　→　練習した　）のに、負けて
   しまいました。

1）まだ　（　読んで　いません　→　　　　）のに、母が　雑誌を
捨てて　しまいました。

2）結婚式に　（　招待されました　→　　　　）のに、都合が
悪くて、行けませんでした。

3）もうすぐ　（　4月です　→　　　　）のに、なかなか　暖かく
なりません。

4）（　寒いです　→　　　　）のに、子どもは　外で　遊んで　います。

5. 例：かぜは　治りましたか。
   ……いいえ、毎日　薬を　飲んで　いるのに、まだ　治りません。

~~薬を　飲んで　います~~　楽しみに　して　います　会議が　始まります
たくさん　買って　おきます　地図を　持って　行きます

1）　ミラーさんは　来ましたか。

……いいえ、もうすぐ　＿＿＿＿＿＿＿＿のに、まだ　来ません。

2）　ことしも　お祭りに　行きましたか。

……いいえ、＿＿＿＿＿＿＿＿＿のに、雨で　中止でした。

3）　忘年会の　飲み物は　足りましたか。

……いいえ、＿＿＿＿＿＿＿＿＿のに、足りませんでした。

4）　駅へ　行く　道は　すぐ　わかりましたか。

……いいえ、＿＿＿＿＿＿＿＿＿のに、なかなか　わかりませんでした。

6．　例：おいしい　料理を　作って、待って　いたのに、彼は　来ませんでした。

1）　6年も　英語を　勉強したのに、あまり　＿＿＿＿＿＿＿＿＿＿。

2）　あの　レストランは　高いのに、あまり　＿＿＿＿＿＿＿＿＿＿＿。

3）　あしたは　日曜日なのに、＿＿＿＿＿＿＿＿＿＿＿＿＿＿＿＿＿＿。

4）　この　洗濯機は　先週　修理したのに、＿＿＿＿＿＿＿＿＿＿＿。

7．

悩みの相談

【相談】　僕の悩みは朝起きられないことです。目覚まし時計が3つもあるのに、起きられません。夜は早く寝るようにしていますが、朝起きられるかどうか、心配で、なかなか眠れません。隣の部屋の友達は「毎朝君の目覚ましで目が覚める」と言っていますが、僕は気がつきません。気がついても、止めて、また寝てしまうんです。どうしたらいいですか。

（小川たけし　大学生）

【回答】　まず寝るまえに、難しくて、おもしろくない本を読んでください。すぐ眠くなりますよ。それから3つの目覚まし時計は違う時間に鳴るように、セットして、いろいろな所に置いておきます。時計が鳴ると、起きて、止めに行かなければならないので、目が覚めますよ。それでもだめな場合は、隣の友達に起こしてもらってください。

1）（　　）小川君は　朝　隣の　部屋の　友達を　起こして　あげます。

2）（　　）小川君は　目覚まし時計が　鳴るか　どうか、心配です。

3）（　　）回答した　人は　難しくて、おもしろくない　本を　読んだら、眠く　なると　思って　います。

4）（　　）回答した　人は　目覚まし時計の　音が　よく　聞こえるように　ベッドの　近くに　置いた　ほうが　いいと　言って　います。

8．　あなたは　何か　悩みが　ありますか。　あなたの　悩みを　書いて、友達に　回答を　もらって　ください。

復習K

1．　例：事故（　で　）、会社に　遅れました。

　1）日本の　マンガ文化（　　）興味が　あります。
　2）結婚の　お祝い（　　）部長に　時計を　いただきました。
　3）この　靴は　山（　　）歩くのに　いいです。
　4）この　かばんは　物が　入れやすくて、旅行や　仕事（　　）便利です。
　5）車の　修理（　　）１週間　かかります。
　6）家族（　　）ために、大きい　うちを　買いたいです。
　7）棚から　荷物（　　）落ちそうです。
　8）もう　夜　遅いですから、静か（　　）して　いただけませんか。
　9）今晩の　おかずは　すき焼き（　　）しましょう。
　10）雨や　雪の　日は　事故（　　）起きやすいです。
　11）ズボンの　長さは　これ（　　）よろしいでしょうか。
　12）事故（　　）あわないように、気を　つけて　ください。
　13）マラソンを　途中（　　）やめたい　場合は、係員（　　）名前を　言って、帰って　ください。
　14）故障（　　）場合は、この　番号に　電話して　ください。

2．　例：健康の　ために　どんな　ことを　して　いますか。
　　……毎日　野菜を（　食べます　→　食べる　）ように　して　います。

　1）きのう　部長の　奥さんに　お茶を（　教えます　→　　　　）いただきました。
　　……よかったですね。
　2）シャツの　ボタンが（　とれます　→　　　　）そうですよ。
　　……どうも　ありがとう　ございます。
　3）その　本、漢字が　多くて、（　難しいです　→　　　　）そうですね。
　　……ええ、でも　おもしろいですよ。
　4）ちょっと　休みましょうか。
　　……じゃ、飲み物を（　買います　→　　　　）来ます。
　5）どう　したんですか。
　　……カラオケで（　歌います　→　　　　）すぎて、のどが　痛いんです。
　6）ごはんの　量は　どうですか。
　　……（　多いです　→　　　　）すぎますから、
　　（　半分です　→　　　　）して　ください。
　7）説明が（　簡単です　→　　　　）すぎるので、もう　少し

（ 詳しい → 　　　　）した ほうが いいですよ。

……はい、わかりました。

8）（ 書きます → 　　　　）やすい ボールペンは ありませんか。

……これは いかがですか。

9）この コップは （ 割れます → 　　　　）にくいですから、

お子さんが （ 使います → 　　　　）のに いいですよ。

……じゃ、それに します。

10）毎晩 遅くまで 勉強して いるんですね。

……はい、医者に （ なります → 　　　　）ために、頑張って います。

11）領収書が （ 必要です → 　　　　） 場合は、どう したら

いいですか。

……お金を 払う ときに、言って ください。

12）チケットが 買えましたか。

……いいえ。 2時間 （ 並びます → 　　　　）のに、

買えませんでした。

13）10時の （ 約束です → 　　　　）のに、まだ 来ませんね。

……ええ。 電話して みましょう。

3．例： 犬を 散歩に 連れて 行って （（やります）、 あげます ）。

1）祖母に 昔の 歌を 教えて （ いただきました、 もらいました ）。

2）将来 自分の 店が （ 持つ、 持てる ）ように、貯金して います。

3）日本へ 来た 目的は 何ですか。

……医学を 研究する （ ために、 ように ） 来ました。

4）夏に なると、夜が 短く （ します、 なります ）。

5）（ 冬なので、 冬なのに ）、桜が 咲いて います。

6）袋の ひもが （ 切れ、 切り ）そうです。

7）大切な 書類を （ なくなって、 なくして ） しまいました。

8）会議の 資料は 机の 上に （ 並べて、 並んで ） あります。

4．例： 出発します（ 到着します ）

1）	ぬれます	（　　　　）	2）	捨てます	（　　　　）
3）	増えます	（　　　　）	4）	笑います	（　　　　）
5）	上がります	（　　　　）	6）	失敗します	（　　　　）
7）	おいしい	（　　　　）	8）	おもしろい	（　　　　）
9）	厚い	（　　　　）	10）	細い	（　　　　）
11）	安全な	（　　　　）	12）	表	（　　　　）
13）	冷房	（　　　　）	14）	戦争	（　　　　）

第46課

文型

1. 会議は　今から　始まる　ところです。
2. 彼は　3月に　大学を　卒業した　ばかりです。
3. ミラーさんは　会議室に　いる　はずです。

例文

1. もしもし、田中ですが、今　いいですか。
……すみません。　電車に　乗る　ところなんです。
　あとで　こちらから　電話します。

2. 故障の　原因は　わかりましたか。
……いいえ、今　調べて　いる　ところです。

3. 渡辺さんは　いますか。
……あ、たった今　帰った　ところです。
　まだ　エレベーターの　所に　いるかも　しれません。

4. 仕事は　どうですか。
……先月　会社に　入った　ばかりなので、まだ　よく
　わかりません。

5. この　ビデオカメラ、先週　買った　ばかりなのに、動かないんです。
……じゃ、ちょっと　見せて　ください。

6. ミラーさんは　まだですか。
……さっき　駅から　電話が　ありましたから、もうすぐ　来る
　はずです。

CD61 **会話**

先週 直して もらった ばかりなのに、また……

係員　：　はい、ガスサービスセンターで　ございます。
タワポン：　あのう、ガスレンジの　調子が　おかしいんですが……。
係員　：　どんな　具合ですか。
タワポン：　先週　直して　もらった　ばかりなのに、また　火が　消えて　しまうんです。　危ないので、すぐ　見に　来て　くれませんか。
係員　：　わかりました。　5時ごろには　行けると　思います。
ご住所と　お名前を　お願いします。

…………………………………………

タワポン：　もしもし、5時ごろに　ガスレンジを　見に　来て　くれる　はずなんですが、まだですか。
係員　：　申し訳　ありません。　どちら様でしょうか。
タワポン：　タワポンです。
係員　：　少々　お待ち　ください。　係員に　連絡しますから。

…………………………………………

係員　：　お待たせしました。　今　そちらに　向かって　いる　ところです。
あと　10分ほど　お待ち　ください。

練習(れんしゅう)A

1.

ちょうど　今(いま)から　試合(しあい)が	はじまる	ところです。
これから　みんなで	しょくじする	
今(いま)　部屋(へや)を	かたづけて　いる	
論文(ろんぶん)を	かいて　いる	
たった今(いま)　バスが	でた	
うちへ	かえって　きた	

2.

わたしは　さっき　昼(ひる)ごはんを	たべた	ばかりです。
ワットさんは　先月(せんげつ)	けっこんした	
この　コピー機(き)は　先週(せんしゅう)	しゅうりした	

3.

荷物(にもつ)は　あした	とどく	はずです。
グプタさんは　お酒(さけ)を	のまない	
部長(ぶちょう)は　きょうは	いそがしい	
課長(かちょう)は　ドイツ語(ご)が	じょうずな	
小川(おがわ)さんは	るすの	

練習B

1. 例：昼ごはんは　もう　食べましたか。（これから　食べに　行きます）→
　→　いいえ、これから　食べに　行く　ところです。
　1）パーティーは　もう　始まりましたか。（ちょうど　始まります）→
　2）料理は　もう　頼みましたか。（今から　頼みます）→
　3）ホテルは　もう　予約しましたか。
　　（これから　インターネットで　探します）→
　4）ミラーさんには　もう　連絡しましたか。（今　電話します）→

2. 例：パンは　もう　焼けましたか。（焼きます）
　→　今　焼いて　いる　ところです。
　1）故障の　原因は　わかりましたか。（調べます）→
　2）部屋は　もう　片づきましたか。（片づけます）→
　3）論文は　もう　出しましたか。（書きます）→
　4）お子さんの　名前は　もう　決めましたか。（相談します）→

3. 例：小川さんは　まだ　いますか。（今　帰りました）
　→　今　帰った　ところです。
　1）8時の　バスは　もう　来ましたか。（たった今　出ました）→
　2）太郎君は　まだ　起きて　いますか。（今　寝ました）→
　3）試合は　まだ　やって　いますか。（ちょうど　終わりました）→
　4）荷物は　もう　届きましたか。（たった今　着きました）→

4. 例：（出かけます）→　今　いいですか。
　　　　……すみません。　出かける　ところなんです。
　1）（お客さんが　来ました）→　　2）（電車に　乗りました）→
　3）（会議が　始まります）→　　4）（食事して　います）→

5. 例： 日本に 長く 住んで いるんですか。（いいえ、半年まえに、来ました）
　→ いいえ、半年まえに、来た ばかりです。
1） 漢字が わかりますか。（いいえ、勉強を 始めました） →
2） 新しい かばんですか。（はい、先週 買いました） →
3） 彼を よく 知って いますか。（いいえ、1か月まえに、会いました） →
4） 東京スカイツリーへ 行った ことが ありますか。
　（はい、この間 行きました） →

6. 例： 息子・先週 退院しました・まだ スポーツが できません
　→ 息子は 先週 退院した ばかりなので、まだ スポーツが できません。
1） 夫・さっき 帰って 来ました・まだ 晩ごはんを 食べて いません →
2） 娘・先月 小学校に 入学しました・まだ 学校に 慣れて いません →
3） あの ホテル・ことし できました・きれいです →
4） この タオル・洗濯しました・まだ 乾いて いません →

7. 例： 先週 給料を もらいました・もう 使いました
　→ 先週 給料を もらった ばかりなのに、もう 使って しまいました。
1） さっき 名前を 聞きました・もう 忘れました →
2） 朝 靴を 磨きました・もう 汚れました →
3） この 時計は 先月 買いました・もう 壊れました →
4） あの 二人は 去年 結婚しました・もう 離婚しました →

8. 例： 荷物は あした 着きますか。（けさ 宅配便で 送りました）
　→ けさ 宅配便で 送りましたから、着く はずです。
1） 彼女は 来るでしょうか。（出席の 返事を もらいました） →
2） あの レストランは おいしいですか。（いつも 込んで います） →
3） カリナさんは 絵が 上手ですか。（美術を 勉強して います） →
4） 隣の 人は 留守ですか。
　（1か月ほど 旅行に 行くと 言って いました） →

練習C

1．　A：　もしもし、木村です。　今　いいですか。
　　　B：　あ、木村さん。　今　①会議が　始まる　ところなんです。
　　　　　②終わったら、こちらから　かけます。
　　　A：　わかりました。　お願いします。

　　　1）　①　電車に　乗りました
　　　　　　②　東京駅に　着きます
　　　2）　①　お客さんと　食事を　して　います
　　　　　　②　終わります

2．　A：　①大学は　どうですか。
　　　B：　先月　②授業が　始まった　ばかりなので、
　　　　　まだ　よく　わかりません。
　　　A：　そうですか。　初めは　大変かも　しれませんが、
　　　　　頑張って　ください。
　　　B：　はい。

　　　1）　①　研究
　　　　　　②　大学院に　入ります
　　　2）　①　新しい　仕事
　　　　　　②　始めます

3．　A：　ミラーさん、①きょう　来るでしょうか。
　　　B：　①来る　はずですよ。　②きのう　電話が　ありましたから。
　　　A：　じゃ、大丈夫ですね。

　　　1）　①　道が　わかります
　　　　　　②　きのう　地図を　渡しました
　　　2）　①　一人で　来られます
　　　　　　②　まえに　来た　ことが　あります

問題

CD62 1.　1）＿＿＿＿＿＿＿＿＿＿＿＿＿＿＿＿＿＿＿＿

　　　　2）＿＿＿＿＿＿＿＿＿＿＿＿＿＿＿＿＿＿＿＿

CD63 2.　1）（　　）　2）（　　）　3）（　　）　4）（　　）　5）（　　）

3.　例：もう　昼ごはんを　食べましたか。

　　　……いいえ、今から　（　食べる　）　ところです。

　1）ワットさんは　もう　出かけましたか。

　　　……はい、たった今　（　　　　　）　ところです。

　2）コンサートは　もう　始まりましたか。

　　　……これから　（　　　　　）　ところですから、急いで　ください。

　3）火事の　原因は　調べましたか。

　　　……今　（　　　　　）　ところです。

　4）会議の　資料は　もう　コピーしましたか。

　　　……今　田中さんが　（　　　　　）　ところなので、もう　少し　待って　ください。

4.　例：この　パン、おいしそうですね。

　　　……ええ、さっき　（　焼いた　）　ばかりなんですよ。

　　　　どうぞ　食べて　ください。

　1）いつ　日本へ　来ましたか。

　　　……2週間まえに、（　　　　　）　ばかりです。

　2）いい　車ですね。　新しいんですか。

　　　……ええ、先週　（　　　　　）　ばかりなんです。

　3）お子さんは　おいくつですか。

　　　……1か月です。　先月　（　　　　　）　ばかりです。

　4）コーヒーは　いかがですか。

　　　……いいえ、けっこうです。　さっき　（　　　　　）　ばかりですから。

5.　例：タワポンさんは　2時に　うちを　出ると　言って　いましたから、

　　　3時ごろに　ここに　（　着く　）　はずです。

必要です　　おいしいです　　医者です　　わかります　　~~着きます~~

1） 田中さんに　きのう　うちの　地図を　かいて　渡しましたから、道は（　　　　　）はずです。

2） 部長の　息子さんは　（　　　　　）　はずです。

3） あの　レストランは　予約が　（　　　　　）　はずです。

4） この　料理は　ミラーさんが　作りましたから、（　　　　　）　はずです。

6\.

ついていない日

　きょうはついていない日だった。

　彼女にもらったばかりの手袋を駅のトイレに忘れてしまった。気がついて、取りに行った。ちょうど掃除しているところだった。床がぬれていたので、滑って、転んでしまった。足も痛いし、服も汚れるし、大変だった。

　母から宅配便が届くはずだったので、いつもより早くうちへ帰った。玄関のベルが鳴ったとき、おふろに入るところだった。慌てて服を着て、ドアを開けたが、だれもいなかった。

　野球の試合を見ようと思って、テレビをつけた。でも、ちょうど終わったところだった。

　きょうはほんとうについていなかった。

起こった　順番に　並べて　ください。

（　b　）→（　　　）→（　　　）→（　　　）→（　　　）

a）

b）

c）

d）

e）

7\.　ついて　いた　日、ついて　いなかった　日の　出来事を　書いて　ください。

第47課

文型

1. 天気予報に　よると、あしたは　寒く　なるそうです。
2. 隣の　部屋に　だれか　いるようです。

例文

1. 新聞で　読んだんですが、1月に　日本語の　スピーチ大会が　あるそうですよ。　ミラーさんも　出て　みませんか。
   ……そうですね。　考えて　みます。

2. クララさんは　子どもの　とき、フランスに　住んで　いたそうです。
   ……それで、フランス語も　わかるんですね。

3. パワー電気の　新しい　電子辞書は　とても　使いやすくて、いいそうですよ。
   ……ええ。　わたしは　もう　買いました。

4. ワット先生は　厳しい　先生だそうですね。
   ……ええ。　でも、授業は　とても　おもしろいですよ。

5. にぎやかな　声が　しますね。
   ……ええ。　パーティーでも　して　いるようですね。

6. 人が　大勢　集まって　いますね。
   ……事故のようですね。　パトカーと　救急車が　来て　いますよ。

CD64

会　話

婚約したそうです

渡辺：　お先に　失礼します。
高橋：　あっ、渡辺さん、ちょっと　待って。　僕も　帰ります。
渡辺：　すみません、ちょっと　急ぎますから。

………………………………………………………

高橋：　渡辺さん、このごろ　早く　帰りますね。
　　　　どうも　恋人が　できたようですね。
林　：　あ、知らないんですか。　この間　婚約したそうですよ。
高橋：　えっ、だれですか、相手は。
林　：　ＩＭＣの　鈴木さんですよ。
高橋：　えっ、鈴木さん？
林　：　ワットさんの　結婚式で　知り合ったそうですよ。
高橋：　そうですか。
林　：　ところで、高橋さんは？
高橋：　僕ですか。　僕は　仕事が　恋人です。

練習(れんしゅう)A

1.

あしたは　雪(ゆき)が	ふる	そうです。
台風(たいふう)は	こない	
きのう　ひどい　事故(じこ)が	あった	
けがを　した　人(ひと)は	いなかった	
ことしは　夏(なつ)が	みじかい	
札幌(さっぽろ)の　雪祭(ゆきまつ)りは	きれいだ	
あしたの　天気(てんき)は	くもりだ	

2.

コンサートが	はじまる	ようです。
課長(かちょう)は　事務所(じむしょ)に	いない	
きのうの　晩(ばん)　雨(あめ)が	ふった	
タワポンさんは　試験(しけん)に	ごうかくしなかった	
外(そと)は	さむい	
部長(ぶちょう)は　甘(あま)い　物(もの)が	すきな	
小川(おがわ)さんの　話(はなし)は	ほんとうの	

練習B

1．　例：天気予報を　見ました・あさって　台風が　来ます
　　→　天気予報を　見たんですが、あさって　台風が　来るそうです。

1）新聞で　見ました・世界の　人口は　2100年に　100億人に　なります
→

2）アメリカの　科学雑誌で　読みました・新しい　星が　発見されました
→

3）ミラーさんに　聞きました・ニューヨークの　冬は　とても　寒いです　→

4）ワンさんに　聞きました・弟さんは　弁護士です　→

2．　例：実験は　どうでしたか。（昼の　ニュース）
　　→　昼の　ニュースに　よると、失敗したそうです。

1）サッカーの　試合は　どちらが　勝ったんですか。（けさの　新聞）→

2）交通事故が　いちばん　多いのは　何月ですか。（警察の　発表）→

3）最近　東京の　人口は　増えて　いるんですか。
（はい、最近の　データ）→

4）首相は　大統領の　意見に　賛成ですか。
（いいえ、けさの　ニュース）→

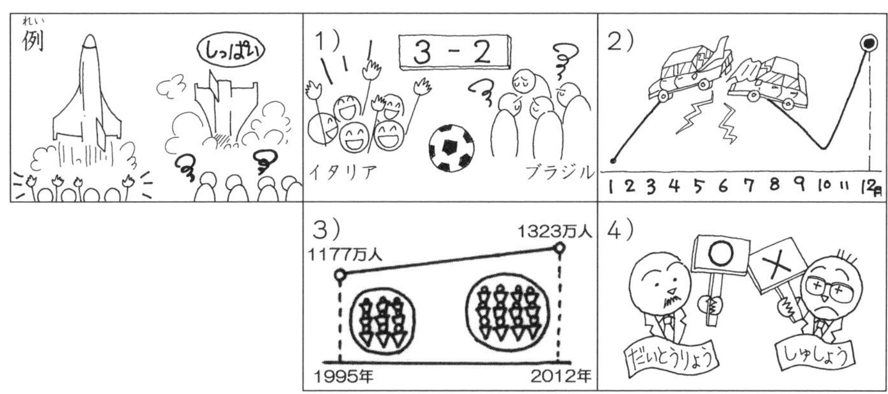

3．　例：高橋さんは　アメリカに　転勤します（英語を　勉強して　います）
　　→　高橋さんは　アメリカに　転勤するそうですよ。
　　　……それで　英語を　勉強して　いるんですね。

1）シュミットさんは　日本文学に　興味が　あります
（本を　たくさん　持って　います）→

2）あの　二人は　別れました（最近　彼は　元気が　ありません）→

3）あの　店の　ケーキは　おいしいです（いつも　人が　並んで　います）→

4）タワポンさんは　アニメが　好きです（秋葉原へ　よく　行きます）→

4.　例：　変な　におい（何か　燃えて　います）

→　変な　においが　しますね。

……ええ、何か　燃えて　いるようです。

1）　子どもの　声（子どもたちが　けんかして　います）→

2）　いい　におい（ケーキを　焼いて　います）→

3）　変な　味（しょうゆと　ソースを　まちがえました）→

4）　変な　音（エンジンが　故障です）→

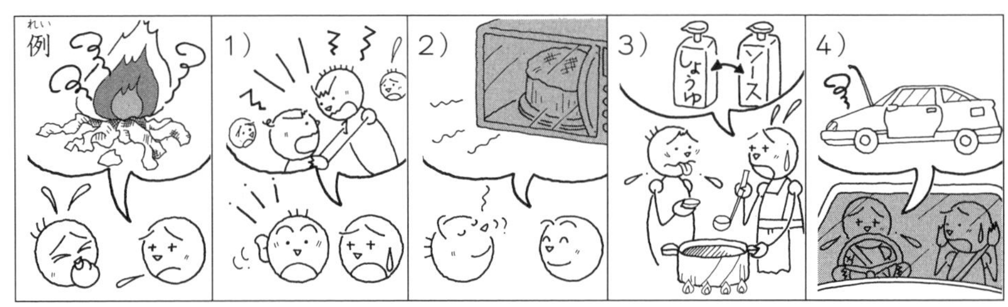

5.　例：　人が　集まって　いますね。（事故です）

→　ええ。　事故のようですね。

1）　あの　人、傘を　さして　いますね。（雨が　降って　います）→

2）　電気が　消えて　いますね。（だれも　いません）→

3）　木の　葉が　たくさん　落ちて　いますね。（強い　風が　吹きました）→

4）　返事が　ありませんね。（留守です）→

6.　例：　だれか　来ました・ちょっと　見て　来ます

→　だれか　来たようですから、ちょっと　見て　来ます。

1）　庭に　猫が　います・見て　来ます　→

2）　外は　寒いです・コートを　着て　行った　ほうが　いいです　→

3）　タワポンさんは　カラオケが　好きです・今度　誘いましょう　→

4）　この　荷物は　忘れ物です・交番へ　持って　行きましょう　→

練習C

1．　A：　①木村さんから　メールが　来たんですが、
　　　　　②ワットさんと　結婚したそうですよ。
　　B：　えっ、いつですか。
　　A：　4月1日だそうです。
　　B：　じゃ、③お祝いを　しないと……。

1）　①　山田さん
　　②　奥さんが　入院しました　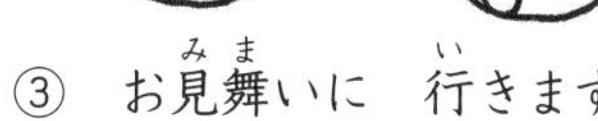　③　お見舞いに　行きます

2）　①　松本さん
　　②　お母さんが　亡くなりました　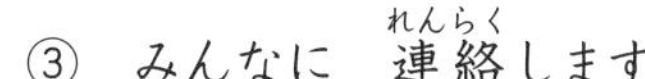　③　みんなに　連絡します

47

2．　A：　昼の　ニュースを　見ましたか。
　　　　　①オーストラリアで　山火事が
　　　　　あったそうですよ。
　　B：　ほんとうですか。
　　A：　②原因は　たばこの　火だそうです。
　　B：　怖いですね。

1）　①　アメリカで　飛行機が　落ちました
　　②　詳しい　ことは　まだ　わかりません

2）　①　インドネシアで　地震が　ありました
　　②　大きい　津波が　来ました

3．　A：　①人が　集まって　いますね。
　　B：　ええ。　②何か　やって　いるようですね。
　　　　　ちょっと　見て　来ます。
　　A：　わかりましたか。
　　B：　ええ。　③カラオケ大会です。

1）　①　パトカーが　来て　います
　　②　事故が　ありました　　③　バスと　タクシーの　事故

2）　①　音楽が　聞こえます
　　②　お祭りです　　③　盆踊り

問題

CD65 1.　1）＿＿＿＿＿＿＿＿＿＿＿＿＿＿＿＿＿＿＿＿
　　　　2）＿＿＿＿＿＿＿＿＿＿＿＿＿＿＿＿＿＿＿＿

CD66 2.　1）（　　）　2）（　　）　3）（　　）　4）（　　）　5）（　　）

3.　例：　母の　手紙に　よると、うちの　犬が　（　死んだ　）そうです。

かわいいです	にぎやかです	男の　子です
生まれました	~~死にました~~	遅れます

47

1）　祇園祭を　見た　ことが　ありますか。
　　……いいえ、ありませんが、とても　（　　　　　　　）そうですね。

2）　さっき　田中さんから　電話が　ありました。
　　電車の　事故で　30分ぐらい　（　　　　　　　）そうです。

3）　宮崎さんに　赤ちゃんが　（　　　　　　　）そうです。
　　……それは　よかったですね。　どちらですか。
　　（　　　　　　　）そうです。とても　（　　　　　　　）そうですよ。

4.　例：　外は　雪が　降って　いて、（　寒いです　→　寒　）そうです。
　　　　天気予報に　よると、あしたも　（　寒いです　→　寒い　）そうです。

1）　カタログで　見ると、新しい　掃除機は
　　（　いいです　→　　　　　　）そうですが、使った　人の　話に
　　よると、あまり（　便利じゃ　ありません　→　　　　　　　　）
　　そうです。

2）　シュミットさんは　写真で　見ると、（　怖いです　→　　　　　　）
　　そうですが、話して　みると、とても
　　（　優しい　人です　→　　　　　　）そうです。

3）　彼は　大きい　家が　あって、（　幸せです　→　　　　　　）
　　そうですが、実は　仕事が　うまく　いかなくて、
　　（　困って　います　→　　　　　　）そうです。

5.　例：　交差点に　人が　集まって　います。　事故が（　あった　）ようです。

います	~~あります~~	来ます	古いです	カレーです

1）　事務所の　電気が　消えて　います。　だれも　（　　　）ようです。
2）　玄関で　人の　声が　しました。　だれか　（　　　）ようです。
3）　いい　においが　します。　きょうの　晩ごはんは　（　　　）ようです。
4）　この　牛乳は　ちょっと　変な　味が　します。　（　　　）ようです。

6.　例：　玄関（　に　）だれか　いるようです。
1）　いい　におい（　　　）　します。　ケーキを　焼いて　いるようです。
2）　ミラーさんの　意見（　　　）　賛成です。
3）　オーストラリア（　　　）　山火事が　あったそうです。
4）　友達の　結婚式（　　　）　彼と　知り合いました。

7.

化粧

わたしの友達はお年寄りの世話をするボランティアをしています。彼女は1か月に２～３回、女性の髪をきれいにしたり、化粧をしたりしに行っています。

彼女によると、女性は化粧をしたときと、していないときでは、ずいぶん変わるそうです。化粧をすると、よく笑うようになるし、相手の目を見て、大きい声で話すようになるそうです。

日本では男性より女性のほうが元気で、長生きです。理由はいろいろあると思いますが、化粧も理由の一つかもしれません。

1）（　　　）女性は　化粧を　すると、元気に　なるようです。
2）（　　　）日本の　男性は　女性より　長生きするそうです。
3）（　　　）この　人は　化粧と　長生きは　関係が　あると
　　　　　　思って　いるようです。

8.　あなたの　国では　男性と　女性と　どちらが　長生きしますか。
どうしてですか。

第48課

文型

1. 息子を　イギリスへ　留学させます。
2. 娘に　ピアノを　習わせます。

例文

1. この　サッカー教室は　練習が　厳しいそうですね。
……ええ、毎日　子どもたちを　1キロ　走らせて　います。

2. そろそろ　失礼します。
……あ、ちょっと　待って　ください。
息子に　駅まで　送らせますから。

3. ハンス君は　学校の　勉強の　ほかに、何か　習って　いますか。
……ええ、柔道を　したいと　言ったので、柔道教室に
行かせて　います。

4. 伊藤先生は　どんな　先生ですか。
……いい　先生ですよ。　生徒に　好きな　本を　読ませて、
自由に　意見を　言わせるんです。

5. すみません。　しばらく　ここに　車を　止めさせて
いただけませんか。
……いいですよ。

CD67

会話

休ませて　いただけませんか

ミラー　　：課長、今　お忙しいですか。
中村課長：いいえ、どうぞ。
ミラー　　：ちょっと　お願いが　あるんですが……。
中村課長：何ですか。
ミラー　　：あのう、来月　7日から　10日ほど　休みを　取らせて
　　　　　　いただけませんか。
中村課長：10日間ですか。
ミラー　　：実は　アメリカの　友達が　結婚するんです。
中村課長：そうですか。
　　　　　　えーと、来月は　20日に　営業会議が　ありますが、
　　　　　　それまでに　帰れますね。
ミラー　　：はい。
中村課長：じゃ、かまいませんよ。　楽しんで　来て　ください。
ミラー　　：ありがとう　ございます。

練習(れんしゅう)A

1.

				使役(しえき)		
I	てつだ	い	ます	てつだ	わ	せます
	か	き	ます	か	か	せます
	いそ	ぎ	ます	いそ	が	せます
	なお	し	ます	なお	さ	せます
	も	ち	ます	も	た	せます
	はこ	び	ます	はこ	ば	せます
	の	み	ます	の	ま	せます
	つく	り	ます	つく	ら	せます

			使役(しえき)	
II	たべ	ます	たべ	させます
	しらべ	ます	しらべ	させます
	い	ます	い	させます

			使役(しえき)	
III	き	ます	こ	させます
	し	ます	さ	せます

2. 部長(ぶちょう)は ミラーさん を アメリカへ しゅっちょうさせました。
   さとうさん かいぎに しゅっせきさせました。

3. わたしは こども に ほん を よませます。
   おとうと じぶんの へや そうじさせます。

4. わたしは むすこ を 好(す)きな 人(ひと)と けっこんさせました。
   むすめ 行(い)きたい 大学(だいがく)に いかせました。

5. わたしは こども に すきな しごと を させます。
   むすこ ほしい もの かわせます。

6. すみませんが、 あした やすませて いただけませんか。
   この 資料(しりょう)を コピーさせて

練習B

1. 例： 息子は 買い物に 行きます
   → わたしは 息子を 買い物に 行かせます。

   1） 娘は 電車の 中で 立ちます →
   2） 子どもは 駅まで 歩きます →
   3） 子どもは プールで 泳ぎます →
   4） 息子は 塾に 通います →

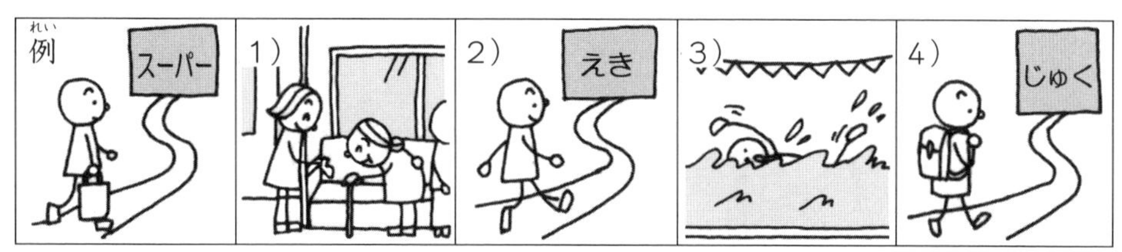

2. 例： 資料を コピーしました
   → 部長は 高橋さんに 資料を コピーさせました。

   1） データを まとめました →
   2） ファイルを 持って 来ました →
   3） 会議の 準備を しました →
   4） 書類を 届けました →

3. 例1： 体に いいです・子どもは 水泳教室に 通って います
   → 体に いいので、子どもを 水泳教室に 通わせて います。

   例2： 体に いいです・子どもは 牛乳を 飲んで います
   → 体に いいので、子どもに 牛乳を 飲ませて います。

   1） 夜は 危ないです・娘は 9時までに 帰って います →
   2） 成績が よくないです・息子は 塾に 行って います →
   3） 朝は 忙しいです・娘は 朝ごはんの 準備を 手伝って います →
   4） 犬を 飼って います・息子は 犬の 世話を して います →

4.　例（れい）：息子（むすこ）　→　息子（むすこ）が　ピアノを　習（なら）いたいと　言（い）ったので、習（なら）わせました。

1）　娘（むすめ）　→　　　　　2）　息子（むすこ）　→

3）　息子（むすこ）　→　　　　　4）　娘（むすめ）　→

5.　例（れい）：この　レポートを　読（よ）みたいです・ちょっと　コピーします

→　この　レポートを　読（よ）みたいので、ちょっと　コピーさせて　いただけませんか。

1）　荷物（にもつ）を　下（お）ろしたいです・ここに　しばらく　車（くるま）を　止（と）めます　→

2）　空港（くうこう）へ　両親（りょうしん）を　迎（むか）えに　行（い）きたいです・来週（らいしゅう）の　火曜日（かようび）は　4時（じ）に　帰（かえ）ります　→

3）　資料（しりょう）を　整理（せいり）したいです・この　会議室（かいぎしつ）を　使（つか）います　→

4）　庭（にわ）が　とても　きれいです・写真（しゃしん）を　1枚（まい）　撮（と）ります　→

5）　日本（にほん）の　お年寄（としよ）りの　生活（せいかつ）に　ついて　調（しら）べて　います・お話（はなし）を　聞（き）きます　→

6）　まえから　興味（きょうみ）が　ありました・この　仕事（しごと）を　やります　→

練習C

1.　A：　お子さんに　何か　うちの　仕事を　させて
　　　　いますか。
　　B：　ええ。　<u>食事の　準備を　手伝わせて</u>
　　　　います。
　　A：　そうですか。　いい　ことですね。

　　1）　おふろを　洗います
　　2）　毎日　犬の　世話を　します

2.　A：　お子さんが　①<u>高校を　やめ</u>たいと　言ったら、どう　しますか。
　　B：　そうですね。
　　　　ほんとうに　②<u>勉強が　嫌だったら</u>、①<u>やめさせます</u>。
　　A：　そうですか。

　　1）　①　音楽を　やります
　　　　②　音楽が　好きです
　　2）　①　留学します
　　　　②　勉強したいです

3.　A：　先生、ちょっと　お願いが　あるんですが……。
　　B：　はい、何ですか。
　　A：　来週の　金曜日に　先生の　<u>クラスを　見学させて</u>
　　　　いただけませんか。
　　B：　いいですよ。

　　1）　クラスの　写真を　撮ります
　　2）　講義を　録音します

問題(もんだい)

CD68 1.　1）＿＿＿＿＿＿＿＿＿＿

2）＿＿＿＿＿＿＿＿＿＿

3）＿＿＿＿＿＿＿＿＿＿

CD69 2.　1）（　　）　2）（　　）　3）（　　）　4）（　　）　5）（　　）

48

3.

例(れい)：泣(な)きます	泣(な)かせます	4）運(はこ)びます		8）　います	
1）急(いそ)ぎます		5）休(やす)みます		9）届(とど)けます	
2）話(はな)します		6）走(はし)ります		10）　します	
3）待(ま)ちます		7）洗(あら)います		11）　来(き)ます	

4.　例(れい)1：お客(きゃく)さんが　来(く)るので、弟(おとうと)（　を　）買(か)い物(もの)に

（　行(い)きます　→　行(い)かせます　）。

例(れい)2：荷物(にもつ)が　多(おお)いので、弟(おとうと)（　に　）荷物(にもつ)を

（　持(も)ちます　→　持(も)たせます　）。

1）天気(てんき)が　いいので、子(こ)ども（　　）公園(こうえん)で

（　遊(あそ)びます　→　　　　）。

2）部屋(へや)が　汚(よご)れて　いるので、娘(むすめ)（　　）（　掃除(そうじ)します　→　　　　）。

3）忙(いそが)しいので、子(こ)ども（　　）店(みせ)の　仕事(しごと)を

（　手伝(てつだ)います　→　　　　）。

4）ケーキの　材料(ざいりょう)が　足(た)りないので、妹(いもうと)（　　）

（　買(か)って　来(き)ます　→　　　　）。

5.　例(れい)：疲(つか)れたので、ちょっと（　休(やす)ませて　）いただけませんか。

帰(かえ)ります　　止(と)めます　　~~休(やす)みます~~　　使(つか)います　　置(お)きます

1）ここに　荷物(にもつ)を（　　　　）いただけませんか。

2）病院(びょういん)へ　行(い)きたいんですが、4時(じ)ごろ（　　　　）いただけませんか。

3）発表(はっぴょう)の　練習(れんしゅう)を　したいんですが、教室(きょうしつ)を（　　　　）

いただけませんか。

4）すみませんが、ここに　車(くるま)を（　　　　）いただけませんか。

6. 例：駅に 着いたんですが……。

……わかりました。 すぐ 息子を （ 行かせます 、

行って もらいます ）。

1） この 荷物を 全部 一人で 運んだんですか。

……いいえ、友達に （ 手伝わせました、手伝って もらいました ）。

2） 道が すぐ わかりましたか。

……ええ、先生に 車で （ 連れて 来て いただきました、

連れて 来られました ）。

3） 難しい 曲なのに、上手に 弾けましたね。

……母に 毎日 （ 教えさせました、教えて もらいました ）。

4） この 仕事、わたしに （ やらせて いただけませんか、

やって いただけませんか ）。

……じゃ、お願いします。

7.

子どもに習わせたいこと

日本人の親が小学生の子どもに習わせたいことは何か、調べた。40パーセントの人は水泳と答えた。体が丈夫になるからだ。それから子どもに好きなことをさせたいと思っている人が30パーセントぐらいいた。

その次はピアノと英語を習わせたいと答えた人が同じぐらいだった。そして、習字、6番目がそろばんだ。英語は将来役に立つし、ピアノが弾けたり、きれいな字が書けたりするのはすてきなことだ。そろばんは普通の生活ではもう使われないが、そろばんを習うと、計算が速くできるようになる。それで、日本では今も人気がある。

下の グラフに ことばを 書いて ください。

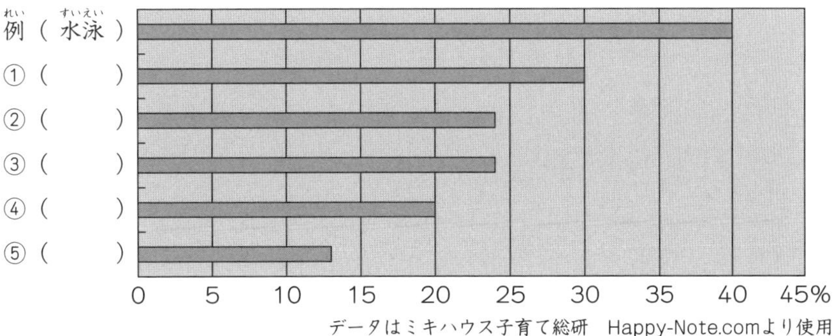

データはミキハウス子育て総研　Happy-Note.comより使用

8. 子どもの とき、両親に 言われて、何か 習った ことが ありますか。

それは 役に 立ったと 思いますか。

第49課

文型

1. 課長は 帰られました。
2. 社長は お帰りに なりました。
3. 部長は アメリカへ 出張なさいます。
4. しばらく お待ち ください。

例文

1. この 本は 読まれましたか。
   ……ええ、もう 読みました。

2. 部長は どちらですか。
   ……さっき お出かけに なりました。

3. よく 映画を ご覧に なりますか。
   ……そうですね。 たまに 妻と 見に 行きます。

4. 小川さんの 息子さんが さくら大学に 合格したのを ご存じですか。
   ……いいえ、知りませんでした。

5. お名前は 何と おっしゃいますか。
   ……ワットと いいます。

6. お仕事は 何を なさって いますか。
   ……銀行員です。 アップル銀行に 勤めて います。

7. 松本部長は いらっしゃいますか。
   ……ええ、こちらの お部屋です。 どうぞ お入り ください。

CD70
会話

よろしく　お伝え　ください

先生　：　はい、ひまわり小学校です。

クララ：　おはよう　ございます。
　　　　　5年2組の　ハンス・シュミットの　母ですが、伊藤先生は
　　　　　いらっしゃいますか。

先生　：　まだなんですが……。

クララ：　では、伊藤先生に　伝えて　いただきたいんですが……。

先生　：　はい、何でしょうか。

クララ：　実は　ハンスが　ゆうべ　熱を　出しまして、けさも　まだ
　　　　　下がらないんです。

先生　：　それは　いけませんね。

クララ：　それで　きょうは　学校を　休ませますので、先生に　よろしく
　　　　　お伝え　ください。

先生　：　わかりました。　どうぞ　お大事に。

クララ：　ありがとう　ございます。　失礼いたします。

練習(れんしゅう)A

1.

		尊敬(そんけい)
Ⅰ	あいます	あわれます
	ききます	きかれます
	いそぎます	いそがれます
	はなします	はなされます
	まちます	またれます
	よびます	よばれます
	よみます	よまれます
	かえります	かえられます

		尊敬(そんけい)
Ⅱ	かけます	かけられます
	でます	でられます
	おきます	おきられます
	おります	おりられます

		尊敬(そんけい)
Ⅲ	きます	こられます
	します	されます

2. 伊藤先生(いとうせんせい)は さっき こられました。
   あしたは やすまれます。

3. 社長(しゃちょう)は お でかけ に なりました。
   かえり

4.

	尊敬語(そんけいご)
いきます	いらっしゃいます
きます	
います	
たべます	めしあがります
のみます	

	尊敬語(そんけいご)
いいます	おっしゃいます
しって います	ごぞんじです
みます	ごらんに なります
します	なさいます
くれます	くださいます

5. 社長(しゃちょう)は 会議室(かいぎしつ)に いらっしゃいます。
   ゴルフを なさいます。

6. お かけ ください。
   はいり
   ご ちゅうい
   れんらく

練習B

1.　例：部長は　もう　帰りました
　　→　部長は　もう　帰られました。
　1）課長は　もう　資料を　読みました　→
　2）部長は　さっき　出かけました　→
　3）社長は　来週　インドへ　出張します　→
　4）先生は　8時ごろ　研究室へ　来ます　→

2.　例：きのうの　新年会に　出ましたか（はい）
　　→　きのうの　新年会に　出られましたか。
　　　……はい、出ました。
　1）お花見に　行きましたか（はい）　→
　2）夏休みは　お国へ　帰りますか（いいえ）　→
　3）どのくらい　休みを　取りますか（2週間）　→
　4）いつ　大阪に　引っ越ししますか（来週の　日曜日）　→

3.　例：先生は　新しい　車を　買いました
　　→　先生は　新しい　車を　お買いに
　　　なりました。
　1）先生は　3月に　大学を　やめます　→
　2）先生は　飛行機に　乗りません　→
　3）この　本は　先生が　書きました　→
　4）この　料理は　先生の　奥様が　作りました　→

4.　例：いつ　佐藤さんに　会いましたか（きのう）
　　→　いつ　佐藤さんに　お会いに　なりましたか。
　　　……きのう　会いました。
　1）バス停の　場所は　わかりますか（いいえ）　→
　2）疲れましたか（ええ、ちょっと）　→
　3）日光では　どんな　所に　泊まりましたか
　　（古い　旅館）　→
　4）どちらで　その　かばんを　買いましたか
　　（ベトナムの　空港）　→

5．　例：松本部長は　もう　来ましたか（はい）
　　　→　松本部長は　もう　いらっしゃいましたか。
　　　　……はい、いらっしゃいました。

1）どなたが　あいさつを　しますか（小林先生）→
2）田中さんは　どちらに　いますか（ロビー）→
3）部長は　どちらへ　行きましたか（銀行）→
4）社長は　何と　言いましたか（会議に　出席する）→
5）ワット先生は　お酒を　飲みますか（いいえ）→
6）中村課長は　歌舞伎を　見ますか（はい）→

6．　例：お名前は　何と　いいますか（ミラー）
　　　→　お名前は　何と　おっしゃいますか。
　　　　……ミラーと　いいます。

1）いつ　日本へ　来ましたか（去年の　4月）→
2）ご家族は　どちらに　いますか（ニューヨーク）→
3）お酒は　飲みますか（はい、たまに）→
4）夏休みは　どちらへ　行きますか（北海道）→
5）「七人の侍」は　もう　見ましたか（はい）→
6）日本の　首相の　名前を　知って　いますか（いいえ）→

7．　例1：こちらに　ご住所と　お名前を　書いて　ください
　　　　→　こちらに　ご住所と　お名前を　お書き　ください。
　　例2：ぜひ　出席して　ください
　　　　→　ぜひ　ご出席　ください。

1）ご自由に　取って　ください　→
2）いい　週末を　過ごして　ください　→
3）こちらに　連絡して　ください　→
4）どなたでも　利用して　ください　→

練習(れんしゅう)C

1．　Ａ：　①会社(かいしゃ)を　やめられたそうですね。
　　　Ｂ：　ええ。
　　　Ａ：　いつ　①やめられたんですか。
　　　Ｂ：　②2か月(げつ)まえに、①やめました。

1）①　新(あたら)しい　仕事(しごと)を　始(はじ)めます
　　②　先月(せんげつ)
2）①　うちを　建(た)てます
　　②　去年(きょねん)

2．　Ａ：　すみません。①この　いす、②お使(つか)いに　なりますか。
　　　Ｂ：　いいえ。　どうぞ。
　　　Ａ：　ありがとう　ございます。

1）①　その　雑誌(ざっし)
　　②　読(よ)みます
2）①　こちらの　パソコン
　　②　使(つか)います

3．　Ａ：　この　病院(びょういん)は　初(はじ)めてですか。
　　　Ｂ：　はい。
　　　Ａ：　じゃ、ここに　ご住所(じゅうしょ)と　お名前(なまえ)を　お書(か)き　ください。

1）保険証(ほけんしょう)を　出(だ)します
2）こちらで　しばらく　待(ま)ちます

49

問題

CD71 1.　1）＿＿＿＿＿＿＿＿＿＿＿＿＿＿＿＿＿＿＿＿

2）＿＿＿＿＿＿＿＿＿＿＿＿＿＿＿＿＿＿＿＿

3）＿＿＿＿＿＿＿＿＿＿＿＿＿＿＿＿＿＿＿＿

4）＿＿＿＿＿＿＿＿＿＿＿＿＿＿＿＿＿＿＿＿

5）＿＿＿＿＿＿＿＿＿＿＿＿＿＿＿＿＿＿＿＿

CD72 2.　1）（　　）　2）（　　）　3）（　　）　4）（　　）

3.　例：社長は　何か　スポーツを　（　されます　）か。

……ゴルフを　します。

1）部長の　奥様も　ごいっしょに　ゴルフに　（　　　　　）か。

……ええ、たまに　いっしょに　行きます。

2）先生は　来週の　国際会議で　何に　ついて　（　　　　　）か。

……日本の　将来に　ついて　話します。

3）課長は　何時ごろ　（　　　　　）か。

……3時ごろ　戻ります。

4）おじい様は　おいくつに　（　　　　　）か。

……ことし　82歳に　なります。

4.　例：この　本は　だれが　書いたんですか。

……わたしの　研究室の　先生が　お書きに　なりました。

1）あの　タクシーは　だれが　呼んだんですか。

……部長が　＿＿＿＿＿＿＿＿＿＿＿＿＿＿＿＿。

2）この　料理は　だれが　作ったんですか。

……部長の　奥様が　＿＿＿＿＿＿＿＿＿＿＿＿＿＿＿＿。

3）この　傘は　だれが　忘れたんですか。

……伊藤先生が　＿＿＿＿＿＿＿＿＿＿＿＿＿＿＿＿。

4）新しい　製品の　名前は　だれが　決めたんですか。

……社長が　＿＿＿＿＿＿＿＿＿＿＿＿＿＿＿＿。

5.　例：今度の　旅行に　（　いらっしゃいます　）か。

……いいえ、行きません。

1）テレビの　ニュースを　（　　　　　　　　）か。

……うん、見たよ。

2） 飲み物は 何に （　　　　　　　　　　　） か。

……ビールに します。

3） あの 人を （　　　　　　　　　　　） か。

……うん、知って いるよ。

4） ご両親は どちらに （　　　　　　　　　　　） か。

……北海道に います。

6. 例： 会場は 9時15分に 開きますので、あちらで 少々 お待ち ください。

1） 皆様 お待たせしました。 どうぞ 会場に ＿＿＿＿＿＿＿＿＿＿＿＿＿。

2） お国へ 帰られたら、ご家族の 皆様に よろしく ＿＿＿＿＿＿＿＿＿＿＿＿＿。

3） すみませんが、この 書類に お名前と ご住所を ＿＿＿＿＿＿＿＿＿＿＿＿＿。

4） どうぞ そちらの いすに ＿＿＿＿＿＿＿＿＿＿＿＿＿。

7.

紹介

山中伸弥先生のご経歴を紹介します。

先生は1962年に大阪でお生まれになりました。1987年に大学の医学部を卒業して、医者になられましたが、研究者を目指して、大学院に進まれました。そして、1993年にアメリカの研究所へ留学されました。

その後、日本へ帰ってから、ｉＰＳ細胞を開発する研究を始められました。2006年にマウスでｉＰＳ細胞を作られました。2007年にはヒトでも成功されました。そして、2012年にノーベル賞を受賞されました。

今は京都大学の研究所で研究を続けていらっしゃいます。

山中伸弥先生の 経歴

1962年 大阪で 生まれた。

1987年 大学を （①　　　　） て、医者に （②　　　　） が、研究者を 目指して、大学院に （③　　　　）。

1993年 アメリカの 研究所へ （④　　　　）。

2006年 マウスで （⑤　　　　　　　　）。

2007年 ヒトで 成功した。

2012年 （⑥　　　　　　　　）。

8. あなたが 話を 聞きたい 人に 来て もらって、講演会を します。7. のように 紹介して ください。

第50課

文型

1. 今月の　スケジュールを　お送りします。
2. あした　3時に　伺います。
3. 私は　アメリカから　参りました。

例文

1. 重そうですね。　お持ちしましょうか。
　……すみません。　お願いします。

2. ガイドさん、ここを　見た　あとで、どこへ　行くんですか。
　……江戸東京博物館へ　ご案内します。

3. グプタさんの　到着は　2時ですね。　だれか　迎えに　行くんですか。
　……はい、私が　参ります。

4. ちょっと　切符を　拝見します。
　……はい。
　どうも　ありがとう　ございました。

5. こちらは　ミラーさんです。
　……初めまして。　ミラーと　申します。
　　どうぞ　よろしく　お願いします。

6. ご家族は　どちらに　いらっしゃいますか。
　……ニューヨークに　おります。

CD73

会　話

心から　感謝いたします

司会者：　優勝　おめでとう　ございます。

　　　　　すばらしい　スピーチでした。

ミラー：　ありがとう　ございます。

司会者：　緊張なさいましたか。

ミラー：　はい、とても　緊張いたしました。

司会者：　練習は　大変でしたか。

ミラー：　ええ。　忙しくて、なかなか　練習の　時間が

　　　　　ありませんでした。

司会者：　賞金は　何に　お使いに　なりますか。

ミラー：　そうですね。　わたしは　動物が　好きで、子どもの　ときから

　　　　　アフリカへ　行くのが　夢でした。

司会者：　じゃ、アフリカへ　行かれますか。

ミラー：　はい。　アフリカの　自然の　中で　きりんや　象を　見たいと

　　　　　思います。

司会者：　子どもの　ころの　夢が　かなうんですね。

ミラー：　はい。　うれしいです。

　　　　　応援して　くださった　皆様に　心から　感謝いたします。

　　　　　どうも　ありがとう　ございました。

練習(れんしゅう)A

1. 私(わたくし)が　コーヒーを　お　いれ　します。
   駅(えき)まで　　　　おくり

2. 私(わたくし)が　きょうの　予定(よてい)を　ご　せつめい　します。
   できるだけ　早(はや)く　　れんらく

3.

	謙譲語(けんじょうご)
いきます きます	まいります
います	おります
たべます のみます もらいます	いただきます
いいます	もうします
します	いたします
しって　います	ぞんじて　おります
しりません	ぞんじません
みます	はいけんします
ききます （うちへ）いきます	うかがいます
あいます	おめに　かかります

4. あした　3時(じ)に　お宅(たく)へ　うかがいます。
   来週(らいしゅう)　　　　おめに　かかります。

5. 私(わたくし)は　ミラーと　もうします。
   IMCに　つとめて　おります。

練習B

1．　例：　手伝います　→　お手伝いします。

1）　かばんを　持ちます　→

2）　予定を　知らせます　→

3）　駅まで　車で　送ります　→

4）　本を　借ります　→

2．　例：　工場の　中を　案内します　→　工場の　中を　ご案内します。

1）　初めに　伊藤先生を　紹介します　→

2）　お弁当は　こちらで　用意します　→

3）　きょうの　スケジュールを　説明します　→

4）　中止の　場合は、メールで　連絡します　→

3．　例：　この　本、おもしろそうですね。（貸します）

→　お貸ししましょうか。

1）　ちょっと　疲れましたね。（コーヒーを　いれます）　→

2）　この　町は　初めてです。（案内します）　→

3）　ワット先生は　どちらですか。（呼びます）　→

4）　8時までに　空港に　行かなければ　ならないんです。
（電車の　時間を　調べます）　→

4.　例：　きのう　先生の　お宅へ　行きました
　　→　きのう　先生の　お宅へ　伺いました。
　1）　奥様に　会いました　→
　2）　おいしい　料理を　食べました　→
　3）　ご家族の　写真を　見ました　→
　4）　おもしろい　お話を　聞きました　→

5.　例：　だれが　運転して　くれますか。（私）
　　→　私が　いたします。
　1）　だれが　手伝いに　来て　くれますか。（私）　→
　2）　わたしの　メールアドレスを　知って
　　いますか。（いいえ）　→
　3）　スピーチ大会の　ことを　だれに　聞きましたか。
　　（小林先生）　→
　4）　いつ　小林先生に　会いましたか。
　　（先月）　→

6.　例：　カリナと　いいます　→　カリナと　申します。
　1）　インドネシアから　来ました　→
　2）　家族は　ジャカルタに　います　→
　3）　富士大学で　美術を　勉強して　います　→
　4）　さ来月から　半年　アメリカへ　留学します　→

7.　例：　お名前は　何と　おっしゃいますか。（ワット）
　　→　ワットと　申します。
　1）　いつ　日本へ　いらっしゃいましたか。（おととし）　→
　2）　どちらに　住んで　いらっしゃいますか。（京都）　→
　3）　どのくらい　日本語を　勉強なさいましたか。（2年ぐらい）　→
　4）　お仕事は　何を　なさって　いますか。
　　（教師です・大学で　英語を　教えます）　→

練習(れんしゅう)C

1．　A：　①重(おも)そうですね。
　　　　②お持(も)ちしましょうか。
　　B：　すみません。　お願(ねが)いします。

　　1）①　忙(いそが)しそうです
　　　　②　手伝(てつだ)います
　　2）①　雨(あめ)です
　　　　②　傘(かさ)を　貸(か)します

2．　A：　①東京(とうきょう)スカイツリーへ　いらっしゃった　ことが　ありますか。
　　B：　いいえ、ありません。
　　A：　では、今度(こんど)　私(わたくし)が　②ご案内(あんない)します。

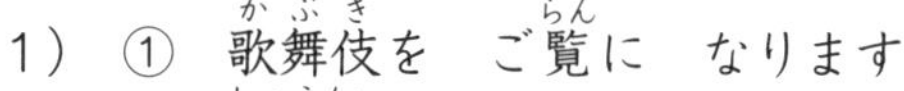

　　1）①　歌舞伎(かぶき)を　ご覧(らん)に　なります
　　　　②　招待(しょうたい)します
　　2）①　松本部長(まつもとぶちょう)に　お会(あ)いに
　　　　　　なります
　　　　②　紹介(しょうかい)します

3．　A：　ワット先生(せんせい)が　①引(ひ)っ越(こ)しされたのを　ご存(ぞん)じですか。
　　B：　はい、②先月(せんげつ)　伺(うかが)いました。
　　A：　③すてきな　お宅(たく)だそうですね。
　　B：　ええ。

　　1）①　新(あたら)しい　本(ほん)を　書(か)かれました
　　　　②　先生(せんせい)の　研究室(けんきゅうしつ)で　見(み)ました
　　　　③　おもしろい　本(ほん)です
　　2）①　結婚(けっこん)なさいました
　　　　②　松本部長(まつもとぶちょう)に　聞(き)きました
　　　　③　すばらしい　結婚式(けっこんしき)でした

問題

CD74 1.
1) ＿＿＿＿＿＿＿＿＿＿＿＿＿＿＿＿
2) ＿＿＿＿＿＿＿＿＿＿＿＿＿＿＿＿
3) ＿＿＿＿＿＿＿＿＿＿＿＿＿＿＿＿
4) ＿＿＿＿＿＿＿＿＿＿＿＿＿＿＿＿

CD75 2.　1)(　　)　2)(　　)　3)(　　)　4)(　　)　5)(　　)

3.　例1：　お荷物、重そうですね。　(　お持ちし　)ましょうか。
例2：　あしたは　京都を　(　ご案内し　)ます。

~~案内します~~　送ります　紹介します　手伝います　~~持ちます~~　連絡します

1)　(　　　　　)ます。　こちらは　IMCの　マイク・ミラーさんです。
2)　お忙しそうですね。　(　　　　　)ましょうか。
3)　車で　空港まで　(　　　　　)ます。
4)　課長には　私が　パーティーの　時間と　場所を
(　　　　　)ます。

4.　例：いつ　東京へ　いらっしゃいますか。
……来週　参ります。
1)　あしたは　お宅に　いらっしゃいますか。……はい、＿＿＿＿＿＿＿＿。
2)　シュミットさんが　ドイツへ　帰られたのを　ご存じですか。
……いいえ、＿＿＿＿＿＿＿＿。
3)　何を　召し上がりますか。……サンドイッチを　＿＿＿＿＿＿＿＿。
4)　来週は　どなたが　発表なさいますか。……　私が　＿＿＿＿＿＿。

5.　<日本語教室で>
みなさん、こんにちは。　タワポンと　(①　　　　　)。　タイから
(②　　　　　)。
さくら大学で　勉強して　(③　　　　　)。ボランティアの　佐野さんに
この　教室を　紹介して　(④　　　　　)。　みなさんと　日本語で
たくさん　話したいと　思って　(⑤　　　　　)。　どうぞ　よろしく
お願いします。

6.

お礼のメール

森正夫様

今ドイツはいろいろな花が咲いて、美しい季節です。
お元気でいらっしゃいますか。

日本ではほんとうにお世話になりました。
日本で過ごした2年間はとても速く過ぎました。
日本へ行ったばかりのときは、わからないことや慣れないことが多くて、皆様にご迷惑をおかけしましたが、ほんとうに親切にしていただきました。
おかげさまで楽しく仕事ができました。ありがとうございました。

ミュンヘンでは、日本で経験したことを生かして、新しい仕事にチャレンジしたいと思っております。

こちらには、有名な美術館や古いお城があります。
ぜひ一度いらっしゃってください。
森さんがお好きなビールをご用意して、お待ちしております。

では、またお会いできる日を楽しみにしております。
皆様にもどうぞよろしくお伝えください。

カール・シュミット

1)（　　）これは　シュミットさんが　日本で　書いた　メールです。
2)（　　）シュミットさんは　2年まえに、ドイツへ　帰りました。
3)（　　）シュミットさんは　これから　ミュンヘンで　仕事を　します。
4)（　　）シュミットさんは　森さんが　ドイツへ　来たら、いっしょに　ビールを　飲もうと　思って　います。

7.　お世話に　なった　人に　お礼の　メールを　書いて　ください。

復習L

1．　例：　火事（　の　）場合は、すぐ　119番に　連絡して　ください。

1）　変な　におい（　　　）しますね。　ごみ（　　　）燃えて　いるようです。

2）　息子は　ことし　高校（　　　）卒業して、富士大学（　　　）入学しました。

3）　母は　妹（　　　）塾（　　　）通わせて　います。

4）　わたしは　息子（　　　）犬の　世話（　　　）させました。

5）　どうぞ　この　いす（　　　）お掛け　ください。

6）　IMC（　　　）勤めて　おります。

2．　例：　会社に（　遅れます　→　遅れる　）場合は、連絡して　ください。

1）　小川さんの　お母さんは　ことし（　80歳です　→　　　）はずです。

2）　彼は　あした（　暇です　→　　　　　）はずです。

3）　部長の　奥さんは（　ダンスの　先生です　→　　　　）そうです。

4）　電気が　消えて　いますね。林さんは（　留守です　→　　）ようです。

5）　どうも　コピー機の　調子が（　悪いです　→　　　　　）ようです。

6）　この　洗濯機は　古すぎて、修理するのは（　無理です　→　　　　　）ようです。

7）　お名前を　お（　呼びます　→　　　　　）しますので、しばらく　あちらで　お（　待ちます　→　　　　　）ください。

8）　ご主人は　何時ごろ　お（　戻ります　→　　　　）に　なりますか。

9）　雑誌で　読んだんですが、1958年に　インスタントラーメンが（　発明します　→　　　　　）そうですね。

10）　頭が　痛いので、（　帰ります　→　　　　　　）て　いただけませんか。

……いいですよ。　お大事に。

3．　例1：　故障の　原因は　わかりましたか。

……いいえ。　今（　調べます　→　調べて　いる　ところ　）です。

例2：　日本の　生活に　もう　慣れましたか。

……いいえ。　先月（　来ます　→　来た　ばかり　）ですから。

1）　いい　アパートが　見つかりましたか。

……いいえ。　今（　探します　→　　　　　　）です。

2）　ちょっと　お茶でも　飲みませんか。

……いいですね。たった今　仕事が（　終わります　→　　　　）です。

3）　大学は　どうですか。

……（　入学します　→　　　　）なので、まだ　よく　わかりません。

4）　試合は　もう　始まりましたか。

……いいえ。　ちょうど　今から　（　始まります　→　　　　　）です。

5）　あの　方は　どなたですか。

……すみません。　さっき　名前を　（　聞きます　→　　　　　　　）なのに、もう　忘れて　しまいました。

4.　例：パンフレットに　よると、金閣寺は　14世紀に（建てられたそうです）、建てられたようです　）。

1）　朝　焼いた　ケーキです。　どうぞ。

……わあ、（　おいしそうです、　おいしいそうです　）ね。いただきます。

2）　見て。　もうすぐ　桜が　（　咲きそうです、　咲くそうです　）よ。

……そうですね。　お花見が　楽しみですね。

3）　ミラーさん、ボタンが　（　とれそうです、　とれるようです　）よ。

……あ、ほんとうだ。

4）　隣の　部屋で　音が　します。

……そうですね。　だれか　（　いるそうです、　いるようです　）ね。

5）　荷物は　いつ　届きますか。

……宅配便で　送りましたから、あした　（　届くようです、届く　はずです　）。

6）　パトカーが　止まって　いますね。

……（　事故の　ようです、　事故の　はずです　）ね。　ちょっと　見て　きます。

7）　雨ですね。　息子に　駅まで　車で　（　送られます、　送らせます　）。

5.　例：ワット先生は　どちらですか。

……研究室に　（　います、（いらっしゃいます）　）。

1）　先生は　お酒を　（　いただきますか、　召し上がります　）か。

……いいえ、飲みません。

2）　よく　映画を　（　ご覧に　なります、　拝見します　）か。

……ええ。　特に　フランス映画が　好きです。

3）　部長は　小川さんを　ご存じですか。

……はい、よく　（　存じて　おります、　ご存じです　）。

4）　いつ　国へ　（　お帰りします、　お帰りに　なります　）か。

……来月　帰ります。

副詞・接続詞・会話表現の　まとめⅡ

1.　例：国会議事堂を　見学したいんですが。
　　……国会議事堂なら、（　直 接　）行けば、いつでも　見られますよ。

無理に	自由に	できるだけ	必 ず
絶対に	一 生 懸 命	きちんと	~~直 接~~

1）自分の　店を　持つ　ために、（　　　　）働いて　います。
2）火事や　地震の　場合は、（　　　　）エレベーターを　使わないで
　　ください。
3）見た　とおりに、（　　　　）詳しく　話して　ください。
4）こちらの　コピー機を　使う　ときは、（　　　　）事務所の　人に
　　言って　ください。
5）ワットさんの　研 究 室は　いつも　（　　　　）本が　並べて
　　あります。
6）嫌いな　物は　（　　　　）食べなくても　いいです。
7）こちらの　パンフレットは　（　　　　）お取り　ください。

2.　例：（（いつか）、いつでも　）自分で　家を　建てようと　思って　います。
1）（　急 に、速く　）空が　暗く　なりました。
2）（　たった今、　今にも　）雨が　降りそうです。
3）最近　（　きっと、やっと　）かたかなが　書けるように　なりました。
4）いらっしゃい。（　ちょうど、たった今　）お茶を　飲む
　　ところです。いっしょに　いかがですか。
5）映画を　見ますか。
　　……そうですね。（　先に、たまに　）夫 と　見に　行きます。

3.　例：彼の　誕 生 日は　（　(a.) 確か　b. どうも　c. たいてい　）
　　2月11日です。
1）新聞の　漢字が　（　a. ほとんど　b. 大勢　c. はっきり　）
　　読める　ように　なりました。
2）救 急 車が　来て　いますね。
　　（　a. どういう　b. どう　c. どうも　）交通事故が　あったようです。
3）ミラーさんは　大学で　ドイツ語を　勉 強 しましたから、ドイツ語が
　　（　a. かなり　b. やっと　c. 必 ず　）わかる　はずです。

4．

~~このごろ~~	この間	その後	それまでに
でも	途中で	今度	

（例：　このごろ　）寒いので、あまり　出かけたくない。　わたしは　暖かい　部屋で　ゆっくり　本を　読むのが　好きだ。（①　　　　　）、夫は　出かけるのが　好きで、毎週　どこかへ　行こうと　言う。

（②　　　　　）夫に　誘われて、京都へ　梅を　見に　行った。

（③　　　　　）小学校の　ときの　友達に　会って、いろいろ　話した。

（④　　　　　）彼女から　時々　連絡が　ある。

（⑤　　　　　）小学校の　友達と　みんなで　花見を　する。

（⑥　　　　　）みんなの　名前を　思い出して　おかなければ　ならない。

5．　例：　熱が　下がらないんです。

……（ ⓐ それは　いけませんね　b．それは　いいですね　c．申し訳　ありません　）。

1）（　a．あ、いけない　b．ああ、よかった　c．あ、かまいません　）。パソコンの　電源を　切るのを　忘れました。

2）アイスクリームを　3つ　ください。
……かしこまりました。　少々　（　a．お待ちします　b．お待ちください　c．お待たせしました　）。

3）ご結婚　おめでとう　ございます。（　a．どうぞ　頑張って　b．どうぞ　お大事に　c．どうぞ　お幸せに　）。
……ありがとう　ございます。

4）ボーナスを　もらったら、ヨーロッパ旅行に　行こうと　思って　います。
……そうですか。（　a．行ってらっしゃい　b．楽しみですね　c．楽しみに　して　います　）。

5）キャンプの　説明は（　a．終わりました　b．以上です　c．全部です　）。
……すみません。　質問しても　いいですか。

6）来月　ニューヨークへ　出張して、ホワイトさんに　お会いします。
……そうですか。　ホワイトさんに（　a．よろしく　お願いします　b．これから　お世話に　なります　c．よろしく　お伝えください　）。

7）では、ミラーさん、皆様に　ひとこと　お願いします。
……はい。　皆様　応援　ありがとう　ございました。
（　a．いい　ことですね　b．どうも　お疲れ様でした　c．心から　感謝いたします　）。

総復習

1.

1)

~~勉強します~~	見ます	わかります	教えます

日本語を （例： 勉強する ） ために、日本へ 来ました。「みんなの 学校」で 勉強して います。 先生は （① ）のが 上手で、説明は とても （② ）やすいです。「会話」は 本を （③ ）ないで 言えるように、何回も 練習します。

2)

あげます	合格します	頼みます	なります
飲みます	話します		

小川さんに 「ミラーさん、会話の 先生に （① ） いただけませんか」と （② ）。 6月に 日本語の 試験に （③ ）ので、教えて （④ ）と 思って います。 お茶を （⑤ ）ながら、いろいろ （⑥ ） つもりです。

3)

転勤します	習います	残ります

小川さんは 来月 大阪の 本社に （① ）そうです。ご家族は 東京に （② ）ようです。 小川さんは 料理を （③ ）と 言って いました。

4)

通います	します	作ります

日本料理が （① ）ように なりたいです。 それで、1週間に 2回 料理教室に （② ）のに、なかなか 上手に なりません。 どう （③ ）、上手に なりますか。

5)

買います	書きます	はります	冷やします

あしたは シュミットさんの 送別会です。 きょうは シュミットさんに あげる プレゼントを （① ） 来ました。 会場には 「シュミットさん、ありがとう。 お元気で。」と （② ） 紙が （③ ） あります。 シュミットさんが 好きな ビールを たくさん （④ ） おきましょう。

6）

行きます　　来ます　　着きます　　できます　　会います

今　空港に　(①　　　　　)　ところです。　松本部長は　課長を　駅まで　迎えに　(②　　　　　)　と　おっしゃいました。　ですから、課長が　迎えに　(③　　　　　)　くださって　いる　はずです。　初めて　IMCの　課長に　お(④　　　　　)　します。　上手に　あいさつが　(⑤　　　　　)　か　どうか、心配です。

2．　例：(　暗いです　→　暗く　)　なりましたから、電気を　つけて　ください。

1）　どうして　パーティーに　行かないんですか。
……気分が　(　悪いです　→　　　　　)　んです。

2）　給料も　(　高いです　→　　　　　)　し、仕事も　(　楽です　→　　　　　)　し、ずっと　この　会社で　働く　つもりです。

3）　国際会議は　5月の　(　初めごろです　→　　　　　)　予定です。

4）　イーさんは　新年会が　(　楽しみです　→　　　　　)　と　言って　いました。

5）　空が　暗いですから、午後は　(　雨です　→　　　　　)　かも　しれません。

6）　いちばん　(　大切です　→　　　　　)　のは　きれいな　水と　空気です。

7）　この　説明書は　(　複雑です　→　　　　　)、よく　わかりません。

8）　(　おいしいです　→　　　　　)　か　どうか、食べて　みます。

9）　こちらの　かばんは　いかがですか。
……これは　書類を　入れるのに　(　いいです　→　　　　　)　そうですね。

10）　この　薬は　(　苦いです　→　　　　　)、飲めません。

11）　山田さんは　中国に　住んで　いましたから、中国語が　(　上手です　→　　　　　)　はずです。

12）　運動会は　(　中止です　→　　　　　)　ようです。

13）　テレビの　音を　(　小さい　→　　　　　)　して　ください。

14）　結婚したら、必ず　彼女を　(　幸せ　→　　　　　)　します。

3．　例：　この　コーヒーは　濃すぎて、
a．飲みません。
(b) 飲めません。
c．飲んで　しまいました。

1）　今にも　袋が
a．破れるそうです。
b．破れそうです。
c．破れたようです。

2） 体(からだ)の　調子(ちょうし)が　悪(わる)いので、きょうは
　a．休(やす)んで　くださいませんか。
　b．休(やす)んで　いただけませんか。
　c．休(やす)ませて　いただけませんか。

3） バリへ
　a．行(い)けば、
　b．行(い)ったら、
　c．行(い)くと、
　ダンスが　見(み)たいです。

4） 友達(ともだち)が　来(く)るので、冷蔵庫(れいぞうこ)に　ビールを
　a．入(はい)って　います。
　b．入(い)れて　おきます。
　c．入(い)れて　しまいました。

5） 歌舞伎(かぶき)に　ついて　知(し)りたいんですが、どんな　本(ほん)を
　a．読(よ)んだ　ほうが
　b．読(よ)めば
　c．読(よ)んでも
　いいですか。

6） 子(こ)どもの　とき、よく　父(ちち)に
　a．しかりました。
　b．しかられました。
　c．しからせました。

7） 重(おも)そうですね。　わたしが
　a．お持(も)ちに　なります。
　b．お持(も)ち　ください。
　c．お持(も)ちします。

8） ミラーさんは　いらっしゃいますか。
　……ミラーさんは　たった今(いま)
　a．帰(かえ)る　ところです。
　b．帰(かえ)って　いる　ところです。
　c．帰(かえ)った　ところです。

9） きのう　宅配便(たくはいびん)で　送(おく)りましたから、きょう
　a．届(とど)く　はずです。
　b．届(とど)くかも　しれません。
　c．届(とど)くそうです。

10） きょうは
　a．用事(ようじ)が　あって、
　b．用事(ようじ)が　あるので、
　c．用事(ようじ)が　あると、
　お先(さき)に　失礼(しつれい)します。

11） 傘(かさ)を
　a．持(も)って
　b．持(も)たないで
　c．持(も)ちながら
　出(で)かけたので、ぬれて　しまいました。

12） 窓(まど)が　開(あ)いて
　a．います
　b．あります
　c．おきます
　ね。

……暑くて　気分が　悪いので、{ a．開いて　いる / b．開けて　ある / c．閉めて　おいた }んです。

13）　きのう　あんなに { a．勉強しても、 / b．勉強したのに、 / c．勉強したので、 } 試験の　成績が

悪かったです。

14）　わたしは　夏休みに　北海道へ { a．行く / b．行け / c．行こう }と　思って　います。

4．　例：　林さんは　一人で　着物を　着る　ことが　できますか。

……いいえ、できません。

→　林さんは　一人で　着物が　着られません。

1）　きのう　お借りした　本、ありがとうございました。

……えっ、もう　全部　読んだんですか。

→　きのう　借りた　本を　もう　読んで　＿＿＿＿＿＿＿＿。

2）　テレビの　ニュースで　雪で　新幹線が　止まったと　言って　いましたね。

……ええ、すごい　雪だそうですね。

→　ニュースに　よると　雪で　新幹線が　＿＿＿＿＿＿＿＿。

3）　どう　したんですか。　服が　汚れて　いますよ。

……子どもが　わたしの　服を　汚して　しまったんです。

→　わたしは　子どもに　＿＿＿＿＿＿＿＿。

4）　日本へ　来た　ばかりの　とき、大変だったでしょう。

……ええ。　でも、皆さんに　親切に　して　いただきました。

→　皆さんが　＿＿＿＿＿＿＿＿。

5）　いつも　この　店で　食べて　いるんですか。

……ええ、味が　いいんです。　それに　値段も　安いんですよ。

→　＿＿＿＿＿＿＿＿し、いつも　この　店で　食べて　います。

6）　いつも　マンガを　かいて　いますね。

……ええ、好きなんです。子どもの　ときから　いつも　かいて　いました。

→　わたしは　＿＿＿＿＿＿＿＿が　好きです。

7）　毎日　遅くまで　練習して　いるんですね。

……ええ、優勝できるように、みんなで　頑張って　いるんです。

→　＿＿＿＿＿＿＿＿ために、みんなで　毎日　練習して　います。

8） 鈴木さん、 結婚なさるそうですね。 いつですか。

……来年の 4月です。

→ 鈴木さんが ＿＿＿＿＿＿＿＿＿＿ は 来年の 4月です。

9） 太郎、ちょっと 買い物に 行って 来て。

……はい、行って きます。

→ わたしは 太郎を 買い物に ＿＿＿＿＿＿＿＿＿＿。

10） 火事が 起きたら、エレベーターは 使わないで ください。

……はい、わかりました。

→ ＿＿＿＿＿＿＿＿＿＿ 場合は、エレベーターを 使っては いけません。

5． 例： 電気が （ **消えて**、 消して ） いますから、留守のようです。

1） 子どもが 部屋の 壁を （ 汚れた、 汚した ）ので、掃除させました。

2） 子どもが （ 入らない、 入れない ）ように、ドアに かぎを （ 掛かって、 掛けて ） おきます。

3） かぎを （ なくなって、 なくして ） しまったので、捜しましたが、（ 見つかりませんでした、 見つけませんでした ）。

4） 人が 大勢 （ 集まって、 集めて ） いますね。

……ええ。 今から お祭りが （ 始まる、 始める ） ところです。

5） この バスは 新宿へ 行きますか。

……いいえ、あそこに （ 止まって、 止めて ） いる バスですよ。

6） 危ないですから、バスの 窓から 顔や 手を （ 出ない、 出さない ） ように して ください。

7） きのう 引っ越しの 荷物が （ 届いた、 届けた ） ばかりなので、荷物を （ 片づく、 片づける ）のに 時間が かかりそうです。

8） ミラーさんは 何時ごろ （ 戻ります、 戻します ）か。

……さあ、わかりません。 会議が まだ （ 続いて、 続けて ） いますから。

9） 庭の 木が （ 折れて、 折って ） いますね。

……ええ。 きのうの 台風は すごかったですね。

10） 掃除機が （ 壊れて、 壊して ） しまったので、新しいのを 買わなければ なりません。

11） 掃除機を 探して いるんですが、どれが いいですか。

……こちらは 使いやすくて、今 いちばん （ 売れて、 売って ） います。

12） いい においが しますね。

……今 パンを （ 焼けて、 焼いて ） いるんです。

6.　例：季節 …… 春　夏（ 秋 ）冬

秋	太陽	鏡	形	近所	紺	孫	廊下

1）家族 …… 祖父　祖母　息子　娘（　　）
2）部屋の 中の 物 …… 花瓶　ごみ箱　カーテン（　　）
3）宇宙 …… 星　地球　月（　　）
4）色 …… 黒　白　赤　青（　　）

7.　例：池の（ 周り 、 真ん中、 隅、 外側 ）に 桜が 植えて あります。

1）島に（ 港、 空港、 駅、 バス停 ）が 1つ あります。1日に 2回、船が 着きます。
2）日本では 昼の 12時に 太陽は（ 東、 西、 南、 北 ）に あります。
3）（ 地震、 台風、 雷 、 火事 ）が あったら、テレビや ケータイで 津波の 情報を 聞いて ください。
4）入院した とき、部長に（ お祝い、 お年玉、 お見舞い、 非常袋 ）を いただきました。
5）世界の 人が 幸せに なるように、（ 戦争、 文化、 平和、 教育 ）が ない 世界を 作りたいです。
6）京都は 東京より（ 社会、 法律、 政治、 歴史 ）が 長いです。

8.　例：父は 怖いですが、母は（ 優しい 、 厳しい、 まじめ ）です。

1）ビルが（ 邪魔、 複雑、 嫌 ）で、東京スカイツリーが 見えません。
2）試験に 合格して、（ 悲しい、 恥ずかしい、 うれしい ）です。
3）味が（ 硬くて、 まずくて、 薄くて ）、おいしくないです。
4）この 紙は（ 厚い、 かわいい、 太い ）ですから、丈夫です。
5）大学を 出るのに、どのくらい お金が（ 十分、 幸せ、 必要 ）ですか。

動詞の　フォーム

	13課	18課	17課	19課	14課
	ます形	辞書形	ない形	た形	て形
I	かき ます	かく	かか ない	かいた	かいて
	いき ます	いく	いか ない	いった	いって
	いそぎ ます	いそぐ	いそが ない	いそいだ	いそいで
	やすみ ます	やすむ	やすま ない	やすんだ	やすんで
	よび ます	よぶ	よば ない	よんだ	よんで
	しに ます	しぬ	しな ない	しんだ	しんで
	つくり ます	つくる	つくら ない	つくった	つくって
	つかい ます	つかう	つかわ ない	つかった	つかって
	もち ます	もつ	もた ない	もった	もって
	なおし ます	なおす	なおさ ない	なおした	なおして
II	たべ ます	たべる	たべ ない	たべた	たべて
	み ます	みる	み ない	みた	みて
III	し ます	する	し ない	した	して
	き ます	くる	こ ない	きた	きて
	—ましょう(6) —ませんか(6) —に　いきます(13) —たいです(13) —ましょうか(14,22) —ながら(28) —そうです(43) —すぎます(44) —やすいです(44) —にくいです(44) お—に　なります(49) お—ください(49) お—します(50)	—ことが できます(18) —ことです(18) —まえに(18) —と(23) —つもりです(31) —な(33) —ように(36) —ように なります(36) —ように　します(36) —のは(38) —のが(38) —のを(38) —ために(42) —のに(42) —ばあいは(45) —ところです(46) —はずです(46)	—ないで ください(17) —なければ なりません(17) —なくても いいです(17) —ない つもりです(31) —ない　ほうが いいです(32) —ないで(34) —ないように(36) —ないように します(36) —なくて(39) —ない　ばあいは(45) —ない　はずです(46)	—ことが あります(19) —り、—り します(19) —ら(25) —ほうが いいです(32) —とおりに(34) —あとで(34) —ばあいは(45) —ところです(46) —ばかりです(46)	—います(14, 15, 28, 29) —ください(14) —も　いいです(15) —は　いけません(15) —から(16) —あげます(24) —もらいます(24) —くれます(24) —も(25) —いただけませんか(26) —しまいます(29) —あります(30) —おきます(30) —みます(40) —いただきます(41) —くださいます(41) —やります(41) —くださいませんか(41) —きます(43) —いる　ところです(46)

	31課	33課	35課	27課	37・49課	48課
	意向形	命令形	条件形	可能	受身・尊敬	使役
I	かこう	かけ	かけば	かけます	かかれます	かかせます
	いこう	いけ	いけば	いけます	いかれます	いかせます
	いそごう	いそげ	いそげば	いそげます	いそがれます	いそがせます
	やすもう	やすめ	やすめば	やすめます	やすまれます	やすませます
	よぼう	よべ	よべば	よべます	よばれます	よばせます
	しのう	しね	しねば	しねます	＊しなれます	しなせます
	つくろう	つくれ	つくれば	つくれます	つくられます	つくらせます
	つかおう	つかえ	つかえば	つかえます	つかわれます	つかわせます
	もとう	もて	もてば	もてます	もたれます	もたせます
	なおそう	なおせ	なおせば	なおせます	なおされます	なおさせます
II	たべよう	たべろ	たべれば	たべられます	たべられます	たべさせます
	みよう	みろ	みれば	みられます	みられます	みさせます
III	しよう	しろ	すれば	できます	されます	させます
	こよう	こい	くれば	こられます	こられます	こさせます
	―と　おもって　います(31)				＊尊敬には使わない。	―せて　いただけませんか(48)

	20課	
	普通形	
I	かく かかない かいた かかなかった	―と　おもいます(21) ―と　いいます(21) ―でしょう？(21) ―とき(23) ―んです(26) ―し、―し(28) ―でしょう(32) ―かも　しれません(32) ―と　いって　います(33) ―と　つたえて　いただけませんか(33) ―のは　**名詞**です(38) ―のを　しって　います(38) ―ので(39) ―か(40) ―か　どうか(40) ―のに(45) ―そうです(47) ―ようです(47)
II	たべる たべない たべた たべなかった	
III	する しない した しなかった くる こない きた こなかった	

学習項目一覧

課	学習項目	文型	例文	練習A	練習B	練習C
26	チケットが　いるんですか	1	1, 2	1, 2	1, 2	
	どうして　かいしゃを　やすんだんですか ……あたまが　いたかったんです		3	3	3, 4	1
	わたしは　うんどうかいに　いきません ようじが　あるんです		4	4	5	
	しりょうが　ほしいんですが、　おくって いただけませんか	2	5	5	6	2
	さくらだいがくへ　いきたいんですが、　どこで おりたら　いいですか		6	6	7	3
27	わたしは　はしが　つかえます	1	1	1, 2	1, 2, 3	1
	２かいから　はなびが　みえます	2	2	3	4	2
	あたらしい　いえが　できました	3	3	4	5	3
	わたしは　ひらがなしか　わかりません		4	5	6	
	サッカーは　しますが、　やきゅうは　しません		5	6	7	
28	しゃしんを　みせながら　せつめいします	1	1, 2, 3	1	1, 2	1
	やすみの　ひは　えを　かいて　います	2	4	2	3	
	すずきさんは　ピアノも　ひけるし、　うたも うたえるし、　それに　ダンスも　できます		5	3	4	2
	この　みせは　しずかだし、　ひろいし、　いつも ここで　たべて　います	3	6	4	5	
	どうして　にほんの　アニメが　すきなんですか ……はなしも　おもしろいし、　おんがくも すてきですから。		7	5	6	3
29	ドアが　あいて　います	1	1	1	1, 2	1
	この　ふくろは　やぶれて　います		2	2	3	2
	『げんじものがたり』は　ぜんぶ　よんで しまいました		3, 4	3	4, 5	
	さいふを　おとして　しまいました	2	5, 6	4	6, 7	3
30	カレンダーに　こんげつの　よていが　かいて あります	1	1	1	1	1
	しゃしんは　ひきだしに　しまって　あります		2	2	2	
	こどもが　うまれる　まえに、　ふくや　ベッドを かって　おきます。	2	3	3	3, 4	2
	しょくじが　おわったら、　ちゃわんや　おさらを あらって　おきます		4	4	5	3
	あした　かいぎが　ありますから、　いすは　この へやに　おいて　おきます		5	5	6	

課	学習項目	文型	例文	練習A	練習B	練習C
31	かいものに　いこう	1	1	1, 2	1	1
	がいこくで　はたらこうと　おもって　います	2	2	3	2	2
	レポートは　まだ　まとめて　いません		3	4	3, 4	
	わたしは　ずっと　にほんに　すむ　つもりです	3	4, 5	5	5, 6	3
	ぶちょうは　してんへ　いく　よていです		6	6	7, 8	
32	びょういんへ　いった　ほうが　いいです	1	1, 2	1	1, 2	1
	こんやは　ほしが　みえるでしょう	2	3	2	3, 4	2
	かれは　かいしゃを　やめるかも　しれません	3	4, 5	3	5, 6	3
33	にげろ	1, 2	1, 2	1, 2	1, 2	
	あそこに　「くるまを　とめるな」と　かいて　あります		3	3	3, 4	
	この　マークは　とまれと　いう　いみです	3	4, 5	4	5, 6	1
	やまださんは　あした　5じに　くると　いって　いました	4	6	5	7	2
	たなかさんに　10ぷんほど　おくれると　つたえて　いただけませんか		7	6	8	3
34	わたしが　いった　とおりに、　いって　ください	1	1, 2	1	1, 2	1
	しごとが　おわった　あとで、　のみに　いきます	2	3, 4	2	3, 4	2
	かさを　もって　でかけます	3	5, 6	3	5	
	にちようび　どこも　いかないで、　うちに　います		7	4	6	3
35	せつめいしょを　よめば、　つかいかたが　わかります	1	1	1, 2	1, 2	1
	6じに　おきなければ、　かいしゃに　おくれます		2	3	3	
	あした　からだの　ちょうしが　よければ、　いけると　おもいます	2	3, 4	4	4, 5	
	とうきょうスカイツリーに　のぼりたいんですが、　どう　すれば　いいですか		5	5	6	2
	もみじなら、　にっこうが　いいです	3	6	6	7	3
36	にほんごが　はなせるように、　まいにち　れんしゅうします	1	1, 2	1	1, 2	1
	テレビの　にほんごが　かなり　わかるように　なりました	2	3, 4, 5	2	3, 4, 5	2
	できるだけ　10じまでに　うちへ　かえるように　して　います	3	6	3	6	3
	もっと　やさいを　たべるように　して　ください		7	4	7	

課	学習項目	文型	例文	練習 A	練習 B	練習 C
37	わたしは　ぶちょうに　ほめられました	1	1	1, 2	1, 2	1
	わたしは　だれかに　じてんしゃを　とられました	2	2	3	3, 4	2
	おおさかで　てんらんかいが　ひらかれます		3	4	5	
	この　びじゅつかんは　らいげつ　こわされます	3	4, 5	5	6	3
	にほんの　くるまは　いろいろな　くにへ ゆしゅつされて　います		6	6	7	
38	ひとりで　この　にもつを　はこぶのは　むりです	1	1	1	1, 2	1
	わたしは　クラシックおんがくを　きくのが すきです	2	2, 3	2	3, 4	
	でんきを　けすのを　わすれました	3	4	3	5	2
	あした　たなかさんが　たいいんするのを しって　いますか		5	4	6	
	ちちが　うまれたのは　ほっかいどうの ちいさな　むらです	4	6	5	7, 8	3
39	メールを　よんで、　あんしんしました	1	1, 2, 3	1	1, 2, 3	1
	じしんで　ひとが　おおぜい　しにました	2	4	2	4	2
	びょういんへ　いくので、　5じに　かえっても いいですか	3	5, 6	3	5～8	3
40	どんな　もんだいが　しけんに　でるか、 わかりません	1	1, 2, 3	1	1, 2	1
	かいぎしつが　つかえるか　どうか、　たしかめて ください	2	4, 5	2	3, 4	2
	この　くつを　はいて　みます	3	6	3	5, 6, 7	3
41	わたしは　しゃちょうに　おみやげを いただきました	1		1	1	
	しゃちょうが　わたしに　おみやげを くださいました		1	2	2	
	わたしは　まごに　おかしを　やりました		2	3	3	
	わたしは　せんせいに　りょこうの　しゃしんを みせて　いただきました	2	3	4	4	
	せんせいが　わたしに　りょこうの　しゃしんを みせて　くださいました	3	4	5	5	1
	わたしは　まごに　えいごを　おしえて やりました	4	5	6	6, 7	2
	ひらがなで　かいて　くださいませんか		6	7	8	3
42	いえを　かう　ために、　いっしょうけんめい はたらきます	1	1～4	1	1～4	1
	この　かばんは　えを　はこぶのに　つかいます	2	5, 6	2	5, 6	2
	いえを　たてるのに　2,000まんえん　かかります		7	3	7	3

課	学習項目	文型	例文	練習A	練習B	練習C
43	いまにも　ひが　きえそうです	1	1, 2	1	1〜4	1
	この　りょうりは　まずそうです		3, 4	2	5, 6	2
	ちょっと　のみものを　かって　きます	2	5, 6	3	7, 8	3
44	おみやげを　かいすぎました	1	1, 2	1	1〜4	1
	この　くすりは　のみやすいです	2	3	2	5	2
	やまの　てんきは　かわりやすいです		4	3	6	
	かみを　みじかく　します	3	5	4	7	3
	ばんごはんは　カレーライスに　します		6	5	8	
45	かいしゃに　おくれる　ばあいは、れんらくしてください	1	1〜4	1	1〜3	1
	いっしょうけんめい　べんきょうしたのに、しけんの　てんが　わるかったです	2	5, 6	2	4〜7	2, 3
46	ちょうど　いまから　しあいが　はじまるところです	1	1〜3	1	1〜4	1
	わたしは　さっき　ひるごはんを　たべたばかりです	2	4, 5	2	5〜7	2
	にもつは　あした　とどく　はずです	3	6	3	8	3
47	あしたは　ゆきが　ふる　そうです	1	1〜4	1	1〜3	1, 2
	コンサートが　はじまる　ようです	2	5, 6	2	4〜6	3
48	ぶちょうは　ミラーさんを　アメリカへしゅっちょうさせました	1	1	1, 2	1, 3	
	わたしは　こどもに　ほんを　よませます		2	3	2, 3	1
	わたしは　むすこを　すきな　ひとと　けっこんさせました。		3	4	4	2
	わたしは　こどもに　すきな　しごとをさせます	2	4	5		
	すみませんが、あした　やすませていただけませんか		5	6	5	3
49	いとうせんせいは　さっき　こられました	1	1	1, 2	1, 2	1
	しゃちょうは　おでかけに　なりました	2	2	3	3, 4	2
	しゃちょうは　かいぎしつに　いらっしゃいます	3	3〜6	4, 5	5, 6	
	おかけください	4	7	6	7	3
50	わたくしが　コーヒーを　おいれします	1	1	1	1, 3	1
	わたくしが　きょうの　よていをごせつめいします		2	2	2, 3	2
	あした　3じに　おたくへ　うかがいます	2	3, 4	3, 4	4, 5	3
	わたくしは　ミラーと　もうします	3	5, 6	5	6, 7	

索引（初級Ⅰ・Ⅱ）

＊「課」のⅡ、Ⅲは『初級Ⅰ』5ページの「Ⅱ．教室のことば」「Ⅲ．毎日のあいさつと会話表現」を指します。

課

あ

— え —

— お —

え

― か・が ―

— き・ぎ —

— く・ぐ —

— け・げ —

— こ・ご —

― さ・ざ ―

— し・じ —

— **す・ず** —

— **せ・ぜ** —

— そ・ぞ —

— た・だ —

— ち —

— つ —

— て・で —

— と・ど —

— な —

— に —

— ぬ —

— ね —

— の —

— は・ば・ぱ —

— ひ・び・ぴ —

— ふ・ぶ・ぷ —

— へ・べ・ぺ —

— ほ・ぼ・ぽ —

— ま —

み

— や —

— ゆ —

— よ —

監修
鶴尾能子　石沢弘子

執筆協力
田中よね　澤田幸子　重川明美　牧野昭子　御子神慶子

音声監修
江崎哲也　岡田祥平

本文イラスト
佐藤夏枝　柴野和香　向井直子

声の出演
大山尚雄　北大輔　水沢有美　水原英里

装丁・本文デザイン
山田武

みんなの日本語　初級Ⅱ　第2版
本冊

1998年6月25日　初版第1刷発行
2013年3月21日　第2版第1刷発行
2019年4月3日　第2版第14刷発行

編著者　スリーエーネットワーク
発行者　藤嵜政子
発　行　株式会社スリーエーネットワーク
〒102-0083　東京都千代田区麹町3丁目4番
トラスティ麹町ビル 2F
電話　営業　03（5275）2722
編集　03（5275）2725
https://www.3anet.co.jp/
印　刷　倉敷印刷株式会社

ISBN978-4-88319-646-3　C0081
落丁・乱丁本はお取替えいたします。

日本(にほん)の　時代(じだい)

世紀(せいき)	時代(じだい)
1	弥生時代(やよいじだい)
2	
3	
4	古墳時代(こふんじだい)
5	
6	
7	［飛鳥時代(あすかじだい)］
8	奈良時代(ならじだい)
9	平安時代(へいあんじだい)
10	

登呂遺跡(とろいせき)（昔(むかし)の　うち）

埴輪(はにわ)（人形(にんぎょう)）

仁徳天皇陵(にんとくてんのうりょう)（天皇(てんのう)の　お墓(はか)）

堺市提供

聖徳太子(しょうとくたいし)

東大寺大仏(とうだいじだいぶつ)

京都(きょうと)

みんなの日本語

Minna no Nihongo

[解答例、問題のスクリプト]

初級Ⅱ 第2版 本冊

スリーエーネットワーク

練習Ｂ・Ｃ　解答例

第26課

練習Ｂ

1．1）山へ行くんですか。　2）エレベーターに乗らないんですか。
　3）シュミットさんが作ったんですか。　4）眠いんですか。

2．1）きれいな写真ですね。どこで撮ったんですか。……金閣寺で撮りました。
　2）おもしろい絵ですね。だれがかいたんですか。……カリナさんがかきました。
　3）ずいぶんにぎやかですね。何をやっているんですか。……盆踊りの練習をやっています。
　4）日本語が上手ですね。どのくらい勉強したんですか。……2年勉強しました。

3．1）どうしたんですか。……財布を忘れたんです。
　2）どうしたんですか。……かぎがないんです。
　3）どうしたんですか。……気分が悪いんです。
　4）どうしたんですか。……切符が出ないんです。

4．1）どうして引っ越しするんですか。……今のうちは狭いんです。
　2）どうしてケーキを食べないんですか。……ダイエットをしているんです。
　3）どうして会議に間に合わなかったんですか。……新幹線が遅れたんです。
　4）どうして早く帰るんですか。……きょうは妻の誕生日なんです。

5．1）いいえ、あまり行きません。うちから遠いんです。
　2）いいえ、会いませんでした。タワポンさんは学校へ来なかったんです。
　3）すみません。これから会議なんです。
　4）すみません。きょうはちょっと約束があるんです。

6．1）市役所へ行きたいんですが、地図をかいていただけませんか。
　2）今度の日曜日にパーティーをするんですが、手伝っていただけませんか。
　3）メールの書き方がわからないんですが、教えていただけませんか。
　4）日本語でレポートを書いたんですが、ちょっと見ていただけませんか。

7．1）歌舞伎を見たいんですが、どこでチケットを買ったらいいですか。
　2）電話番号がわからないんですが、どうやって調べたらいいですか。
　3）日本人のうちへ行くんですが、どんなお土産を持って行ったらいいですか。
　4）猫を拾ったんですが、どうしたらいいですか。

練習Ｃ

1．1）①盆踊り　②ちょっと用事があった　2）①運動会　②体の調子が悪かった

2．1）①かばん　②店の地図をかいて　①かばん
　2）①靴　②一度いっしょに行って　①靴

3．1）①ボランティアをし　②インターネットで調べた
　2）①ベッドを捨て　②市役所に連絡した

第27課

練習B

1．1）漢字が読めます。　2）自転車が修理できます。　3）一人で着物が着られます。
　4）どこでも一人で行けます。

2．1）パソコンが買えません。　お金が足りないんです。
　2）走れません。　足が痛いんです。
　3）あしたは来られません。　ちょっと用事があるんです。
　4）よく寝られません。　家族のことが心配なんです。

3．1）どこで時刻表がもらえますか。……駅でもらえます。
　2）何日本が借りられますか。……2週間借りられます。
　3）この車に何人乗れますか。……8人乗れます。
　4）いつから富士山に登れますか。……7月1日から登れます。

4．1）隣の部屋からピアノの音が聞こえます。　2）山の上から海が見えます。
　3）先生の声が聞こえません。　4）ミラーさんの顔が見えません。

5．1）駐車場ができます。　2）公園の隣にできます。
　3）カレーのほうが早くできます。　4）水曜日にできます。

6．1）簡単な料理しか作れませんから、料理を習いに行きます。
　2）朝ジュースしか飲みませんでしたから、おなかがすきました。
　3）日曜日しか休めませんから、なかなか旅行に行けません。
　4）ことしは雪が少ししか降りませんでしたから、スキーができませんでした。
　5）4時間しか寝ませんでしたから、眠いです。
　6）100円しかありませんから、コーヒーが買えません。

7．1）ビールは飲みますが、ワインは飲みません。
　2）料理はしますが、掃除や洗濯はしません。
　3）アニメは好きですが、マンガは好きじゃありません。
　4）英語は話せますが、ほかのことばは話せません。
　5）てんぷらやすき焼きは食べられますが、おすしは食べられません。
　6）日曜日は休めますが、土曜日は休めません。

練習C

1．1）①パーティーができ　②パーティールーム　③カラオケも使え　③使え
　2）①会議室が借りられ　②会議室　③コピーもでき　③でき

2．1）①見えない　②座って　①見え　①見え
　2）①説明が聞こえない　②話をやめて　①聞こえ　①聞こえ

3．1）①靴の修理　②1時間後に　2）①クリーニング　②水曜日に

第28課

練習B

1．1）本を見ながら料理をします。　2）歌いながら踊ります。
　　3）新聞を読みながらごはんを食べます。　4）働きながら大学で勉強します。

2．1）話を聞きながらメモしてください。　2）運転しながら電話をしないでください。
　　3）お茶を飲みながら話しましょう。　4）ピアノを弾きながら歌えますか。
　　5）ボランティアをしながら世界を旅行しています。
　　6）絵を教えながらマンガをかいています。

3．1）ニュースやドラマを見ています。
　　2）子どもと遊んだり、買い物に行ったりしています。
　　3）自転車で通っています。　4）音楽を聞きながら本を読んでいます。

4．1）北海道は涼しいし、景色もきれいだし、それに食べ物もおいしいです。
　　2）あの美容院は上手だし、速いし、それに安いです。
　　3）新しい台所はきれいだし、広いし、それに便利です。
　　4）この車は形もいいし、色もきれいだし、それに値段もそんなに高くないです。

5．1）この店は安いし、品物も多いし、いつもここで買い物しています。
　　2）あしたは休みだし、用事もないし、うちでゆっくり映画を見ます。
　　3）デザインもすてきだし、サイズもちょうどいいし、この靴を買います。
　　4）このマンションは景色もすばらしいし、ペットも飼えるし、よく売れています。

6．1）緑も多いし、食べ物もおいしいですから。
　　2）子どもも好きだし、大切な仕事だと思いますから。
　　3）ボーナスもないし、給料も少ないですから。
　　4）値段も安いし、デザインもいいし、故障も少ないですから。

練習C

1．1）①小説家になり　②アルバイトをし　③小説を書いて
　　2）①自分の店を持ち　②レストランで働き　③料理の勉強をして

2．1）①店もきれいだ　②サービスもいい
　　2）①値段も安い　②いい音楽も聞ける

3．1）もう遅い　2）体の調子もあまりよくない

第29課

練習B

1．1）電気がついています。　2）お皿が割れています。　3）ボタンが外れています。
　4）シャツが汚れています。　5）袋が破れています。　6）車が止まっています。
　7）木の枝が折れています。

2．1）テーブルが汚れていますから、ふいてください。
　2）時計が止まっていますから、電池を取り替えてください。
　3）洗濯機が壊れていますから、手で洗わなければなりません。
　4）スーパーが閉まっていますから、コンビニで買いましょう。

3．1）そのコップは汚れていますよ。　2）その袋は破れていますよ。
　3）その自転車は壊れていますよ。　4）その掃除機は故障していますよ。

4．1）もう書いてしまったんですか。　2）もう全部やってしまったんですか。
　3）もう覚えてしまったんですか。　4）もう片づけてしまったんですか。

5．1）そろそろ帰りませんか。……メールの返事を書いてしまいますから、お先にどうぞ。
　2）そろそろ帰りませんか。……この資料を作ってしまいますから、お先にどうぞ。
　3）そろそろ帰りませんか。……この仕事をやってしまいますから、お先にどうぞ。
　4）そろそろ帰りませんか。……出張の準備をしてしまいますから、お先にどうぞ。

6．1）駅まで走りましたが、電車は行ってしまいました。
　2）タクシーで行きましたが、約束の時間に遅れてしまいました。
　3）気をつけていましたが、カードをなくしてしまいました。
　4）地図を見ながら行きましたが、道をまちがえてしまいました。

7．1）手を切ってしまったんです。　2）かぎをなくしてしまったんです。
　3）車が故障してしまったんです。　4）かぜをひいてしまったんです。

練習C

1．1）ボタンが外れて　2）クリーニングの紙が付いて

2．1）①袋　①袋　②汚れて　2）①封筒　①封筒　②破れて

3．1）①どこかでカードをなくして　②カード会社に連絡しないと
　2）①電車に書類を忘れて　②駅員に言わないと

第30課

練習B

1．1）壁に鏡が掛けてあります。　2）テーブル［の上］に花瓶が置いてあります。
　3）本に名前が書いてあります。　4）池の周りに木が植えてあります。

2．1）［カレンダーは］冷蔵庫の横に掛けてあります。
　2）［ごみ箱は］台所の隅に置いてあります。
　3）［はさみは］引き出し［の中］に入れてあります。
　4）［コップは］棚に並べてあります。

3．1）友達が来るまえに、部屋を片づけておきます。
　2）料理を始めるまえに、道具を準備しておきます。
　3）試験のまえに、復習しておきます。
　4）旅行のまえに、ガイドブックを読んでおきます。

4．1）7時までに食事の準備をしておいてください。
　2）月曜日までにレポートをまとめておいてください。
　3）次の会議までにこの問題について考えておいてください。
　4）引っ越しの日までに郵便局に新しい住所を連絡しておいてください。

5．1）この地図を借りてもいいですか。……ええ、使ったら、机の上に置いておいてください。
　2）このビデオカメラを借りてもいいですか。……ええ、使ったら、あの棚に戻しておいてください。
　3）この電子辞書を借りてもいいですか。……ええ、使ったら、この引き出しにしまっておいてください。
　4）このいすを借りてもいいですか。……ええ、使ったら、元の所に並べておいてください。

6．1）寒いですから、閉めておいてください。
　2）もうすぐニュースの時間ですから、つけておいてください。
　3）あとで使いますから、置いておいてください。
　4）わたしがやりますから、そのままにしておいてください。

練習C

1．1）①廊下に本が並べて　②日本語教室の本
　2）①玄関に箱が置いて　②古い本や雑誌を入れる箱

2．1）①会議　②このレポートを読んで
　2）①出張　②新しいカタログを準備して

3．1）①ジュースの缶　②あの大きい袋に入れて
　2）①ケーキの箱　②この紙といっしょにまとめて

第31課

練習B

1．1）疲れたから、ちょっと休憩しよう。　2）よく見えないから、前の方に座ろう。
　3）もう遅いから、寝よう。　4）あしたは休みだから、動物園へ行こう。

2．1）家族と教会へ行こうと思っています。
　2）うちでゆっくり休もうと思っています。
　3）山に登ろうと思っています。　4）小説を書こうと思っています。

3．1）まだ読んでいませんから、わかりません。
　2）まだ行っていませんから、わかりません。
　3）まだ開けていませんから、わかりません。
　4）まだ食べていませんから、わかりません。

4．1）いいえ、まだ書いていません。今晩書こうと思っています。
　2）いいえ、まだ返していません。あさって返そうと思っています。
　3）いいえ、まだ見に行っていません。今度の日曜日見に行こうと思っています。
　4）いいえ、まだ決めていません。顔を見てから、決めようと思っています。

5．1）着物を着るつもりです。　2）レストランでするつもりです。
　3）バリへ行くつもりです。　4）大学の近くに住むつもりです。

6．1）いいえ、行かないつもりです。料理の勉強をしたいんです。
　2）いいえ、受けないつもりです。仕事が忙しいんです。
　3）いいえ、取らないつもりです。秋に休みを取ろうと思っているんです。
　4）いいえ、会わないつもりです。時間がないんです。

7．1）9時36分に着く予定です。　2）松本部長と食べる予定です。
　3）パワー電気へ行く予定です。　4）新神戸［駅］から乗る予定です。

8．1）来年の3月の予定です。　2）5月の終わりの予定です。
　3）1週間ぐらいの予定です。　4）国会議事堂の見学の予定です。

練習C

1．1）①おなかがすいた　②何か食べよう
　2）①のどがかわいた　②ジュースでも飲もう

2．1）①会議　②会議室を予約して　②予約しよう
　2）①出張　②本社に書類を送って　②送ろう

3．1）①冬休み　②国へ帰る　③2週間
　2）①春休み　②沖縄へ行く　③5日ぐらい

第32課

練習B

1．1）疲れたときは、早く寝たほうがいいです。
　　2）夏休みは早くホテルを予約したほうがいいです。
　　3）暗い所で本を読まないほうがいいです。
　　4）夜遅く一人で歩かないほうがいいです。

2．1）じゃ、すぐ冷やしたほうがいいですよ。
　　2）じゃ、練習を休んだほうがいいですよ。
　　3）じゃ、きょうは出かけないほうがいいですよ。
　　4）じゃ、あまり無理をしないほうがいいですよ。

3．1）あしたは晴れるでしょう。　2）午後は曇り（曇る）でしょう。
　　3）あしたの朝は風が強いでしょう。　4）夜は雪が降るでしょう。

4．1）あした晴れるでしょうか。……ええ、西の空が赤いですから、たぶん晴れるでしょう。
　　2）彼女は道がわかるでしょうか。……ええ、地図を持っていますから、わかるでしょう。
　　3）高橋さんはきょううちにいるでしょうか。……いいえ、日曜日はいつも釣りに行っていますから、たぶんいないでしょう。
　　4）彼は試合に出るでしょうか。……いいえ、けがをしましたから、出ないでしょう。

5．1）ええ。夏は暑いかもしれません。　2）ええ。テーブルが置けないかもしれません。
　　3）ええ。うるさいかもしれません。　4）ええ。何か問題があるかもしれません。

6．1）ええ。山は寒いかもしれませんから、服をたくさん持って来たんです。
　　2）ええ。雨が降るかもしれませんから、傘を持って来ました。
　　3）ええ。込むかもしれませんから、買っておきます。
　　4）ええ。バスの中で気分が悪くなるかもしれませんから、飲んでおくんです。

練習C

1．1）①熱がある　②うちへ帰って、休んだ
　　2）①頭が痛い　②薬を飲んだ

2．1）①サッカーの試合　②ＩＭＣのチームは勝つ　③あんなに練習して　②勝つ
　　2）①国際ボランティア会議　②会議は成功する　③６か月まえから準備して　②成功する

3．1）①歌舞伎　②チケットがすぐ売れてしまう　③予約した
　　2）①吉野山の桜　②道が込む　③早くうちを出た

第33課

練習B

1．1）走れ。　2）行け。　3）戻れ。　4）止めろ。

2．1）泳ぐな。　2）登るな。　3）捨てるな。

3．1）そこに「こしょう」と書いてあります。　2）そこに「でぐち」と書いてあります。

　3）そこに「きんえん」と書いてあります。

4．1）これは何と読みますか。……「よやくせき」と読みます。

　2）これは何と読みますか。……「ひじょうぐち」と読みます。

　3）これは何と読みますか。……「じどうはんばいき」と読みます。

5．1）あれはどういう意味ですか。……入るなという意味です。

　2）あれはどういう意味ですか。……注意しろ（気をつけろ）という意味です。

　3）あれはどういう意味ですか。……車を止めるなという意味です。

　4）あれはどういう意味ですか。……ゆっくり行けという意味です。

6．1）これはどういう意味ですか。……お金を払わなくてもいいという意味です。

　2）これはどういう意味ですか。……今使っているという意味です。

　3）これはどういう意味ですか。……入ってはいけないという意味です。

　4）これはどういう意味ですか。……危ないという意味です。

7．1）先生は何と言っていましたか。……漢字の試験は来週の火曜日だと言っていました。

　2）鈴木さんは何と言っていましたか。……ミーティングに出席できないと言っていました。

　3）ワットさんは何と言っていましたか。……警察へ行くと言っていました。

　4）シュミットさんは何と言っていましたか。……荷物はけさ着いたと言っていました。

8．1）先生にきょうは野球の練習に行けないと伝えていただけませんか。

　2）渡辺さんに5時半に駅で待っていると伝えていただけませんか。

　3）中村課長にあしたは都合が悪いと伝えていただけませんか。

　4）部長にロンドンのホテルを予約したと伝えていただけませんか。

練習C

1．1）①「飲み放題」　②飲み物をいくら飲んでも、値段は同じだ

　2）①「アルバイト募集中」　②アルバイトをする人を探している

2．1）あした10時に来る　2）今晩のパーティーに出席できない

3．1）①まだ来ていない　②午後のミーティングはない

　2）①今会議中な　②出張は来週になった

第34課
練習B

1．1）さっき書いたとおりに、漢字を書いてください。
　　2）わたしがやったとおりに、やってください。
　　3）先生が言ったとおりに、机を並べました。
　　4）今聞いたとおりに、書いてください。
　　5）料理番組で見たとおりに、作りました。
　　6）歯医者に教えてもらったとおりに、歯を磨いています。
2．1）図のとおりに、紙を折ってください。
　　2）線のとおりに、紙を切ってください。
　　3）矢印のとおりに、行ってください。
　　4）説明書のとおりに、家具を組み立ててください。
3．1）説明が終わったあとで、質問してください。
　　2）新しいのを買ったあとで、なくした時計が見つかりました。
　　3）コンサートのあとで、食事をしましょう。
　　4）ジョギングのあとで、シャワーを浴びます。
4．1）土曜日仕事が終わったあとで、[練習を]します。
　　2）いいえ、おふろに入ったあとで、食事をします。
　　3）講義のあとで、会います。
　　4）いいえ、昼ごはんのあとで、出かけます。
5．1）傘を持って出かけます。傘を持たないで出かけます。
　　2）傘をさして歩きます。傘をささないで歩きます。
　　3）ソースをつけて食べます。ソースをつけないで食べます。
　　4）砂糖を入れて飲みます。砂糖を入れないで飲みます。
　　5）エアコンをつけて寝ます。エアコンをつけないで寝ます。
6．1）最近はバスに乗らないで、駅まで歩いています。
　　2）ケーキは買わないで、自分で作っています。
　　3）古い本は捨てないで、フリーマーケットで売ります。
　　4）きのうは出かけないで、うちでゆっくり休みました。

練習C

1．1）①てんぷら　②テレビの料理番組で見た
　　2）①ケーキ　②料理教室で習った
2．1）①お客さんが来ます　②お客さんが帰った
　　2）①もうすぐ12時です　②昼ごはんを食べた
3．1）①何もしない　②子どものサッカーの試合を見に行こう
　　2）①どこも行かない　②友達とテニスをしよう

第35課

練習B

1．1）おじいさんに聞けば、昔のことがわかります。
　2）急げば、9時のバスに間に合います。
　3）秋になれば、木の葉の色が変わります。
　4）橋ができれば、島まで20分で行けます。
　5）漢字がわかれば、便利です。
　6）機会があれば、アフリカへ行きたいです。

2．1）白いボタンを押せば、戻りますよ。
　2）レバーを左へ回せば、熱くなりますよ。
　3）ドアに触れれば、開きますよ。
　4）横のひもを引けば、閉まりますよ。

3．1）眼鏡をかけなければ、辞書の字が読めません。
　2）ドアを閉めなければ、電気がつきません。
　3）薬を飲まなければ、治りません。
　4）英語ができなければ、海外旅行のとき、困ります。
　5）資料が足りなければ、佐藤さんに言ってください。
　6）いすがなければ、隣の部屋から持って来てください。

4．1）答えが正しければ、丸を付けてください。
　2）都合がよければ、ぜひ来てください。
　3）今週がだめなら、来週はどうですか。
　4）50メートルぐらいなら、泳げます。

5．1）ええ、7月になれば、登れます。
　2）ええ、はがきで申し込めば、見学できます。
　3）ええ、天気がよければ、見えます。
　4）ええ、古い雑誌なら、借りられます。

6．1）歌舞伎を見たいんですが、どうすればいいですか。
　2）着物を借りたいんですが、どこへ行けばいいですか。
　3）お葬式に行くんですが、何を着て行けばいいですか。
　4）友達が結婚するんですが、どんな物をあげればいいですか。

7．1）炊飯器なら、パワー電気のがいいですよ。
　2）花見なら、吉野山がいいですよ。
　3）パソコン教室なら、「IMCパソコン教室」がいいですよ。
　4）日本料理の本なら、『母の味』がいいですよ。

練習C

1．1）①ひらがなをかたかなに換え　②換えたいことばを選んで、このキーを押せ
　①換えられます

2）①漢字にふりがなを付け　②漢字を選んで、ここをクリックすれ
①付けられます
2．1）①この町の歴史　②だれに聞け　③田中さんのおじいさんに聞け
2）①お正月の料理　②何を読め　③『母の味』を読め
3．1）①歯医者　①歯医者　②「佐藤歯科」　③設備がいいです
2）①料理教室　①料理教室　②「毎日クッキング」　③先生が親切です

第36課

練習B

1．1）おいしい料理が作れるように、料理教室に通っています。
2）試合に出られるように、毎日練習しています。
3）よく見えるように、前の方に座りましょう。
4）かぜが治るように、早く寝ます。
2．1）道をまちがえないように、地図を持って行きましょう。
2）年を取ってから、困らないように、貯金します。
3）家族が心配しないように、毎週連絡しています。
4）食べ物が腐らないように、冷蔵庫に入れておいてください。
3．1）はい、ほとんど書けるようになりました。
2）はい、少しわかるようになりました。
3）はい、300ぐらい読めるようになりました。
4）はい、このごろやっとかけられるようになりました。
4．1）いいえ、まだわかりません。早くわかるようになりたいです。
2）いいえ、まだ乗れません。早く乗れるようになりたいです。
3）いいえ、まだ泳げません。早く泳げるようになりたいです。
4）いいえ、まだ弾けません。早く弾けるようになりたいです。
5．1）昔は船で渡りましたが、今は歩いて渡れるようになりました。
2）昔はお正月の料理をうちで作りましたが、今はデパートで買えるようになりました。
3）昔は持って歩けませんでしたが、今はどこでも持って行けるようになりました。
4）昔は宇宙へだれも行けませんでしたが、今は行けるようになりました。
6．1）できるだけ毎晩12時までに寝るようにしています。
2）できるだけ休みの日は運動するようにしています。
3）できるだけ甘い物を食べないようにしています。
4）できるだけ無理をしないようにしています。
7．1）友達のうちに泊まるときは、必ず連絡するようにしてください。
2）使った物は必ず元の所に戻すようにしてください。
3）絶対にパスポートをなくさないようにしてください。

4）夜11時を過ぎたら、洗濯しないようにしてください。

練習C

1．1）①カメラ　②おもしろい物を見た　③いつでも写真が撮れる

　　2）①パソコン　②時間があった　③どこでも仕事ができる

2．1）①剣道　②試合に出られる

　　2）①料理　②おいしい日本料理が作れる

3．1）①飲みに行かない　②早く帰る

　　2）①バスに乗らない　②駅まで歩く

第37課

練習B

1．1）わたしは兄にしかられました。　2）わたしは課長に呼ばれました。

　　3）わたしはイーさんに映画に誘われました。

　　4）わたしは木村さんに結婚式に招待されました。

2．1）わたしは妹に友達を紹介されました。

　　2）わたしは母に買い物を頼まれました。

　　3）わたしはクララさんに歌舞伎について質問されました。

　　4）わたしは警官にここに車を止めるなと言われました。

3．1）わたしは泥棒にカメラをとられました。

　　2）わたしは子どもに服を汚されました。

　　3）わたしは電車で隣の人に足を踏まれました。

　　4）わたしはだれかにかばんを持って行かれました。

4．1）どうしたんですか。……課長にしかられたんです。

　　2）どうしたんですか。……彼女に嫌いだ（「嫌い」）と言われたんです。

　　3）どうしたんですか。……だれかに傘をまちがえられたんです。

　　4）どうしたんですか。……犬に手をかまれたんです。

5．1）1936年に国会議事堂が建てられました。

　　2）1958年にインスタントラーメンが発明されました。

　　3）1964年に東京でオリンピックが行われました。

　　4）2002年に日本と韓国でサッカーのワールドカップが開かれました。

6．1）次の会議はどこで開かれますか。……神戸で開かれます。

　　2）この小説はいつ書かれましたか。……18世紀に書かれました。

　　3）この車はどこへ輸出されますか。……世界中へ輸出されます。

　　4）日本の家は昔何で造られましたか。……木で造られました。

7．1）漢字は中国や日本などで使われています。

　　2）この人形はロシアで作られています。

　　3）この小説はいろいろな国のことばに翻訳されています。

4）石油はサウジアラビアなどから輸入されています。

練習C

1．1）デートに誘われた　2）結婚を申し込まれた

2．1）①レストラン　②服を汚された　2）①電車の中　②財布をとられた

3．1）①絵　②かかれた　②かかれ　2）①庭　②造られた　②造られ

第38課

練習B

1．1）子どもを育てるのは大変です。

2）新しいことを知るのはおもしろいです。

3）習慣を変えるのは難しいです。

4）電話しながら運転するのは危ないです。

2．1）ええ、朝早く散歩するのは気持ちがいいです。

2）ええ、日本のことを知るのはおもしろいです。

3）ええ、ラッシュの電車で毎日通うのは大変です。

4）ええ、ダイエットを続けるのは難しいです。

3．1）わたしは海岸を散歩するのが好きです。　2）わたしは負けるのが嫌いです。

3）夫は子どもを褒めるのが上手です。　4）息子はうそをつくのが下手です。

5）息子は走るのが速いです。　6）娘は食べるのが遅いです。

4．1）ええ、外で食べるのが嫌いなんです。

2）ええ、子どもと遊ぶのが上手なんです。

3）ええ、食べるのが速いんです。

4）ええ、朝起きるのが遅いんです。

5．1）宿題をしましたが、きょう持って来るのを忘れました。

2）メールを書きましたが、送るのを忘れました。

3）住所が変わりましたが、彼女に連絡するのを忘れました。

4）彼をコンサートに誘いましたが、時間を言うのを忘れました。

6．1）田中さんが会社をやめるのを知っていますか。

2）小川さんが入院しているのを知っていますか。

3）かなは漢字から作られたのを知っていますか。

4）富士山は7月と8月しか登れないのを知っていますか。

7．1）初めてのデートで食べたのは何ですか。……イタリア料理です。

2）初めて「好きだ」と言われたのはどこですか。……富士山の上です。

3）誕生日にもらったのは何ですか。……指輪です。

4）結婚式をしたのはどこですか。……出雲大社です。

8．1）いいえ、日本へ来たのはおととしです。

2）いいえ、勉強しているのは経済です。

3）いいえ、なりたいのは小学校の先生です。

4）いいえ、心配なのは、家族のことです。

練習C

1．1）①いつもお弁当を持って来る　②料理を作る　②料理を作る　③楽しいです

2）①バスに乗らない　②歩く　③歩く　③体にいいです

2．1）書類をしまう　2）コンピューターの電源を切る

3．1）①広島で見学する　②どこ　③原爆ドームと自動車工場

2）①東京駅に着く　②何時　③午後5時半

第39課

練習B

1．1）地震のニュースを見て、びっくりしました。

2）旅行中に財布をとられて、困りました。

3）試験に合格して、うれしかったです。

4）ペットの犬が死んで、悲しかったです。

2．1）家族に会えなくて、寂しいです。

2）スピーチが上手にできなくて、恥ずかしかったです。

3）息子から連絡がなくて、心配です。

4）パーティーに彼女が来なくて、がっかりしました。

3．1）歯が痛くて、硬い物が食べられません。

2）質問が難しくて、答えられませんでした。

3）自転車が邪魔で、通れません。

4）試験のことが心配で、寝られませんでした。

4．1）地震で古いビルが倒れました。　2）[飛行機の]事故で人が大勢死にました。

3）台風で交通が止まりました。　4）雷で電気が消えました。

5．1）電気屋がエアコンの修理に来るので、午後はうちにいます。

2）きょうは道があまり込んでいないので、早く着くでしょう。

3）最近太ったので、ダイエットをしようと思っています。

4）夫が約束を守らなかったので、けんかしました。

6．1）電気代が高いので、エアコンをつけません。

2）この辺の海は汚いので、泳がないほうがいいです。

3）このカメラは操作が簡単なので、だれでも使えます。

4）日曜日だったので、電車がすいていました。

7．1）ビザを取りに行かなければならないので、あしたの午後休んでもいいですか。

2）漢字を調べたいので、この辞書を借りてもいいですか。

3）この荷物は邪魔なので、片づけてもいいですか。

4）日本語があまり上手じゃないので、英語で話してもいいですか。

8．1）いいえ。台風で木が倒れたので、通れません。
　　2）いいえ。インフルエンザで1週間勉強しなかったので、できませんでした。
　　3）いいえ。きのうの雨と雷で会場が使えないので、ありません。
　　4）いいえ。事故でけがをしたので、出ませんでした。

練習C

1．1）①カラオケ　②仕事が忙しくて　2）①コンサート　②約束があって
2．1）①離婚した　②テレビを見て　③お金の問題　①離婚した
　　2）①やめる　②新聞を読んで　③健康の問題　①やめる
3．1）①タオルとせっけんがない　②持って来て
　　2）①エアコンがつかない　②調べて

第40課

練習B

1．1）どこにケータイを置いたか、覚えていません。
　　2）日本の北から南まで何キロあるか、調べてください。
　　3）どの方法がいちばんいいか、考えましょう。
　　4）この服はどちらが表か、わかりません。
2．1）ビールが何本残っているか、数えているんです。
　　2）誕生日のプレゼントは何がいいか、話しているんです。
　　3）どうしたら、おいしい水が作れるか、研究しているんです。
　　4）のぞみ26号は何時に到着するか、調べているんです。
3．1）発表がうまくいくかどうか、心配です。
　　2）まちがいがないかどうか、もう一度見てください。
　　3）土曜日は都合がいいかどうか、まだわかりません。
　　4）カードを申し込むとき、はんこが必要かどうか、調べたほうがいいです。
4．1）いいホテルがあるかどうか、インターネットで調べているんです。
　　2）お金が足りるかどうか、確かめているんです。
　　3）荷物の重さが20キロ以下かどうか、量っているんです。
　　4）忘れ物がないかどうか、調べているんです。
5．1）すみません。このコートを着てみてもいいですか。
　　2）すみません。この帽子をかぶってみてもいいですか。
　　3）すみません。このいすに座ってみてもいいですか。
　　4）すみません。この車に乗ってみてもいいですか。
6．1）サイズが合うかどうか、着てみます。
　　2）もううちを出たかどうか、電話をかけてみます。
　　3）おいしいかどうか、行ってみます。
　　4）元気かどうか、山田さんに聞いてみます。

7．1）温泉に入ったことがないので、入ってみたいです。
　　2）馬に乗ったことがないので、乗ってみたいです。
　　3）着物を着たことがないので、着てみたいです。
　　4）生け花をしたことがないので、してみたいです。

練習C

1．1）日本の子どもはどんな遊びが好きか
　　2）日本のお年寄りはどうして元気か
2．1）アジア研究センターの見学に行くか
　　2）マラソン大会に参加するか
3．1）①日光の東照宮を見た　②きれいです　①見て
　　2）①温泉に入った　②気持ちがいいです　①入って

第41課

練習B

1．1）きれいな手袋ですね。……ええ。おばにもらったんです。
　　2）きれいな写真ですね。……ええ。社長にいただいたんです。
　　3）きれいなハンカチですね。……ええ。課長にいただいたんです。
　　4）きれいな指輪ですね。……ええ。祖母にもらったんです。
2．1）すてきな手袋ですね。……ええ。おばがくれたんです。
　　2）すてきな写真ですね。……ええ。社長がくださったんです。
　　3）すてきなハンカチですね。……ええ。課長がくださったんです。
　　4）すてきな指輪ですね。……ええ。祖母がくれたんです。
3．1）猫に魚をやります。　2）赤ちゃんにミルクをやります。
　　3）孫にお年玉をやります。　4）花に水をやります。
4．1）わたしは小林先生に発音を直していただきました。
　　2）わたしはワット先生に英語の辞書を選んでいただきました。
　　3）わたしは課長に奈良へ連れて行っていただきます。
　　4）わたしは部長の奥さんに来週生け花を見せていただきます。
5．1）中村課長が傘を貸してくださいました。
　　2）小林先生が空港まで送ってくださいました。
　　3）親切なおじいさんが道を教えてくださいました。
　　4）友達のお父さんが荷物を持ってくださいました。
6．1）わたしは息子に絵本を読んでやりました。
　　2）わたしは孫にりんごを送ってやりました。
　　3）わたしは犬を散歩に連れて行ってやりました。
　　4）わたしは弟の作文を直してやりました。
7．1）小林先生が案内してくださいました。

2）松本部長の奥さんに教えていただきました。
3）中村課長が予約してくださいました。
4）友達のお母さんに撮っていただきました。
5）自転車を買ってやります。
6）ディズニーランドへ連れて行ってやります。

8．1）よく聞こえないんですが、もう少し大きい声で話してくださいませんか。
2）セーターのサイズをまちがえたんですが、取り替えてくださいませんか。
3）日本料理に興味があるんですが、いい本を教えてくださいませんか。
4）ちょっと寒いんですが、暖房の温度を上げてくださいませんか。

練習C

1．1）友達を紹介したり、うちへ招待したりして
2）町のいろいろな情報を教えて

2．1）①珍しい鳥　②水を換えて　2）①かわいい犬　②散歩に連れて行って

3．1）①棚を組み立てたい　②ドライバーを貸して
2）①友達が入院した　②お見舞いは何がいいか、教えて

第42課

練習B

1．1）いつか自分の店を持つために、一生懸命働いています。
2）友達の結婚式に出るために、休みを取りました。
3）弁護士になるために、法律を勉強しています。
4）両親と住むために、家を探しています。

2．1）仕事のために、毎週日本語を習っています。
2）アニメの研究のために、日本へ留学したいです。
3）日本語の勉強のために、電子辞書を買いました。
4）子どもの教育のために、貯金しなければなりません。

3．1）子どもたちのために、絵本をかいています。
2）国のために、一生懸命働きたいです。
3）結婚する二人のために、みんなでお祝いをしましょう。
4）外国人のために、駅の名前はローマ字でも書いてあります。

4．1）自然の中で子どもを育てるために、引っ越しするんです。
2）新しい学校を作るために、お金を集めているんです。
3）世界の平和のために、国連の仕事をしたいです。
4）オリンピックのために、日本の音楽家が作りました。

5．1）これは何ですか。……のし袋です。お祝いのお金を入れるのに使います。
2）これは何ですか。……体温計です。熱を測るのに使います。
3）これは何ですか。……ふろしきです。物を包むのに使います。

4）これは何ですか。……そろばんです。計算するのに使います。

6．1）ええ。子どもを育てるのにいいです。

2）ええ。日本語を勉強するのに役に立ちます。

3）ええ。お土産にちょうどいいです。

4）ええ。旅行に便利です。

7．1）この車を修理するのにどのくらいかかりますか。……2週間かかります。

2）東京で生活するのにどのくらい必要ですか。……月に20万円必要です。

3）子どもを育てるのにどのくらいかかりますか。……2,000万円ぐらいかかります。

4）この論文を書くのにどのくらいかかりましたか。

……1年かかりました。

練習C

1．1）マンガ文化を研究する　2）日本の社会について論文を書く

2．1）①瓶のふたを開ける　②栓抜き　2）①お湯を沸かす　②やかん

3．1）①会社が遠くて　②通う　③1時間半かかる

2）①物価が高くて　②1か月生活する　③20万円必要な

第43課

練習B

1．1）枝が折れそうです。　2）ひもが切れそうです。　3）ボタンがとれそうです。

4）木が倒れそうです。

2．1）雨が降りそうですよ。……じゃ、傘を持って行きます。

2）ガスの火が消えそうですよ。……じゃ、窓を閉めます。

3）もうすぐ雨がやみそうですよ。……じゃ、ちょっと待ちます。

4）信号が変わりそうですよ。……じゃ、急ぎましょう。

3．1）今週はいい天気が続きそうです。

2）ことしは去年より早く桜が咲きそうです。

3）ことしは米の値段が上がりそうです。

4）これから結婚しない人が増えそうです。

4．1）夜は寒くなりそうですから、コートを着て行きましょう。

2）ガソリンがなくなりそうですから、あの店で入れましょう。

3）遅くなりそうですから、ホテルに連絡しておきましょう。

4）台風が来そうですから、旅行はやめましょう。

5．1）寂しそうです。　2）うれしそうです。　3）暇そうです。　4）便利そうです。

6．1）そのセーター、暖かそうですね。……ええ、イギリスで買ったんです。

2）そのかばん、重そうですね。……ええ、辞書が3冊入っているんです。

3）元気そうですね。……ええ、最近体の調子がいいんです。

4）あの二人、幸せそうですね。……ええ、先月結婚したんです。

7．1）バスの時間を見て来ますから、ちょっと待っていてください。
2）道を聞いて来ますから、ちょっと待っていてください。
3）ジュースを買って来ますから、ちょっと待っていてください。
4）車を駐車場に止めて来ますから、ちょっと待っていてください。

8．1）変な音が聞こえたので、ちょっと見て来ます。
2）ええ。天気がいいので、散歩して来ます。
3）１枚足りないので、ちょっとコピーして来ます。
4）友達が来るので、迎えに行って来ます。

練習C

1．1）自転車から荷物が落ち　2）袋が破れ

2．1）①楽し　②あしたから海外旅行に行く　③楽しみです
2）①眠　②子どもが毎晩泣いて、寝られない　③大変です

3．1）①郵便局　②この荷物を送って
2）①市役所　②日本語教室のパンフレットをもらって

第44課

練習B

1．1）砂糖を入れすぎました。　2）食べすぎました。　3）働きすぎました。
4）お土産を買いすぎました。

2．1）この上着は大きすぎます。　2）この部屋は広すぎます。
3）この問題は簡単すぎます。　4）このうちは家賃が高すぎます。

3．1）お酒を飲みすぎて、まっすぐ歩けません。
2）疲れすぎて、眠れません。
3）荷物が重すぎて、一人で持てません。
4）味が濃すぎて、たくさん食べられません。

4．1）ええ。きのう飲みすぎたんです。　2）ええ。ＤＶＤを見すぎたんです。
3）ええ。値段が高すぎるんです。　4）ええ。説明書が複雑すぎるんです。

5．1）新しい掃除機は軽くて、使いやすいです。
2）ここは交通が便利で、住みやすいです。
3）あの先生の話は難しくて、わかりにくいです。
4）この薬は苦くて、飲みにくいです。

6．1）この階段は滑りやすいです。　2）夏は食べ物が腐りやすいです。
3）車の窓ガラスは割れにくいです。　4）雨の日は洗濯物が乾きにくいです。

7．1）ズボンが長いので、短くしてください。
2）テーブルが汚いので、きれいにしてください。
3）うるさいので、静かにしてください。
4）ごはんが多いので、半分にしてください。

8．1）11時の便にします。　2）「ホテルひろしま」にします。
　3）ツインにします。　4）和食にします。

練習C

1．1）①食べ　②おなかの調子が悪い
　2）①歌を歌い　②のどの調子がおかしい
2．1）①本棚　②棚が多くて　③本を整理し
　2）①ベッド　②硬さがちょうどよくて　③寝
3．1）①線　②太く　2）①字　②2倍に

第45課

練習B

1．1）交通事故にあった場合は、すぐ110番に連絡してください。
　2）友達を連れて来る場合は、知らせてください。
　3）何か問題があった場合は、わたしに言ってください。
　4）受付にだれもいない場合は、このボタンを押してください。
2．1）風が強い場合は、窓を開けないでください。
　2）薬が必要な場合は、受付に来てください。
　3）エアコンの調子が悪い場合は、すぐ連絡してください。
　4）食堂が休みの場合は、外で食べてください。
3．1）時間に間に合わない場合は、どうしたらいいですか。
　2）20キロ以上の場合は、どうしたらいいですか。
　3）予約をキャンセルしたい場合は、どうしたらいいですか。
　4）領収書がない場合は、どうしたらいいですか。
4．1）2時間並んだのに、チケットが買えませんでした。
　2）楽しみにしていたのに、旅行が中止になってしまいました。
　3）彼は日本へ来たことがないのに、日本語が上手です。
　4）毎日8時間寝ているのに、いつも眠いです。
5．1）仕事は忙しいのに、給料は安いです。
　2）お正月なのに、仕事をしなければなりません。
　3）保険証が必要だったのに、持って来るのを忘れました。
　4）このアパートは汚くて、狭いのに、家賃は高いです。
6．1）どうしたんですか。……ボタンを押したのに、ジュースが出ないんです。
　2）どうしたんですか。……気をつけていたのに、手にけがをしてしまったんです。
　3）どうしたんですか。……もう遅いのに、子どもが学校から帰らないんです。
　4）どうしたんですか。……約束は10時なのに、彼女がまだ来ないんです。
7．1）ええ、そうですね。町の真ん中にあるのに。
　2）ええ、そうですね。有名なのに。

3）ええ、そうですね。そんなに安くないのに。

4）ええ、そうですね。一度も遅れたことがないのに。

練習C

1．1）①出発の時間に間に合わない　②知らせて

2）①急に都合が悪くなった　②連絡して

2．1）①服　②1回しか着ていない　③ここが破れて

2）①かばん　②彼のプレゼントな　③汚して

3．1）①海外旅行に行く　②飛行機が嫌いだ

2）①小学校の先生になる　②子どもは好きじゃない

第46課

練習B

1．1）いいえ、ちょうど始まるところです。　2）いいえ、今から頼むところです。

3）いいえ、これからインターネットで探すところです。

4）いいえ、今電話するところです。

2．1）今調べているところです。　2）今片づけているところです。

3）今書いているところです。　4）今相談しているところです。

3．1）たった今出たところです。　2）今寝たところです。

3）ちょうど終わったところです。　4）たった今着いたところです。

4．1）今いいですか。……すみません。お客さんが来たところなんです。

2）今いいですか。……すみません。電車に乗ったところなんです。

3）今いいですか。……すみません。会議が始まるところなんです。

4）今いいですか。……すみません。食事しているところなんです。

5．1）いいえ、勉強を始めたばかりです。

2）はい、先週買ったばかりです。

3）いいえ、1か月まえに、会ったばかりです。

4）はい、この間行ったばかりです。

6．1）夫はさっき帰ってきたばかりなので、まだ晩ごはんを食べていません。

2）娘は先月小学校に入学したばかりなので、まだ学校に慣れていません。

3）あのホテルはことしできたばかりなので、きれいです。

4）このタオルは洗濯したばかりなので、まだ乾いていません。

7．1）さっき名前を聞いたばかりなのに、もう忘れてしまいました。

2）朝靴を磨いたばかりなのに、もう汚れてしまいました。

3）この時計は先月買ったばかりなのに、もう壊れてしまいました。

4）あの二人は去年結婚したばかりなのに、もう離婚してしまいました。

8．1）出席の返事をもらいましたから、来るはずです。

2）いつも込んでいますから、おいしいはずです。

3）美術を勉強していますから、上手なはずです。

4）1か月ほど旅行に行くと言っていましたから、留守のはずです。

練習C

1．1）①電車に乗った　②東京駅に着いた

2）①お客さんと食事をしている　②終わった

2．1）①研究　②大学院に入った

2）①新しい仕事　②始めた

3．1）①道がわかる　①わかる　②きのう地図を渡しました

2）①一人で来られる　①来られる　②まえに来たことがあります

第47課

練習B

1．1）新聞で見たんですが、世界の人口は2100年に100億人になるそうです。

2）アメリカの科学雑誌で読んだんですが、新しい星が発見されたそうです。

3）ミラーさんに聞いたんですが、ニューヨークの冬はとても寒いそうです。

4）ワンさんに聞いたんですが、弟さんは弁護士だそうです。

2．1）けさの新聞によると、イタリアが勝ったそうです。

2）警察の発表によると、12月だそうです。

3）はい、最近のデータによると、増えているそうです。

4）いいえ、けさのニュースによると、反対だそうです。

3．1）シュミットさんは日本文学に興味があるそうですよ。
……それで本をたくさん持っているんですね。

2）あの二人は別れたそうですよ。
……それで最近彼は元気がないんですね。

3）あの店のケーキはおいしいそうですよ。
……それでいつも人が並んでいるんですね。

4）タワポンさんはアニメが好きだそうですよ。
……それで秋葉原へよく行くんですね。

4．1）子どもの声がしますね。……ええ、子どもたちがけんかしているようです。

2）いいにおいがしますね。……ええ、ケーキを焼いているようです。

3）変な味がしますね。……ええ、しょうゆとソースをまちがえたようです。

4）変な音がしますね。……ええ、エンジンが故障のようです。

5．1）ええ。雨が降っているようですね。

2）ええ。だれもいないようですね。

3）ええ。強い風が吹いたようですね。

4）ええ。留守のようですね。

6．1）庭に猫がいるようですから、見て来ます。

2）外は寒いようですから、コートを着て行ったほうがいいです。

3）タワポンさんはカラオケが好きなようですから、今度誘いましょう。

4）この荷物は忘れ物のようですから、交番へ持って行きましょう。

練習C

1．1）①山田さん　②奥さんが入院した　③お見舞いに行か

2）①松本さん　②お母さんが亡くなった　③みんなに連絡し

2．1）①アメリカで飛行機が落ちた　②詳しいことはまだわからない

2）①インドネシアで地震があった　②大きい津波が来た

3．1）①パトカーが来ています　②事故があった　③バスとタクシーの事故

2）①音楽が聞こえます　②お祭りの　③盆踊り

第48課

練習B

1．1）わたしは娘を電車の中で立たせます。　2）わたしは子どもを駅まで歩かせます。

3）わたしは子どもをプールで泳がせます。　4）わたしは息子を塾に通わせます。

2．1）部長は佐藤さんにデータをまとめさせました。

2）部長はミラーさんにファイルを持って来させました。

3）部長は鈴木さんに会議の準備をさせました。

4）部長は林さんに書類を届けさせました。

3．1）夜は危ないので、娘を9時までに帰らせています。

2）成績がよくないので、息子を塾に行かせています。

3）朝は忙しいので、娘に朝ごはんの準備を手伝わせています。

4）犬を飼っているので、息子に犬の世話をさせています。

4．1）娘がカレーを作りたいと言ったので、作らせました。

2）息子がキャンプに行きたいと言ったので、行かせました。

3）息子がアルバイトをしたいと言ったので、させました。

4）娘がフランスへ留学したいと言ったので、留学させました。

5．1）荷物を下ろしたいので、ここにしばらく車を止めさせていただけませんか。

2）空港へ両親を迎えに行きたいので、来週の火曜日は4時に帰らせていただけませんか。

3）資料を整理したいので、この会議室を使わせていただけませんか。

4）庭がとてもきれいなので、写真を1枚撮らせていただけませんか。

5）日本のお年寄りの生活について調べているので、お話を聞かせていただけませんか。

6）まえから興味があったので、この仕事をやらせていただけませんか。

練習C

1．1）おふろを洗わせて　2）毎日犬の世話をさせて

2．1）①音楽をやり　②音楽が好きだった　①やらせます
　　2）①留学し　②勉強したかった　①留学させます
3．1）クラスの写真を撮らせて
　　2）講義を録音させて

第49課

練習B

1．1）課長はもう資料を読まれました。　2）部長はさっき出かけられました。
　　3）社長は来週インドへ出張されます。　4）先生は8時ごろ研究室へ来られます。
2．1）お花見に行かれましたか。……はい、行きました。
　　2）夏休みはお国へ帰られますか。……いいえ、帰りません。
　　3）どのくらい休みを取られますか。……2週間取ります。
　　4）いつ大阪に引っ越しされますか。……来週の日曜日引っ越しします。
3．1）先生は3月に大学をおやめになります。
　　2）先生は飛行機にお乗りになりません。
　　3）この本は先生がお書きになりました。
　　4）この料理は先生の奥様がお作りになりました。
4．1）バス停の場所はおわかりになりますか。……いいえ、わかりません。
　　2）お疲れになりましたか。……ええ、ちょっと疲れました。
　　3）日光ではどんな所にお泊まりになりましたか。……古い旅館に泊まりました。
　　4）どちらでそのかばんをお買いになりましたか。……ベトナムの空港で買いました。
5．1）どなたがあいさつをなさいますか。……小林先生がなさいます。
　　2）田中さんはどちらにいらっしゃいますか。……ロビーにいらっしゃいます。
　　3）部長はどちらへいらっしゃいましたか。……銀行へいらっしゃいました。
　　4）社長は何とおっしゃいましたか。……会議に出席するとおっしゃいました。
　　5）ワット先生はお酒を召し上がりますか。……いいえ、召し上がりません。
　　6）中村課長は歌舞伎をご覧になりますか。……はい、ご覧になります。
6．1）いつ日本へいらっしゃいましたか。……去年の4月に来ました。
　　2）ご家族はどちらにいらっしゃいますか。……ニューヨークにいます。
　　3）お酒は召し上がりますか。……はい、たまに飲みます。
　　4）夏休みはどちらへいらっしゃいますか。……北海道へ行きます。
　　5）「七人の侍」はもうご覧になりましたか。……はい、もう見ました。
　　6）日本の首相の名前をご存じですか。……いいえ、知りません。
7．1）ご自由にお取りください。　2）いい週末をお過ごしください。
　　3）こちらにご連絡ください。　4）どなたでもご利用ください。

練習C

1．1）①新しい仕事を始められた　①始められた　②先月　①始め
　　2）①うちを建てられた　①建てられた　②去年　①建て
2．1）①その雑誌　②読み　2）①こちらのパソコン　②使い
3．1）保険証をお出し　2）こちらでしばらくお待ち

第50課

練習B

1．1）かばんをお持ちします。　2）予定をお知らせします。
　　3）駅まで車でお送りします。　4）本をお借りします。
2．1）初めに伊藤先生をご紹介します。　2）お弁当はこちらでご用意します。
　　3）きょうのスケジュールをご説明します。
　　4）中止の場合は、メールでご連絡します。
3．1）コーヒーをおいれしましょうか。　2）ご案内しましょうか。
　　3）お呼びしましょうか。　4）電車の時間をお調べしましょうか。
4．1）奥様にお目にかかりました。　2）おいしい料理をいただきました。
　　3）ご家族の写真を拝見しました。　4）おもしろいお話を伺いました。
5．1）私が手伝いに伺います。　2）いいえ、存じません。
　　3）小林先生に伺いました。　4）先月お目にかかりました。
6．1）インドネシアから参りました。　2）家族はジャカルタにおります。
　　3）富士大学で美術を勉強しております。　4）さ来月から半年アメリカへ留学いたします。
7．1）おととし参りました。　2）京都に住んでおります。
　　3）2年ぐらい勉強いたしました。　4）教師です。大学で英語を教えております。

練習C

1．1）①忙しそうです　②お手伝い
　　2）①雨です　②傘をお貸し
2．1）①歌舞伎をご覧になった　②ご招待します
　　2）①松本部長にお会いになった　②ご紹介します
3．1）①新しい本を書かれた　②先生の研究室で拝見しました　③おもしろい本だ
　　2）①結婚なさった　②松本部長に伺いました　③すばらしい結婚式だった

問題のスクリプト、解答例

第26課

CD02
1．1）日本語が上手ですね。だれに習ったんですか。
……例：一人で勉強しました。
2）どうして日本語を勉強しているんですか。
……例：日本の大学に入りたいんです。
3）あなたの国を旅行したいんですが、どこを見たらいいですか。
……例：万里の長城がいいと思います。
4）あなたの国のお土産を買いたいんですが、いいお土産を教えていただけませんか。
……例：お菓子がいいと思います。

CD03
2．1）女：ミラーさん、お帰りなさい。旅行はどうでしたか。
男：楽しかったです。
女：おもしろい帽子ですね。メキシコで買ったんですか。
男：ええ。メキシコのダンスを見に行ったとき、買いました。
★ ミラーさんはメキシコで帽子を買いました。 （ ○ ）
2）男：今晩カラオケに行きませんか。
女：すみません。行きたいんですが、今晩はちょっと……。
★ 女の人は今晩カラオケに行きます。 （ × ）
3）女1：すみません。あしたうちでパーティーをするんですが、
ちょっと手伝っていただけませんか。
女2：ええ、いいですよ。何時ごろ行ったらいいですか。
女1：6時から始めますから、4時ごろお願いします。
女2：わかりました。
★ あした4時からパーティーがあります。 （ × ）
4）男：国会議事堂を見学したいんですが、どうしたらいいですか。
女：直接行ったらいいですよ。
男：いつでもいいですか。
女：いいえ、平日だけですよ。
★ 国会議事堂はいつでも見学することができます。 （ × ）
5）男：きのうのお花見、どうだった？
女：楽しかったよ。どうして来なかったの？
男：ちょっと用事があったんだ。
女：そう。
★ 女の人はきのうのお花見に行きませんでした。 （ × ）

3．1）あったんです　2）ないんです　3）好きなんです

4．1）どこで買ったんですか　2）何歳になったんですか　3）いつ帰るんですか
4）何人ぐらい来るんですか

5．1）例：嫌いなんです　2）例：目にごみが入ったんです

3）例：時間がないんです　4）例：あまり好きじゃないんです（下手なんです）

6．1）手伝っていただけませんか　2）教えていただけませんか

3）あげたらいいですか　4）したらいいですか

7．1）○　2）×

8．（略）

第27課

CD05

1．1）人に初めて会ったとき、すぐ名前が覚えられますか。

……例：いいえ、なかなか覚えられません。

2）ひらがなや漢字が読めますか。

……例：ひらがなとかたかなは読めますが、漢字は読めません。

3）あなたの部屋の窓から山が見えますか。……例：いいえ、見えません。

4）あなたの町でいちばん高い建物は何ですか。いつできましたか。

……例：市役所です。130年まえに、できました。

5）日本は季節が4つあります。あなたの国も季節が4つありますか。

……例：いいえ、わたしの国は季節が2つしかありません。

CD06

2．1）男：あのう、このカード、使えますか。

女：すみません。現金でお願いします。

男：そうですか。じゃ、これで。

女：はい、600円のお釣りです。ありがとうございました。

★　この店はカードが使えません。　（　○　）

2）男：どんな外国語を勉強しましたか。

女：英語と中国語を勉強しました。

でも、英語は話せますが、中国語はあまり話せないんです。

男：そうですか。

★　女の人は中国語が全然できません。　（　×　）

3）男：これがことしの新しい製品の……

女：すみません。よく聞こえないんですが、もう少し大きい声でお願いします。

男：はい、わかりました。

★　今から男の人は大きい声で話します。　（　○　）

4）男：あそこにおもしろいデザインのビルが見えるでしょう？

あれは東京でいちばん新しい美術館です。

女：いつできたんですか。

男：去年の6月にできました。

女：そうですか。

★　去年東京に新しい美術館ができました。　（　○　）

5）女：今度うちでパーティーをするんだけど……。
男：じゃ、僕がサンドイッチ、作ってあげるよ。
女：サンドイッチ？　ありがとう。
男：ケーキも作れるよ。
女：ケーキはミラーさんが持って来てくれるから……。
★　男の人はサンドイッチとケーキを作ります。　（ × ）

3．1）書けます／書ける　2）泳げます／泳げる　3）話せます／話せる
4）勝てます／勝てる　5）飲めます／飲める　6）帰れます／帰れる
7）呼べます／呼べる　8）買えます／買える　9）食べられます／食べられる
10）寝られます／寝られる　11）降りられます／降りられる
12）来られます／来られる　13）できます／できる

4．1）パソコンが使えます　2）カードで払えます
3）日本人の名前がすぐ覚えられません
4）子どものとき、泳げませんでした

5．1）は／見えます　は／見えません　2）しか／見ません
3）は／飼えます　は／飼えません　4）しか／寝られませんでした

6．1）が　2）から／が　3）は／は　4）に／が　5）が／まで

7．1）×　2）○　3）×　4）○

8．（略）

第28課

CD08
1．1）ピアノを弾きながら歌えますか。……例：はい、歌えます。
2）暇なときは、いつも何をしていますか。
……例：本を読んだり、ビデオを見たりしています。
3）子どものとき、毎日学校が終わってから、何をしていましたか。
……例：サッカーをしていました。
4）東京は人も多いし、いろいろな店もあるし、にぎやかです。
あなたが住んでいる町はどうですか。
……例：わたしの町は小さいし、人も少ないし、静かです。

CD09
2．1）女：先生、太郎は学校でどうですか。
男：太郎君は元気だし、親切だし、友達はみんな太郎君が好きですよ。
女：そうですか。
★　太郎君は人気がありません。　（ × ）
2）女：ミラーさんが生まれた所はどこですか。
男：ニューヨークの近くです。小さい町ですが、海が近いですから、景色もいいし、魚もおいしいです。
★　ミラーさんは海の近くの町で生まれました。　（ ○ ）

3）女：ミラーさん、おはようございます。毎朝早いですね。
男：ええ、朝早く出ると、電車で座れるし、新聞も読めるし……。
それに会社でコーヒーを飲みながら日本語の勉強ができますから。
★　ミラーさんは会社へ来てから、新聞を読んでいます。　（ × ）

4）女：将来の夢は何？
男：マンガ家になりたいんだ。
それで、今アルバイトをしながらマンガのかき方を習っているんだよ。
女：そう。頑張ってね。
男：うん、ありがとう。
★　男の人はマンガをかく仕事をしています。　（ × ）

3．1）コーヒーを飲みながら新聞を読みます
2）テレビを見ながらごはんを食べます
3）音楽を聞きながら勉強します　4）歌いながら踊ります

4．1）買っています／行きました　2）歩いています／乗りました
3）ジョギングをしています／泳ぎました　4）食べています／飲みませんでした

5．1）便利だ／静かだ／b　2）すてきだ／ちょうどいい／d
3）おもしろい／熱心だ／a　4）悪い／ない／c

6．①午後4時　②さくら大学体育館　③日本人（日本の学生）　④ダンス
⑤払わなくてもいいです（無料です）

7．（略）

第29課

CD11
1．1）今パソコンがついていますか。……例：はい、ついています。
2）かばんに何が入っていますか。……例：日本語の本が入っています。
3）土曜日銀行は開いていますか。……例：いいえ、閉まっています。
4）借りた本をなくしてしまったら、どうしますか。
……例：本を買って、返します。

CD12
2．1）男：寒いですね。
女：あ、窓が少し開いていますよ。
男：あ、そうですね。閉めましょうか。
女：ええ、お願いします。
★　部屋の窓は開いていました。　（ ○ ）

2）男：すみません、このコピー機、使ってもいいですか。
女：このコピー機、今壊れているんです。すみませんが、2階のを使ってください。
男：はい、わかりました。
★　2階のコピー機は今故障しています。　（ × ）

3）男：いらっしゃいませ。

女：あのう、きのうこちらに傘を忘れてしまったんですが。
男：傘ですか。
女：ええ、赤い傘です。あのテーブルの横に置いたんですが。
男：ああ。ちょっと待ってください。……これですか。
女：あ、それです。どうもすみません。
★　女の人はテーブルの横に傘を忘れました。（ ○ ）

4）男：今ちょっといい？　来週の会議について話したいんだけど。
女：あ、これ、コピーしてしまいたいんだけど。すぐ終わるから。
男：わかった。じゃ、終わったら、言って。
★　女の人はもうコピーをしてしまいました。（ × ）

3．1）[窓の] ガラスが割れています　2）[スーパーの] 袋が破れています
3）木の枝が折れています　4）うちの前に車が止まっています

4．1）ついて　2）消えて　3）開いて　4）付いて

5．1）入って　2）壊れて（故障して）　3）汚れて　4）閉まって

6．1）飲んで　2）読んで　3）書いて

7．1）遅れて　2）まちがえて　3）破れて　4）忘れて

8．3）

9．（略）

第30課

CD14
1．1）机の上に何が置いてありますか。……例：時計が置いてあります。
2）あなたの部屋の壁に何か掛けてありますか。
……例：はい、カレンダーが掛けてあります。
3）パスポートはどこにしまってありますか。……例：机の引き出しにしまってあります。
4）パーティーのまえに、どんな準備をしておきますか。
……例：料理を作ったり、音楽のCDを準備したりしておきます。
5）外国へ行くまえに、どんなことをしておいたらいいですか。
……例：ことばを勉強しておいたらいいと思います。

CD15
2．1）女：この傘、だれのですか。
男：忘れ物ですね。名前は書いてありますか。
女：ああ、ここに書いてあります。佐藤さんのです。
★　傘に佐藤さんの名前が書いてあります。（ ○ ）

2）女：セロテープはどこですか。
男：あの引き出しの中は見ましたか。
女：見たんですが、ないんです。
男：あ、ここにあります。すみません。
★　セロテープは引き出しに入れてあります。（ × ）

3）男：木曜日の夜の予定は？
　　女：パワー電気の森部長とお食事です。大阪ホテルのレストランを予約しておきました。
　　男：そう。ありがとう。
　　★　男の人は木曜日の夜大阪ホテルで食事します。　（ ○ ）
4）男：田中さん、もう帰ってもいいですよ。
　　女：はい。この資料、しまっておきましょうか。
　　男：まだ使いますから、出しておいてください。
　　女：わかりました。
　　★　女の人は資料をしまって、帰ります。　（ × ）
5）女：おいしいケーキがあるから、お茶でも飲まない？
　　男：えっ、冷蔵庫にあったケーキ？　あれ、もう食べてしまったけど。
　　女：えっ！
　　★　男の人と女の人はこれから冷蔵庫に入れておいたケーキを食べます。
　　（ × ）

3．1）はって　2）掛けて　3）入れて　4）置いて

4．1）予習して　2）読んで　3）見て　4）片づけて

5．1）しておいてください　2）置いておいてください
　　3）開けておいてください　4）つけておいてください

6．1）います　2）ありませんでした　3）おいて　4）あります

7．3）

8．（略）

第31課

CD17

1．1）「みんなの日本語初級Ⅱ」が終わってからも、日本語の勉強を続けますか。
　　……例：はい、続けるつもりです。
　2）今度の日曜日は何をしますか。……例：買い物に行こうと思っています。
　3）第32課はもう勉強しましたか。……例：いいえ、まだ勉強していません。
　4）あしたは何か予定がありますか。
　　……例：はい、友達と映画を見に行く予定です。

CD18

2．1）女：シュミットさん、連休はどこか旅行に行きますか。
　　男：いいえ。息子と近くの池で釣りをしようと思っています。渡辺さんは？
　　女：わたしもうちにいるつもりです。連休は人も多いし、ホテルも高いですからね。
　　★　女の人は連休はどこも行きません。　（ ○ ）
　2）女：ミラーさん、日本語の試験はどうでしたか。
　　男：難しかったです。

女：そうですか。
男：でも、来年もう一度受けようと思っているんです。
女：そうですか。来年はきっと大丈夫ですよ。
★　ミラーさんは来年も日本語の試験を受けます。　（ ○ ）

3）女：タワポンさん、レポートはもうまとめましたか。
男：いいえ、まだなんです。
女：あさってまでですよ。急がないと……。
男：はい。今晩書くつもりです。
★　タワポンさんはまだレポートをまとめていません。　（ ○ ）

4）男：田中さん、来週さくら大学へ行きますか。
女：ええ、水曜日に行く予定です。
男：じゃ、すみませんが、ワット先生にこの本を返していただけませんか。
女：いいですよ。
★　女の人は来週ワット先生に会います。　（ ○ ）

5）女：サッカーの試合は何時から？
男：7時から。まだ時間があるから、どこかで食事しない？
女：わたし、ちょっと買い物したいんだけど……。
男：いいよ。じゃ、試合が終わってから、食べよう。
★　男の人と女の人はサッカーの試合のまえに、食事します。　（ × ）

3．1）急ごう　2）踊ろう　3）探そう　4）待とう　5）寝よう　6）続けよう
　7）決めよう　8）休憩しよう　9）来よう

4．1）買おう　2）作ろう（建てよう）　3）予約しよう　4）行こう

5．1）手伝ってもらうつもりです　2）帰らないつもりです
　3）出かけるつもりです　4）持って行かないつもりです

6．1）7日（来週の月曜日）の予定です
　2）はい、広島へ出張の（出張する）予定です
　3）3日（木曜日）に会う予定です　4）上野公園へ行く予定です

7．1）東京に住んでいます。
　2）映画館もないし、レストランもないからです。
　3）いいえ、嫌ではありません。
　4）都会の子どもたちが自由に遊べる「山の学校」を作ろうと思っています。

8．（略）

第32課

CD20

1．1）夜寝られないんですが、薬を飲んだほうがいいですか。
　……例：いいえ、薬は飲まないほうがいいです。
　2）子どもが生まれるんですが、ベッドは買ったほうがいいですか、借りたほうがいいで

すか。

……例：借りたほうがいいです。

CD21

2．1）女：小川さん、きょうは料理教室に行く日ですね。

男：そうなんですが、けさからちょっと調子が悪いんです。

女：じゃ、早く帰って、ゆっくり休んだほうがいいですね。

男：ええ、そうします。

★　男の人はきょう料理教室に行きません。　（ ○ ）

2）女：土曜日からベトナムへ旅行に行くんです。

男：へえ、いいですね。

女：外国は初めてなんですが、どんなことに気をつけたらいいですか。

男：そうですね。お金は現金で持って行かないほうがいいですよ。

女：わかりました。

★　旅行のとき、お金は現金で持って行ったほうがいいです。　（ × ）

3）女：きのう日本語の試験を受けました。

男：どうでしたか。

女：あまり難しくなかったです。

男：じゃ、きっと大丈夫でしょう。

★　男の人は女の人が試験に失敗したと思っています。　（ × ）

4）男：あのう、すみません。ミラーさんは今どちらですか。

女：たぶん食堂でしょう。

男：じゃ、1時ごろまた来ます。

女：はい、ミラーさんにそう言っておきます。

★　男の人はミラーさんに会えませんでした。　（ ○ ）

5）女：バス、なかなか来ないね。もう6時半よ。

男：そうだね。コンサートに間に合わないかもしれないね。

女：じゃ、タクシーで行かない？

男：そうだね。そうしよう。

★　バスが来ませんから、男の人と女の人はタクシーで行きます。　（ ○ ）

3．1）しない　2）予約した　3）食べない（飲まない）　4）寝た

4．1）話せる　2）無理　3）辛くない　4）いい天気

5．1）間に合わない　2）見えない　3）寒い　4）大変

6．1）○　2）○　3）×　4）○

7．（略）

第33課

CD23 1．1）1）に書いてある字は何と読みますか。……「みんなのにほんご」と読みます。

2）立ち入り禁止はどういう意味ですか。

……例：入るな（入ってはいけない）という意味です。

CD24 2．1）男：すみません。あれは何と読むんですか。

女：「使用禁止」です。

男：どういう意味ですか。

女：使うなという意味です。

★ 使用禁止は今使っていないという意味です。（ × ）

2）女：どうしたんですか。

男：コピー機が動かないんです。

女：あ、ここに「故障」と書いてありますよ。

男：そうですか。

★ コピー機は今使えません。（ ○ ）

3）女：はい。

男：田中ですが、ミラーさんはいますか。

女：今出かけていますが、3時ごろ戻ると言っていました。

男：じゃ、3時半ごろまたかけます。

女：すみません。

★ 男の人は3時半ごろミラーさんに会います。（ × ）

4）男：グプタさんはいますか。

女：今ちょっと席を外していますが。

男：じゃ、すみませんが、グプタさんにパーティーは「つるや」ですると伝えていただけませんか。

女：「つるや」ですね。わかりました。

★ 女の人はグプタさんにパーティーの場所を伝えます。（ ○ ）

5）男1：頑張れ！山田。止めろ！あーあ。

男2：すみません。

男1：大丈夫。大丈夫。次の試合で頑張ろう。

男2：はい、頑張ります。

★ 山田君は今の試合で失敗しましたが、次の試合で頑張ります。（ ○ ）

3．1）急げ／急ぐな　2）立て／立つな　3）出せ／出すな

4）止めろ／止めるな　5）忘れろ／忘れるな　6）来い／来るな

7）運転しろ／運転するな

4．1）まっすぐ行け　2）気をつけろ（注意しろ）　3）写真を撮るな

5．1）読みます／壊れている　2）書いてあります／お金を払わなくてもいい

3）読みます／使ってはいけない

6．1）鈴木さん／きょうは会議がない
　　2）渡辺さん／この本はとても役に立った
　　3）田中さん／展覧会は４日から１週間の予定だ

7．1）b　2）d　3）a　4）e

8．（略）

第34課

CD26
1．1）わたしが言ったとおりに、書いてください。いろはにほへと。
　　……いろはにほへと
　　2）毎晩食事が終わったあとで、何をしていますか。
　　……例：テレビを見ています。
　　3）あなたの国ではお葬式にどんな服を着て行きますか。
　　……例：黒い服を着て行きます。
　　4）夜寝ないで、勉強したことがありますか。
　　……例：いいえ、ありません。

CD27
2．1）女：すみません。新幹線の乗り場はどちらですか。
　　男：あの矢印のとおりに行ってください。
　　女：わかりました。ありがとうございました。
　　★　矢印のとおりに行くと、新幹線の乗り場へ行けます。（ ○ ）
　　2）男：このケーキ、味はどうですか。
　　女：うーん。
　　男：おいしくないですか。本のとおりに作ったんですけど。
　　女：砂糖を入れましたか。
　　男：あ、忘れました。
　　★　男の人はケーキの作り方をまちがえました。（ ○ ）
　　3）女：ミラーさん、お薬です。
　　男：はい。
　　女：この白い薬は１日に3回食事のあとで、飲んでください。
　　　それからこの赤いのは寝るまえに、飲んでください。
　　男：はい、わかりました。
　　★　ミラーさんは毎日食事のまえに、赤い薬を飲みます。（ × ）
　　4）女：すみません。会議室の準備、お願いします。
　　男：今会議の資料をまとめているんですが……。
　　女：じゃ、それが終わったら、お願いします。
　　男：はい、わかりました。
　　★　男の人は資料をまとめたあとで、会議室の準備をします。（ ○ ）
　　5）女：どうしたの？

男：かぜをひいてしまったんだ。きのうの晩、窓、閉めないで寝たから。
女：そう。涼しくなったから、気をつけないと。
男：うん。
★　きのうの晩 男 の人の部屋の窓は開いていました。（ ○ ）

3．1）書いた／書いてください　2）言った／言ってください
3）線の／切ってください　4）番号の／押してください

4．1）食事［を］した（食事の）／コンサートに行きました
2）日本へ来て／日本語を習いました
3）仕事の（仕事をした）／ビールを飲みました
4）寝る／手紙を書きました

5．1）どこも行かないで、うちで本を読みます
2）国へ帰らないで、北海道を旅行します
3）何も買わないで、すぐ帰りました
4）出かけないで、レポートをまとめました

6．1）持たないで　2）話しながら　3）して　4）押しても

7．5、(1)、4、2、3

8．(略)

第35課

CD29
1．1）どうすれば、漢字が覚えられますか。
……例：何回も書けば、覚えられます。
2）値段が安ければ、遠くても、買いに行きますか。
……例：はい、買いに行きます。
3）名前をまちがえたとき、何と言えばいいですか。
……例：「すみません」と言えばいいです。
4）パソコンを買いたいんですが、どこのがいいですか。
……例：パソコンなら、パワー電気のがいいです。

CD30
2．1）男：ここはいい所ですね。雪の景色もきれいだし、温泉もあるし。
女：ええ。冬もいいですが、春になれば、桜が咲きますから、もっとすばらしいですよ。
男：じゃ、春にもう一度来たいですね。
★　ここは冬より春のほうがいいです。（ ○ ）

2）女：どうしたんですか。
男：タクシーにかばんを忘れてしまったんです。
女：タクシーの会社に電話すれば、すぐわかると思いますよ。
男：うーん、会社の名前を覚えていないんです。
★　男の人はすぐタクシーの会社に電話をかけます。（ × ）

3）男：相撲のチケットを買いたいんですが、どうすればいいですか。
女：相撲のことなら、山田さんがよく知っていますから、山田さんに聞いてください。
★　山田さんに聞けば、相撲のチケットの買い方がわかります。　（ ○ ）

4）男：肉料理と魚料理とどっちがいい？
女：そうね。魚がいい。
男：魚なら、ワインは白だね。
女：ええ。白ワインをお願い。
★　女の人は白ワインを飲みながら、魚料理を食べます。　（ ○ ）

3．1）飲めば／飲まなければ　2）急げば／急がなければ
3）待てば／待たなければ　4）買えば／買わなければ
5）話せば／話さなければ　6）食べれば／食べなければ
7）降りれば／降りなければ　8）来れば／来なければ
9）すれば／しなければ　10）よければ　11）安ければ　12）静かなら
13）病気なら

4．1）なれば　2）急げば（走れば）　3）なければ　4）もらわなければ
5）安ければ　6）よければ　7）暇なら（休みなら）　8）飛行機なら

5．1）いつ／申し込めば　2）だれ／言えば　3）何枚／コピーすれば
4）どこ／置けば

6．1）10人ぐらい／e　2）料理教室／b　3）2、3日／d
4）スペインのワイン／c

7．1）○　2）×

8．（略）

第36課

CD32
1．1）病気にならないように、何か気をつけていますか。
……例：はい、運動するようにしています。
2）漢字が読めるようになりましたか。
……例：はい、少し読めるようになりました。
3）日本語のニュースがわかるようになりましたか。
……例：いいえ、まだあまりわかりません。

CD33
2．1）男：電子辞書、いつも持っているんですか。
女：ええ。わからないことばがすぐ調べられますから。
男：ちょっと見せてください。ふうん、軽いんですね。
女：ええ、どこでも持って行けるし、便利ですよ。
★　女の人はわからないことばがすぐ調べられるように、いつも電子辞書を持っています。　（ ○ ）

2）男：かぜをひいたんですか。
女：ええ。気をつけていたんですが。
男：うちへ帰ったら、まず手を洗うようにすると、かぜをひきませんよ。
女：そうですか。じゃ、これからそうします。
★　これから女の人はかぜをひいたとき、手を洗うようにします。（×）

3）女：もう東京の生活に慣れましたか。
男：ええ。
女：食事は外でするんですか。
男：いいえ、朝と晩は自分で作っています。やっとおいしい物が作れるようになりました。
★　男の人は料理ができません。（×）

4）男：おはよう。きょうは遅いね。
女：朝起きられなかったの。
男：この時間は電車、込んでいるでしょう？
女：うん、すごいラッシュ。いつもは早い電車で来るようにしているんだけど。
★　女の人はいつもラッシュの電車で来ます。（×）

3．1）泳げる　2）治る　3）ならない　4）忘れない

4．1）ショパンの曲が弾ける／弾けるようになりました
2）日本語の新聞が読める／読めるようになりました
3）パソコンで図がかける／かけません
4）料理ができる／できません（作れません）

5．1）磨く　2）無理をしない　3）貯金する　4）歩かない

6．1）船／遠くまで行ける　2）汽車、汽船／大勢の人やたくさんの物が運べる
3）飛行機、車／自由に好きな所へ行ける

7．（略）

第37課

CD35

1．1）お父さんに褒められたことがありますか。どんなときですか。
……例：はい。うちの仕事を手伝ったとき、褒められました。
2）何か大切な物をとられたことがありますか。
……例：はい。カメラをとられました。
3）あなたの町でいちばん古い建物は何ですか。いつごろ建てられましたか。
……例：教会です。500年ぐらいまえに、建てられました。
4）あなたの国から日本へどんな物が輸出されていますか。
……例：石油が輸出されています。

CD36

2. 1）女：高橋さん、何かいいことがあったんですか。
男：ええ。実は渡辺さんに映画に誘われたんです。
女：あら、よかったですね。
★ 男の人は渡辺さんを映画に誘いました。（ × ）

2）女：田中さん、あした自転車を貸していただけませんか。
男：すみません。先週息子が壊してしまったんです。今修理してもらっているんです。
女：そうですか。
★ 男の人は息子に自転車を壊されました。（ ○ ）

3）女：旅行はどうでしたか。
男：とても楽しかったですよ。でも、空港でかばんをとられてしまったんです。
女：まあ。パスポートも入っていたんですか。
男：いいえ、パスポートはほかの所に入れてありましたから、大丈夫でした。
★ 男の人はパスポートをとられました。（ × ）

4）男：これ、誕生日のプレゼント。
女：わあ、ありがとう。何？
男：ドイツの歌のCD。歌の説明が中に入っているよ。
女：でも、わたし、ドイツ語がわからない。
男：英語の説明もあるから、大丈夫だよ。
★ 説明はドイツ語と英語で書かれています。（ ○ ）

3. 1）踏まれます　2）しかられます　3）選ばれます　4）汚されます
5）飼われます　6）褒められます　7）捨てられます　8）見られます
9）連れて来られます　10）輸出されます　11）注意されます

4. 1）わたしは男の人（隣の人）に足を踏まれました。
2）わたしは［だれかに］パスポートをとられました。
3）わたしは彼女に嫌いだ（「嫌い」）と言われました。
4）わたしは［だれかに］傘をまちがえられました。

5. 1）使われて　2）食べられて　3）輸入されて（輸出されて）　4）作られて

6. 1）が　2）で　3）から　4）を

7. 1）×　2）×　3）○　4）○

8.（略）

第38課

CD38 1．1）本を読むのが好きですか。
……例：はい、好きです。
2）お母さんは料理を作るのが上手ですか。
……例：はい、上手です。
3）日本で生活するのは大変だと思いますか。
……例：はい、大変だと思います。
4）日本には島が6,800ぐらいあるのを知っていますか。
……例：いいえ、知りませんでした。
5）日本語の勉強を始めたのはいつですか。
……例：去年の3月です。

CD39 2．1）女：あのう、これ、クリーニング、お願いします。
男：はい。コートですね。
女：あしたの夕方までにできますか。
男：うーん、ちょっと……。あさってなら、できますが……。
★　あしたまでにコートをクリーニングするのは無理です。　（ ○ ）

2）男：渡辺さん、みんなでカラオケに行くんですが、いっしょに行きませんか。
女：カラオケですか……。
男：嫌いですか。
女：いえ、歌を聞くのは好きなんですが、自分で歌うのはちょっと……。
★　女の人はカラオケで歌うのが好きじゃありません。　（ ○ ）

3）男：カリナさん、これから映画を見に行きませんか。
女：きょうはちょっと……。あした試験がありますから。
男：えっ、あした試験があるんですか。
女：ええ。教室の予定表に書いてありましたよ。
男：じゃ、ぼくも勉強しないと。
★　男の学生はあした試験があるのを知りませんでした。　（ ○ ）

4）女：鈴木さん、はい、ボールペン。
男：ありがとう。あれ？ これ、黒のボールペンですね。
わたしが頼んだのは赤なんですが。
女：あ、すみません。まちがえました。
★　男の人が欲しかったのは赤のボールペンです。　（ ○ ）

5）女：田中さん、もうレポート、出した？
男：あ、いけない。
女：書いていないの？
男：書いたんだけど、出すのを忘れたよ。
★　男の人はレポートを書くのを忘れました。　（ × ）

3．1）ケーキを作る　2）名前を書く

　3）パワー電気の電話番号が［先月］変わった　4）この箱を持つ

4．1）いちばん忙しいのは夕方です　2）生まれたのは九州です

　3）とられたのは財布だけです　4）話せるのは中国語だけです

5．1）は　2）を　3）が　4）は

6．1）の　2）こと　3）の　4）こと

7．1）10歳　2）おとなしくて、優しい　3）本を読むこと、犬の世話

　4）よく考えてから、買う　5）欲しいと思ったら、すぐ買う

8．（略）

第39課

CD41
1．1）雨で学校が休みになったことがありますか。

　　……例：はい、あります。

　2）家族や友達に会えなくて、寂しいとき、どうしますか。

　　……例：音楽を聞いたり、映画を見たりします。

CD42
2．1）女：あしたの晩、みんなでイタリア料理を食べに行くんですが、いっしょにいかがですか。

　男：すみません。あしたの晩はちょっと都合が悪くて……。

　女：そうですか。残念ですね。

　男：また今度お願いします。

　★　男の人はイタリア料理を食べに行けません。　（ ○ ）

　2）女：あのう……。

　男：はい。

　女：来週の水曜日に国から母が来るので、午後から帰ってもいいですか。

　男：ええ、いいですよ。どうぞ。

　★　女の人は来週の水曜日会社を休みます。　（ × ）

　3）女：はい。

　男：田中です。

　女：田中さん、どうしたんですか。もうすぐ会議が始まりますよ。

　男：実は事故で今電車が止まっているんです。
　　会議に間に合わないので、先に始めてください。

　女：わかりました。

　★　男の人が来てから、会議を始めます。　（ × ）

　4）女：日本の生活で何か問題はありませんか。

　男：ええ、実は漢字がわからなくて、困っているんです。

　女：そうですか。漢字は書けなくてもいいですが、意味がわからなければ、困りますよね。

男：ええ、これから漢字の勉強を始めます。

★　男の人は漢字がわかるようになりたいと思っています。　（ ○ ）

5）男：もしもし。

女：どうしたの？

男：道が込んでいて、車が全然動かないんだ。30分ぐらい遅れるかもしれない。

女：わかった。

★　男の人は車の事故で、約束の時間に遅れるかもしれません。　（ × ）

3．1）生まれて／うれしいです　2）来なくて／心配です

3）見て／びっくりしました　4）できなくて／恥ずかしかったです

4．1）高くて／買えませんでした　2）複雑で／わかりません

3）小さくて／聞こえません　4）心配で／寝られませんでした

5．1）雪で新幹線が止まりました　2）台風で木が倒れました

3）火事でデパートが焼けました　4）[交通]事故で人がけがをしました（死にました）

6．1）よくない　2）受ける　3）便利な　4）初めてな

7．1）b　2）a　3）b　4）a

第40課

CD44

1．1）今世界に国がいくつあるか知っていますか。

……例：190ぐらいだと思います。

2）次のオリンピックはどこで行われるか、知っていますか。

……例：はい、知っています。リオデジャネイロです。

3）パーティーですてきな人に会ったら、名前のほかに何を知りたいですか。

……例：結婚しているかどうか、知りたいです。

4）日本で何をやってみたいですか。

……例：相撲を見てみたいです。

CD45

2．1）男：サントスさんの写真の展覧会はどこであるか、知っていますか。

女：はい。「ホテルみんな」のロビーですよ。

男：何時までですか。

女：さあ。山田さんに聞けばわかりますよ。

★　女の人はサントスさんの写真の展覧会がいつどこであるか、知っています。

（ × ）

2）女：ミラーさん、マラソン大会に参加しますか。

男：まだ決めていません。

女：早く決めないと……。申し込みはあさってまでですよ。

男：ええ、そうですね。

★　ミラーさんはマラソン大会に参加するかどうか早く決めなければなりません。　（ ○ ）

3）女　：ミラーさんは？
男　：さっきパワー電気へ行きましたよ。
女　：何時ごろ帰りますか。
男　：すみません。鈴木さんに聞いてみてください。
★　男の人はミラーさんが何時に帰るか、知りません。　（ ○ ）

4）女　：ことしのワインですよ。フランスのワインです。どうぞ飲んでみてください。
男　：じゃ、ちょっとだけ。うん。おいしい。1本ください。
★　男の人はワインを買うまえに、飲んでみました。　（ ○ ）

5）女　：盆踊り、見たことある？
男　：ううん。一度見てみたいな。
女　：来週うちの近くであるから、いっしょに行って、踊ってみない？
男　：うん。やってみようか。
★　男の人は　盆踊りをしてみます。　（ ○ ）

3．1）するか（行うか）　2）着くか（到着するか）　3）なるか
4）生まれるか（生まれているか）

4．1）健康かどうか　2）必要かどうか　3）おいしいかどうか
4）ないかどうか

5．1）量るか　2）ないかどうか　3）持っていないかどうか

6．1）行ってみ　2）食べてみて　3）着てみる　4）入れてみ

7．1）○　2）×　3）○　4）○

8．（略）

第41課

CD47 1．1）年賀状をもらったことがありますか。だれにもらいましたか。
……例：はい。日本語の先生にいただきました。
2）あなたは子どもの誕生日に何をしてあげますか。
……例：誕生日のパーティーをしてやります。
3）第40課はだれに教えてもらいましたか。
……例：小林先生に教えていただきました。
4）だれが初めて字を教えてくれましたか。
……例：小学校の先生が教えてくださいました。
5）先生にもう一度説明してもらいたいとき、何と言いますか。
……例：「もう一度説明していただけませんか」と言います。

CD48 2．1）女　：この辞書、買ったんですか。
男　：いいえ、先生にいただいたんです。とてもいい辞書です。
女　：そうですか。よかったですね。
★　男の人は先生に辞書をもらいました。　（ ○ ）

2）女：パワー電気のシュミットさんを知っていますか。
男：ええ。課長が紹介してくださいました。
女：おもしろい方でしょう？
男：ええ。とても元気な方ですね。
★　男の人は課長にシュミットさんを紹介しました。　（ × ）

3）女：田中さんはお正月にお子さんに何かあげるんですか。
男：ええ、お年玉をやります。
女：お年玉？
男：お金を袋に入れてやるんです。
女：そうですか。中国と同じですね。
★　中国の子どもはお正月にお金をもらいます。　（ ○ ）

4）女：ワット先生、ちょっとお願いがあるんですが……。
男：はい、何ですか。
女：英語で手紙を書いたんですが、ちょっと見ていただけませんか。
男：いいですよ。……ずいぶんまちがいがありますね。
★　ワットさんは学生の手紙を見てあげました。　（ ○ ）

5）男：もう遅いから、うちまで送るよ。
女：ありがとう。
女：送ってくれて、どうもありがとう。きょうはとても楽しかった。
男：僕も。じゃ、また。
★　女の人は男の人にうちまで送ってもらいました。　（ ○ ）

3．1）いただきました　2）やる　3）もらいました　4）くださいました
5）もらいました

4．1）貸してくださった　2）送っていただきました　3）教えてくれた
4）連れて行ってくださいました

5．1）見てくださいませんか　2）手伝ってくださいませんか
3）説明してくださいませんか　4）かいてくださいませんか

6．1）が　2）に　3）を　4）が／を

7．1）子どもたちにいじめられていましたから。
2）海の中のお城へ行きました。　3）300年ぐらいいました。
4）例：300年の時間だと思います。

8．（略）

第42課

CD50
1．1）漢字を覚えるために、どんなことをしていますか。
……例：何回も書いています。
2）健康のために、何か気をつけていますか。
……例：野菜を食べるようにしています。
3）ふろしきは何に使いますか。……例：物を包むのに使います。
4）あなたの国でうちを建てるのにいくらぐらいかかりますか。
……例：1千万円ぐらいかかります。
5）あなたの国で旅行にいいのはいつですか。……例：6月ごろです。

CD51
2．1）女：林さんはイギリスへ行くんですか。
男：ええ。英語を勉強するために、行くと言っていました。
女：そうですか。いいですね。
★　林さんはイギリスへ歴史の勉強に行きます。　（ × ）
2）女：ここは緑が多くて、静かで、いいですね。
男：ええ。子どもを育てるのに、いいんですが、駅まで遠くて……。
女：不便ですか。
男：少し。スーパーは近くにあるので、困らないんですが。
★　男の人が住んでいる所は買い物に不便です。　（ × ）
3）男：最近スポーツクラブへ行っている人が多いですね。
女：ええ、みんな健康のために、運動しているんです。
男：渡辺さんも何かしていますか。
女：ええ、1週間に2回プールで泳いでいます。
★　女の人は健康のために、プールへ行っています。　（ ○ ）
4）女：この箱を捨ててもいいですか。
男：あ、捨てないでください。
女：何に使うんですか。
男：引っ越しのとき、使いたいんです。
★　男の人は引っ越しのために、箱を捨てないで、置いておきます。　（ ○ ）
5）女：どんな結婚式をしたい？
男：結婚式にお金を使うのはむだだよ。
女：そうね。
男：式にあまりお金を使わないで、新しい生活のために、使おうよ。
★　お金がないので二人は結婚式をしません。　（ × ）

3．1）覚える　2）なる　3）平和の　4）家族の

4．1）ふろしき／包む　2）やかん／沸かす　3）栓抜き／開ける
4）体温計／測る

5．1）勉強に　2）整理に　3）旅行に　4）造るのに　5）借りるのに

6．1）○　2）×　3）○　4）○

7．（略）

第43課

CD53 1．1）あなたの国で大学に行く人はこれから増えそうですか、減りそうですか。

……例：増えそうです。

2）日本の円はこれから高くなりそうですか、安くなりそうですか。

……例：安くなりそうです。

CD54 2．1）男：やっと暖かくなりましたね。

女：ええ。

男：もうすぐ桜が咲きそうですね。

女：ことしもお花見に行きませんか。

男：ええ、いいですね。

★　今桜が咲いています。　（×）

2）女：このごろうれしそうですね。何かあったんですか。

男：ええ、子どもが生まれるんです。

女：それはおめでとうございます。いつごろですか。

男：9月の予定なんです。

★　男の人は子どもが生まれるので、うれしそうです。　（○）

3）女：あ、財布を忘れてしまいました。ちょっと取って来ます。

男：そうですか。じゃ、待っていますよ。

女：すみません。

★　女の人は財布を取りに行きます。　（○）

4）男：京都旅行に参加しないんですか。

女：ええ、ちょっと用事があって。

男：それは残念ですね。じゃ、お土産買って来ます。

女：ありがとうございます。写真も見せてくださいね。

★　男の人は旅行に行って、お土産を買います。　（○）

5）男：雨が降りそうだね。

女：うん。

男：傘を持って行こうか。

女：うん、そうしたほうがいいね。

★　雨が降っていますから、男の人と女の人は傘を持って行きます。（×）

3．1）破れ　2）なり　3）遅れ　4）降り

4．1）おいし　2）古　3）丈夫　4）便利（よさ）

5．1）行って　2）聞いて　3）呼んで　4）買って

6．①［友達の］結婚式　②鈴木さん　③誕生日のパーティー　④ばらの花
　⑤ドライブ　⑥結婚してください
7．（略）

第44課

CD56
1．1）お酒を飲みすぎたことがありますか。
……例：はい、会社の忘年会で飲みすぎました。
2）日本は住みやすいですか、住みにくいですか。どうしてですか。
……例：住みにくいと思います。物価が高いですから。
3）値段を安くしてもらいたいとき、何と言いますか。
……例：「もう少し安くなりませんか」と言います。

CD57
2．1）女：おはようございます。
男：おはようございます。どうしたんですか。声が変ですよ。
女：きのうカラオケで歌いすぎたんです。
★　女の人はカラオケで歌をたくさん歌いました。　（○）
2）男：新しいパソコンはどうですか。
女：まえのよりずっと使いやすいです。
男：そうですか。
女：操作も簡単だし、いろいろなことができるんです。
★　新しいパソコンは簡単で、使いやすいです。　（○）
3）女：最近かぜをひきやすいんですが、どうしたらいいでしょうか。
男：きちんと食事をしていますか。
女：いいえ、忙しくて……。
男：それはいけませんね。きちんと食べて、よく寝たほうがいいですよ。
★　女の人はよく食べて、よく寝るので、あまりかぜをひきません。　（×）
4）男：すみません。
女：はい。
男：隣の田中ですが、テレビの音をもう少し小さくしていただけませんか。
女：どうもすみません。気がつかなくて。
男：お願いします。
★　女の人のうちのテレビの音は大きいです。　（○）
5）男：ちょっとこれ食べてみて。
女：うーん。ちょっと味が薄いね。もう少し濃くしたほうがいいよ。
男：じゃ、ちょっとしょうゆを入れて……。これでどう？
女：うん、おいしい。
★　料理の味はよくなりました。　（○）
3．1）入れすぎました　2）歌いすぎました　3）多すぎます　4）小さすぎます

4．1）食べすぎて　2）見すぎて　3）狭すぎて（小さすぎて）　4）高すぎて
5．1）歩き　2）持ち　3）破れ　4）割れ
6．1）短く　2）小さく　3）きれいに　4）来週に
7．1）お祝いの気持ちがうまく伝えられませんから。
　　2）話の大切な所をメモしておいたらいいです。
　　3）易しいことばや表現は覚えやすいし、まちがえにくいからです。
　　4）「別れる」とか、「切れる」とかです。
8．（略）

第45課

CD59
1．1）あなたの国では火事が起きた場合は、何番に電話しますか。
　　……例：119番に電話します。
　　2）学校や会社を休む場合は、必ず連絡しますか。
　　……例：はい、連絡します。

CD60
2．1）女：1日に2回この白い薬を飲んでください。
　　男：はい。1日に2回ですね。
　　女：せきが止まらない場合は、この青いのも飲んでください。
　　男：わかりました。
　　★　男の人は1日に2回青い薬と白い薬を飲みます。　（×）
　　2）女：山田さん、来週のミーティングに出席できますか。
　　男：出席できるかどうか、まだわからないんですが……。
　　女：そうですか。じゃ、出席できない場合は、あとで資料を取りに来てください。
　　男：はい、わかりました。
　　★　ミーティングに出席しなくても、資料はもらえます。　（○）
　　3）男：渡辺さん、きょうの午後の会議は中止になりましたよ。
　　女：えーっ。どうしてですか。
　　男：部長の都合が悪くなったんです。
　　女：きのう残業して書類を準備したのに……。
　　★　女の人はきょう会議がないので、うれしそうです。　（×）
　　4）女：あのう、千円入れたのに、お釣りが出ないんですが。
　　男：ボタンを押しましたか。
　　女：ボタン？どれですか。
　　男：右の方です。そのボタンを押してみてください。
　　女：はい。あ、出ました。
　　★　ボタンを押さなければ、お釣りが出ません。　（○）
　　5）男：試験、どうだった？
　　女：あまり難しくなかった。小川君は？

男：うーん、僕は半分しかわからなかったよ。毎晩遅くまで勉強したのに……。

★　男の学生はよく勉強したので、試験は簡単でした。　（ × ）

3．1）止める／警察の許可をもらわ　2）薄い／このボタンで調節して
　3）中止の／お金を返して　4）無理な／あさって来て

4．1）読んでいない　2）招待された　3）4月な　4）寒い

5．1）会議が始まる　2）楽しみにしていた　3）たくさん買っておいた
　4）地図を持って行った

6．1）例：上手に話せません　2）例：おいしくないです
　3）例：仕事をしなければなりません　4）例：また故障しました

7．1）×　2）×　3）○　4）×

8．（略）

第46課

CD62
1．1）もう第46課の問題をやってしまいましたか。
　……例：いいえ、今からするところです。
　2）昼ごはんを食べたあとで、友達に昼ごはんに誘われました。何と言いますか。
　……例：すみません、今食べたばかりなんです。

CD63
2．1）女：どうしたんですか。
　男：パソコンが故障したんです。1週間まえに、買ったばかりなのに……。
　女：買った店に連絡して、見てもらったほうがいいですよ。
　男：そうですね。すぐ電話してみます。
　★　男の人のパソコンは新しいですが、今使えません。　（ ○ ）
　2）女：もしもし、ミラーさん？ イーです。
　男：ああ、イーさん。ちょうど今出かけるところです。
　女：あ、間に合って、よかったです。
　男：どうしたんですか。
　女：きょうの約束なんですが、急に用事ができてしまったので、5時に変えていただけませんか。
　男：ええ、いいですよ。
　★　男の人は出かけるとき、女の人から電話をもらいました。　（ ○ ）
　3）男：すみません、会議室のかぎを知りませんか。
　女：シュミットさんが持っているはずですよ。会議室を使うと言っていましたから。
　男：じゃ、シュミットさんに聞いてみます。
　★　女の人はシュミットさんがかぎを持っていると思っています。　（ ○ ）
　4）女：田中さん、いますか。あしたの資料を渡したいんですが……。
　男：田中さんなら、たった今帰ったところですから、まだ近くにいるはずですよ。

女：じゃ、捜してみます。

★　田中さんは今うちにいます。　（ × ）

5）女：おいしいケーキがあるんだけど、どう？

男：ありがとう。でも、さっきごはんを食べたばかりだから……。

女：じゃ、あとでどうぞ。

男：うん、ありがとう。

★　男の人は今からごはんを食べますから、ケーキを食べません。　（ × ）

3．1）出かけた　2）始まる　3）調べている　4）コピーしている

4．1）来た　2）買った　3）生まれた　4）飲んだ

5．1）わかる　2）医者の　3）必要な　4）おいしい

6．（b）、d、e、c、a

7．（略）

第47課

CD65

1．1）何かおもしろいニュースがあったら、教えてください。

……例：日本の動物園でパンダの赤ちゃんが生まれたそうです。

2）友達にご両親はどこに住んでいるか聞いて教えてください。

……例：タイのバンコクに住んでいるそうです。

CD66

2．1）女：ＩＭＣの漢字のソフトを知っていますか。

男：ええ。日本語を勉強する人のためのソフトでしょう？

女：とてもいいそうですね。

男：わたしも買いたいと思っているんです。

★　女の人はＩＭＣの漢字のソフトを持っています。　（ × ）

2）女：グプタさんが会社をやめるそうですよ。

男：え？ほんとうですか。どうして？

女：アメリカのコンピューターの会社へ行くと言っていました。

給料がいいそうですよ。

★　グプタさんは今の会社をやめて、アメリカのコンピューターの会社で働きます。　（ ○ ）

3）男：どうしたんですか。

女：どうも道をまちがえたようです。

地図によると、ここに銀行があるはずなんですが……。

男：そうですね。おかしいですね。

★　男の人と女の人は今銀行の前にいます。　（ × ）

4）男：けさのテレビを見ましたか。神戸で地震があったそうです。

女：えっ？

男：かなり大きかったようですよ。建物がたくさん壊れていました。

女：えーっ？

★　女の人はけさ神戸でひどい地震があったのを知りませんでした。　（ ○ ）

5）女：小川さんの息子さん、さくら大学に合格したそうよ。

男：それはよかった。よく勉強していたからね。

女：何かお祝いをしないと……。

男：うん。

★　小川さんの息子さんがさくら大学に合格したので、お祝いをあげます。

（ ○ ）

3．1）にぎやかだ　2）遅れる　3）生まれた／男の子だ／かわいい

4．1）よさ／便利じゃない　2）怖／優しい人だ　3）幸せ／困っている

5．1）いない　2）来た　3）カレーの　4）古い

6．1）が　2）に　3）で　4）で

7．1）○　2）×　3）○

8．（略）

第48課

CD68 1．1）あなたの国では子どもに何を手伝わせますか。

……例：食事の準備を手伝わせます。

2）あなたの子どもが何かを習いたいと言ったら、何でも習わせますか。

……例：いいえ。よく相談して、決めます。

3）学校で気分が悪くなって、早く帰りたいとき、先生に何と言いますか。

……例：「気分が悪いので、帰らせていただけませんか」と言います。

CD69 2．1）男：飛行機は何時に着きますか。

女：あしたの午後4時半です。

男：じゃ、娘を迎えに行かせますから、ロビーで待っていてください。

女：すみません。お願いします。

★　男の人は女の人を迎えに行きます。　（ × ）

2）男：日本ではあまり子どもたちを見ませんね。外で遊ばないんですか。

女：ええ、学校から帰ったら、ピアノとか水泳を習いに行くんです。

男：そうですか。

女：わたしも娘に絵を習わせています。

★　女の人の子どもはうちへ帰ってから、絵を習いに行きます。　（ ○ ）

3）女：娘がニューヨークへダンスの勉強に行きたいと言うんです。心配で……。

男：ダンスが好きなんですか。

女：ええ。朝から晩まで踊っているんです。

男：そうですか。もし、わたしだったら留学させますね。

女：そうですか。じゃ、もう一度娘とよく話してみます。

★ 男(おとこ)の人(ひと)は留学(りゅうがく)に反対(はんたい)です。　（ × ）

4）女(おんな)：あのう。
男(おとこ)：何(なん)ですか。
女(おんな)：あした病院(びょういん)へ行(い)かなければならないので、休(やす)ませていただけませんか。
男(おとこ)：わかりました。いいですよ。
★ 女(おんな)の人(ひと)はあした会社(かいしゃ)へ来(こ)ないで、病院(びょういん)へ行(い)きます。　（ ○ ）

5）男(おとこ)の子(こ)：お母(かあ)さん、僕(ぼく)にやらせて。
女(おんな)　：いいよ、じゃ、手伝(てつだ)って。
男(おとこ)の子(こ)：わあ、できた。
女(おんな)　：おいしそうね。
男(おとこ)の子(こ)：お母(かあ)さん、料理(りょうり)はおもしろいね。
★ 男(おとこ)の子(こ)はお母(かあ)さんといっしょに料理(りょうり)を作(つく)りました。　（ ○ ）

3．1）急(いそ)がせます　2）話(はな)させます　3）待(ま)たせます　4）運(はこ)ばせます
5）休(やす)ませます　6）走(はし)らせます　7）洗(あら)わせます　8）いさせます
9）届(とど)けさせます　10）させます　11）来(こ)させます

4．1）を／遊(あそ)ばせます　2）に／掃除(そうじ)させます　3）に／手伝(てつだ)わせます
4）に／買(か)って来(こ)させます

5．1）置(お)かせて　2）帰(かえ)らせて　3）使(つか)わせて　4）止(と)めさせて

6．1）手伝(てつだ)ってもらいました　2）連(つ)れて来(き)ていただきました
3）教(おし)えてもらいました　4）やらせていただけませんか

7．①子(こ)どもが好(す)きなこと　②ピアノ　③英語(えいご)　④習字(しゅうじ)　⑤そろばん

8．（略(りゃく)）

第(だい)49課(か)

CD71
1．1）今度(こんど)の日曜日(にちようび)どこかいらっしゃいますか。
……例(れい)：はい、京都(きょうと)へ行(い)きます。
2）きのうお出(で)かけになりましたか。
……例(れい)：いいえ、出(で)かけませんでした。
3）お酒(さけ)を召(め)し上(あ)がりますか。
……例(れい)：いいえ、飲(の)みません。
4）日本(にほん)の首相(しゅしょう)の名前(なまえ)をご存(ぞん)じですか。
……例(れい)：いいえ、知(し)りません。
5）今度(こんど)の日曜日(にちようび)は何(なに)をなさいますか。
……例(れい)：友達(ともだち)に会(あ)います。

CD72
2．1）女(おんな)：はい。
男(おとこ)：アップル銀行(ぎんこう)の田中(たなか)ですが、ご主人(しゅじん)はいらっしゃいますか。
女(おんな)：いいえ、まだ帰(かえ)っていませんが。

男：では、すみませんが、お帰りになったら、お電話をいただきたいんですが。
女：はい、わかりました。
★　男の人はもう一度電話をかけます。　（ × ）

2）女：先生、最近の学生は勉強しないと言われていますが、先生はどうお考えになりますか。
男：わたしはあまり心配していません。熱心な学生もたくさんいますよ。
★　先生は最近の学生は勉強しないと思っています。　（ × ）

3）男：どうぞここにお掛けください。
女：ありがとうございます。でも……。
男：わたしは次の駅で降りますから。
女：そうですか。すみません。
★　女の人は座れました。　（ ○ ）

4）男：あのう。
女：はい。
男：パワー電気のシュミットですが、中村課長はいらっしゃいますか。
女：パワー電気のシュミット様ですね。
男：はい。3時のお約束なんですが。
女：かしこまりました。すぐ連絡しますので、ロビーでお待ちください。
★　シュミットさんはロビーで中村課長を待ちます。　（ ○ ）

3．1）行かれます　2）話されます　3）戻られます　4）なられます

4．1）お呼びになりました　2）お作りになりました　3）お忘れになりました
4）お決めになりました

5．1）ご覧になりました　2）なさいます　3）ご存じです
4）いらっしゃいます

6．1）お入りください　2）お伝えください　3）お書きください
4）お掛けください（お座りください）

7．①卒業し　②なった　③進んだ　④留学した　⑤iPS細胞を作った
⑥ノーベル賞を受賞した

8．（略）

第50課

CD74
1．1）お名前は何とおっしゃいますか。
……例：マイク・ミラーと申します。
2）どちらに住んでいらっしゃいますか。
……例：東京に住んでおります。
3）日本語がお上手ですね。どのくらい勉強されましたか。
……例：半年ぐらい勉強いたしました。

4）あしたお宅にいらっしゃいますか。

……例：はい、おります。

CD75

2．1）女：この傘、お借りしてもいいですか。

男：ええ、どうぞお使いください。

女：じゃ、ちょっとお借りします。

★　女の人は傘を持っていませんでした。　（ ○ ）

2）男：重そうですね。

女：ええ。午後の会議の資料なんです。会議室へ持って行くところです。

男：お手伝いしましょうか。

女：ありがとうございます。

★　男の人は女の人といっしょに資料を運びます。　（ ○ ）

3）男：はい、IMCでございます。

女：田中と申しますが、ミラーさんはいらっしゃいますか。

男：ちょっと席を外しておりますが……。

女：そうですか。

男：すぐ戻ると思いますので、戻ったら、お電話させましょうか。

女：お願いいたします。

★　女の人はあとでもう一度電話をかけます。　（ × ）

4）男：きょうは山本先生に来ていただきました。これから先生が書かれた本についていろいろお話を伺いたいと思います。では、山本先生をご紹介します。

女：山本でございます。

★　これから山本先生が書いた本について話を聞きます。　（ ○ ）

5）女：先生の絵、展覧会で拝見しました。

男：ありがとうございます。

女：桜の絵、すばらしいですね。

男：わたしもあの絵がいちばん好きなんです。

★　女の人は男の人がかいた絵を見に行きました。　（ ○ ）

3．1）ご紹介し　2）お手伝いし　3）お送りし　4）ご連絡し

4．1）おります　2）存じませんでした　3）いただきます

4）発表いたします

5．①申します　②参りました　③おります　④いただきました　⑤おります

6．1）×　2）×　3）○　4）○

7．（略）

復習・総復習　解答例

復習H

1．1）に　2）が　3）に　4）が　5）は／は　6）が　7）が
　8）も／も　9）に　10）が　11）は　12）に／が　13）で
　14）を　15）に／が
2．1）来なかった／悪かった　2）誕生日な　3）働き
　4）きれいだ／ちょうどいい　5）なくして／した　6）戻して
3．1）帰ります　2）釣りです　3）痛いんです　4）行きたいんですが
4．1）しまいました　2）います　3）しまいました　4）あります　5）おいて
　6）いる
5．1）壊れて／例：使えません　2）掛かって／例：入れません
　3）破れて／例：着られません　4）閉まって／例：買い物できません

復習I

1．1）かめる／かもう／かめ／かめば
　2）選べる／選ぼう／選べ／選べば
　3）走れる／走ろう／走れ／走れば
　4）通える／通おう／通え／通えば
　5）立てる／立とう／立て／立てば
　6）探せる／探そう／探せ／探せば
　7）続けられる／続けよう／続けろ／続ければ
　8）見られる／見よう／見ろ／見れば
　9）来られる／来よう／来い／来れば
　10）できる／しよう／しろ／すれば
2．1）に　2）の　3）を／が　4）に／を　5）が　6）と　7）と　8）と
　9）に　10）に　11）を　12）の　13）が／を　14）の　15）に／が　16）で
3．1）何と書いてありますか　2）どういう意味ですか　3）何と読みますか
　4）どうすればいいですか
4．1）始めよう　2）帰ら　3）行った　4）踊った　5）読め　6）寝
　7）やめる　8）忙しい　9）申し込んで　10）合格する　11）休み

復習J

1．1）に　2）を　3）を　4）が　5）を／に　6）に／を　7）で／が　8）から
　9）は／で　10）に　11）から　12）が　13）に／は　14）に／を　15）で／は
　16）で　17）と　18）で　19）が／に　20）に
2．1）間に合う　2）心配しない　3）歩く　4）買わない　5）かく
　6）あった　7）見て　8）来る　9）なくした　10）合う／着て

3．1）読めません　2）出られる　3）の　4）悪いので　5）するか

4．1）かばんをとられました　2）ケーキを作るの　3）名前を書くの

4）質問が難しくて（質問が難しかったので）　5）出席できるかどうか

復習K

1．1）に　2）に　3）を　4）に　5）に　6）の　7）が　8）に　9）に

10）が　11）で　12）に　13）で／に　14）の

2．1）教えて　2）とれ　3）難し　4）買って　5）歌い　6）多／半分に

7）簡単／詳しく　8）書き　9）割れ／使う　10）なる　11）必要な

12）並んだ　13）約束な

3．1）もらいました　2）持てる　3）ために　4）なります　5）冬なのに

6）切れ　7）なくして　8）並べて

4．1）乾きます　2）拾います　3）減ります　4）泣きます　5）下がります

6）成功します　7）まずい　8）つまらない　9）薄い　10）太い

11）危険な　12）裏　13）暖房　14）平和

復習L

1．1）が／が　2）を／に　3）を／に　4）に／を　5）に　6）に

2．1）80歳の　2）暇な　3）ダンスの先生だ　4）留守の　5）悪い

6）無理な　7）呼び／待ち　8）戻り　9）発明された　10）帰らせ

3．1）探しているところ　2）終わったところ　3）入学したばかり

4）始まるところ　5）聞いたばかり

4．1）おいしそうです　2）咲きそうです　3）とれそうです　4）いるようです

5）届くはずです　6）事故のようです　7）送らせます

5．1）召し上がります　2）ご覧になります　3）存じております

4）お帰りになります

総復習

1．1）①教える　②わかり　③見

2）①なって　②頼まれました　③合格した　④あげよう　⑤飲み　⑥話す

3）①転勤する　②残る　③習う

4）①作れる　②通っている　③すれば（したら）

5）①買って　②書いた（書いてある）（書かれた）　③はって　④冷やして

6）①着いた　②行かせる　③来て　④会い　⑤できる

2．1）悪い　2）高い／楽だ　3）初めごろの　4）楽しみだ　5）雨

6）大切な　7）複雑で　8）おいしい　9）よさ　10）苦くて　11）上手な

12）中止の　13）小さく　14）幸せに

3．1）b　2）c　3）b　4）b　5）b　6）b　7）c　8）c　9）a
10）b　11）b　12）a／b　13）b　14）c

4．1）しまいました　2）止まったそうです　3）服を汚されました
4）親切にしてくださいました　5）味もいいし、値段も安い　6）マンガをかくの
7）優勝する　8）結婚するの　9）行かせました　10）火事の（火事が起きた）

5．1）汚した　2）入らない／掛けて　3）なくして／見つかりませんでした
4）集まって／始まる　5）止まって　6）出さない　7）届いた／片づける
8）戻ります／続いて　9）折れて　10）壊れて　11）売れて　12）焼いて

6．1）孫　2）鏡　3）太陽　4）紺

7．1）港　2）南　3）地震　4）お見舞い　5）戦争　6）歴史

8．1）邪魔　2）うれしい　3）薄くて　4）厚い　5）必要

副詞・接続詞・会話表現のまとめ　解答例

Ⅰ

1．1）はっきり　2）何でも　3）いつか　4）あんなに

2．1）c　2）a　3）c　4）c　5）a　6）a　7）b　8）b　9）a　10）a
11）a　12）c

3．1）今度　2）夕方　3）将来　4）ゆうべ

4．1）a　2）b　3）a

5．1）①それなら　2）②それに　③それで

6．1）b　2）c　3）c

Ⅱ

1．1）一生懸命　2）絶対に　3）できるだけ　4）必ず　5）きちんと
6）無理に　7）自由に

2．1）急に　2）今にも　3）やっと　4）ちょうど　5）たまに

3．1）a　2）c　3）a

4．①でも　②この間　③途中で　④その後　⑤今度　⑥それまでに

5．1）a　2）b　3）c　4）b　5）b　6）c　7）c